"十三五"国家重点出版物出版规划项目

中国经济治略丛书

共建"一带一路"倡议的
金融支持体系建设研究

Research on the Construction of
Financial Support System for "The Belt and Road" Initiative

仇娟东　著

中国财经出版传媒集团

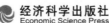

经济科学出版社
Economic Science Press

图书在版编目（CIP）数据

共建"一带一路"倡议的金融支持体系建设研究/
仇娟东著 . —北京：经济科学出版社，2019.7
（中国经济治略丛书）
ISBN 978 - 7 - 5218 - 0736 - 3

Ⅰ.①共… Ⅱ.①仇… Ⅲ.①金融支持 - "一带
一路" - 国际合作 - 研究 - 中国 Ⅳ.①F125

中国版本图书馆 CIP 数据核字（2019）第 161080 号

责任编辑：王 娟 张立莉
责任校对：蒋子明
责任印制：邱 天

共建"一带一路"倡议的金融支持体系建设研究

仇娟东 著

经济科学出版社出版、发行 新华书店经销
社址：北京市海淀区阜成路甲 28 号 邮编：100142
总编部电话：010 - 88191217 发行部电话：010 - 88191522
网址：www. esp. com. cn
电子邮件：esp@ esp. com. cn
天猫网店：经济科学出版社旗舰店
网址：http：//jjkxcbs. tmall. com
北京季蜂印刷有限公司印装
710 × 1000 16 开 18.75 印张 330000 字
2019 年 8 月第 1 版 2019 年 8 月第 1 次印刷
ISBN 978 - 7 - 5218 - 0736 - 3 定价：89.00 元
（图书出现印装问题，本社负责调换。电话：010 - 88191510）
（版权所有 侵权必究 打击盗版 举报热线：010 - 88191661
QQ：2242791300 营销中心电话：010 - 88191537
电子邮箱：dbts@ esp. com. cn）

本书受以下经费的资助：

宁夏高等学校科学技术研究项目（项目编号：NGY2016070）

宁夏高等学校一流学科建设（理论经济学学科）资助项目（项目编号：NXYLXK2017B04）

开放战略与区域经济人文社科重点研究基地

编　委　会

总　序

　　2017 年 5 月，经宁夏回族自治区教育厅、财政厅批准，理论经济学获批宁夏回族自治区一流学科建设项目，成为自治区立项建设的 18 个一流学科之一。理论经济学一流学科设计了 4 个学科发展方向：开放经济理论与政策、财政金融理论与政策、人口资源环境与可持续发展、消费者行为理论与政策。学科发展方向适应当前和未来国家和地方经济建设和社会发展需求，在人才培养、科学研究和社会服务等方面形成鲜明特色。

　　理论经济学一流学科建设目标是：根据中国特色社会主义经济建设的现实需求，坚持马克思主义为指导，借鉴现代经济学发展的成果服务于中国实践。通过五年建设，一是基本达到理论经济学一级学科博士学位授权点申请基本条件；二是在第五轮学科评估中，理论经济学教育部学科排名显著上升。为实现该建设目标，主要采取如下措施：第一，创造良好的工作环境和学术环境，积极引进人才，培育研究团队成长，积极申报人才和创新团队项目；第二，紧密围绕学科发展方向，瞄准对学科发展具有前瞻性、长远战略性的重大理论及现实问题开展研究；第三，建立跨学科、跨部门的开放型科研组织形式，营造既能有效促进协同攻关，又能充分发挥个人积极性的科研氛围，形成团队合作与自由探索相结合的管理机制；第四，开展国际国内合作研究和学术交流活动，形成有影响的学术高地。

　　理论经济学一流学科自获批以来，凝聚了一支结构合理、素质良好、勤奋敬业的研究团队,凝练了精准的研究方向,正在开展较为系统、深入的研究,拟形成了一批高质量系列研究成果。经理论经济学一流学科编委会的精心组织、认真甄别与仔细遴选,确定了《中国区域经济增长效率集聚与地区差距研究》《村级互助资金与扶贫贴息贷款的减贫机制与效应比较研究》《资产扶贫理论与实践》等 12 本著作,作为理论经济学一流建设学科首批系列学术专著。

　　系列丛书的出版,凝结了宁夏大学经济学人的心血和汗水。尽管存在诸多不足,但"良好的开端就是成功的一半",相信只要学者们持之以恒,不断耕耘,必能结出更加丰硕的成果。

　　系列丛书的出版,仰赖经济科学出版社的鼎力支持,承蒙经济科学出版社王娟女士的精心策划。现系列学术著作将陆续面世,衷心感谢他们的真诚关心和辛勤付出!

　　系列丛书的出版,希望求教于专家、同行,以使学科团队的研究更加规范。真诚欢迎专家、同行和广大读者批评指正。我们将努力提升理论和政策研究水平,引领社会和服务人民。

杨国涛

2017 年 12 月于宁夏大学

序 言

在世界各国深受全球性金融海啸影响、全球经济复苏与增长乏力的现实情景下，习近平总书记于 2013 年 9 月出访哈萨克斯坦和 2013 年 10 月出访印度尼西亚时先后提出了共建"新丝绸之路经济带"和"21 世纪海上丝绸之路"的重大倡议（以下简称"一带一路"倡议）。共建"一带一路"倡议提出已经有五年多时间，从现实推进情况来看，共建的范围由亚欧延伸至非洲、拉丁美洲和南太平洋等地区，并且在政策沟通、设施联通、贸易畅通、资金融通和民心相通等领域均取得了重要进展，世界银行的相关研究也具体指出，"一带一路"建设将使沿线经济体的实际收入增长 1.2%～3.4%、全球实际收入增长 0.7%～2.9%。因此，共建"一带一路"倡议为全球经济走出 2008 年金融危机的影响、实现全球经济的共同繁荣提供了有效的中国方案，为构建人类命运共同体贡献了中国智慧。金融是资源配置和宏观调控的重要工具，更是推动社会经济发展的重要机制与力量，可以说没有金融支持的"一带一路"也难以有投资和贸易的"一带一路"，有效的金融支持体系成为共建"一带一路"倡议行稳致远的关键。

就本书的整体思路而言，尽管目前文献对有关"金融支持"的研究较多，但共建"一带一路"倡议从提出至今也不到六年时间，加之该倡议所涉及的经济体众多并且各经济体发展水平不一致、文化习俗多元、地缘政治经济关系复杂，这就决定了

"共建'一带一路'倡议的金融支持体系"既是一个具有多重属性的现实问题,更是一个具有复杂内涵的学术问题,需要从理论层面作基础性分析。共建"一带一路"倡议目标宏伟、立意深远,决定了该倡议动力机制也必须由"政府推动"向"市场主动"的方向演进,这也就要求共建"一带一路"倡议的金融机构支持体系应该沿着"政策性金融→多边性金融→商业性金融→社会性资金"的路径演进,因此需要分析不同类型金融机构主体支持"一带一路"建设的基本情况,进而提出具有前瞻性的路径优化思路。最后,"一带一路"沿线金融生态环境复杂,因而不仅要关注理论基础和作为"金融生态核"的金融机构体系,还需要就支持"一带一路"建设的金融生态环境提出优化路径。有鉴于此,本书便以"共建'一带一路'倡议的金融支持体系研究"为主题,从理论基础、金融机构支持体系、金融生态环境优化三方面展开了研究。

就本书的具体内容而言,理论基础部分(第一~三章)主要概述了金融支持"一带一路"建设的背景、现实基础、进展和整体思路,从"一带一路"建设、金融支持、金融支持"一带一路"建设三方面梳理了相关文献,从马克思主义政治经济学、空间经济学和金融生态理论三方面重点分析了金融支持"一带一路"建设的理论基础、支持重点和关键启示。金融机构支持体系部分(第五~七章),重点分析了政策性金融、多边性金融、商业银行和社会资本支持"一带一路"建设的现状、问题和关键"突破点"。金融生态环境优化部分(第八章),从人民币国际化、金融风险管理和金融协同支持机制的构建三方面,分析了优化"一带一路"沿线金融生态环境进而提高金融生态效率、增强金融生态功能的整体思路和路径。

就本书研究的整体过程而言,本书研究开始的 2016 年距离支持"一带一路"建设的丝路基金成立和运行时间还不长,"亚投行"也仅从筹备过渡到了开业运营,学界还主要围绕"一带一路"倡议的定位、影响、推进思路做初步的规划和探索,而有关金融支持"一带一路"建设的研究更显得不足。历时两年多的研究中，研究团队首先从理论层面做起，尝试从多视角分析金融支持"一带一路"建设的理论基础，并认为共建"一带一路"倡议宏伟目标的实现必然是"政府推动"到"市场主动参与"的过程，而有关金融支持机构体系也必然是政策性金融带动社会性资本参与的过程，并拟基于此搭建具有一定"前瞻性"的共建"一带一路"倡议金融支持体系。随着研究的进展，共建"一带一路"倡议超预期的成果不断涌现，有关金融支持"一带一路"倡议的实践也呈现形式多样、机构多元、工具复杂、各层面合作不断深入的特征，但同时出现了基础资料相对分散、分析缺乏系统性的研究现状。有鉴于此，本书的主要目的是一方面为厘清金融支持"一带一路"建设实践的推进情况做基础性铺垫，另一方面是为共建"一带一路"倡议金融支持体系的构建与完善提供一些具有前瞻性的理论与实践启示。

当然，由于时间、资料等因素的约束，加之笔者的水平有限，本书依然存在许多不足、疏漏甚至错误，衷心恳请读者批评、指正。

CONTENTS 目录

第一章

金融支持"一带一路"建设概述

第一节 "一带一路"倡议的提出及其现实基础

2008 年全球性"金融海啸"以来,国际、国内政治经济环境发生了巨大变化,亟须在坚定有力的带动下走出此次金融危机的"阴霾"。2013年 9 月,习近平主席在哈萨克斯坦的纳扎尔巴耶夫大学演讲时,首次提出了"新丝绸之路经济带"的建设倡议。2013 年 10 月,习近平主席在出访印度尼西亚时,首次提出了"21 世纪海上丝绸之路"的建设倡议。作为当时中国外交的新提法,"丝绸之路经济带"与"21 世纪海上丝绸之路"两者合称为"一带一路"倡议(The Belt and Road Initiative,B&R)。2013年 11 月,十八届三中全会通过《中共中央关于全面深化改革若干重大问题的决定》,并明确提出"加快同周边国家和区域基础设施互联互通建设,推进丝绸之路经济带、海上丝绸之路建设,形成全方位开放新格局"①。自此之后,"一带一路"倡议成为未来一段时期中国国家层面的重大事项,也成为影响全球政治经济格局的关键倡议。从现实效果上看,"一带一路"倡议的提出及推进得到了国内外的广泛关注,为推动中国对外开放提供了新动力,为构建人类命运共同体起到了桥梁和纽带作用,也为构建人类命运共同体提供了新路径。

---

① 中共中央关于全面深化改革若干重大问题的决定 [EB/OL]. 人民网 . 2013 - 11 - 15. http: // cpc. people. com. cn/n/2013/1115/c64094 - 23559163. html.

一、"一带一路"倡议为构建人类命运共同体提供了新路径

"一带一路"倡议的提出与全球经济社会形势密切相关,而"一带一路"倡议的推进势必对全球政治经济格局产生深刻影响,也必将对构建"人类命运共同体"起到重要作用。

(一)构建人类命运共同体成为全球的时代命题

2015 年 9 月,习近平主席在纪念联合国成立 70 周年大会上发表讲话时[①],提出了"同心打造人类命运共同体"的理念,自此之后,"人类命运共同体"的概念得到了广泛关注,并在国内、国际重要场合和情景中被广泛应用。2016 年 9 月,习近平主席在 G20 杭州峰会上的讲话中进一步提出[②],"要树立人类命运共同体意识""携手构建人类命运共同体";2017 年 10 月,"构建人类命运共同体"被写入中国共产党党章;2018 年 3 月,"构建人类命运共同体"被写入中华人民共和国宪法。除了在国内不断深化"构建人类命运共同体"的理念,在国际场合中该理念也不断被应用,如 2017 年 2 月,联合国社会发展委员会通过的《"非洲发展新伙伴关系的社会层面"决议》中[③],也首次写入了"构建人类命运共同体"的理念;2017 年 11 月,"构建人类命运共同体"被首次写入联合国安全决议。总体来看,"构建人类命运共同体"理念进入党章、进入宪法以及在联合国决议中多次被提及,说明未来一段时期,该理念势必成为新时期全球的时代命题,该理念也为完善全球治理体系提供了中国智慧、贡献了中国方案。

(二)"一带一路"倡议是构建人类命运共同体的桥梁和纽带

从历史视角来看,英国著名科技史学家李约瑟(1990)在其著作《中国科学技术史》中,生动地用"A ~ Z"的字母顺序总结了自公元 1 世纪到公元 18 世纪从中国传到欧洲国家和其他地区的技术与文明,并指出:

---

① 习近平. 携手构建合作共赢新伙伴同心打造人类命运共同体 [EB/OL]. 人民网. 2015 - 9 - 29. http://politics. people. com. cn/n/2015/0929/c1024 - 27644905. html.

② 习近平. 中国发展新起点全球增长新蓝图 [EB/OL]. 人民网. 2016 - 9 - 5. http://cpc. people. com. cn/n1/2016/0905/c64094 - 28690521. html.

③ "构建人类命运共同体"首次写入联合国决议 [EB/OL]. 新华网. 2017 - 2 - 12. http://www. xinhuanet. com/world/2017 - 02/12/c_129476297. htm.

"我写到这里用了句点，因为 26 个字母用完了，但还有许多例子、甚至还有重要的例子可以列举。"另外，中国的政治、经济、社会治理、文化等领域的思想和理念也沿着陆上和海上丝绸之路传播了出去，正如法国古典政治经济学家魁奈（1694～1774）所指出的："中国的理论完全可以作为一切国家的范例。"这些物质与文化沿着陆上和海上丝绸之路的传播造福了全人类，为新时期"一带一路"的建设和深入推进提供了丰富的历史学依据。再从"一带一路"倡议的推进来看，中国与"一带一路"国家主要在港口、铁路、公路、电力、航空、通信等领域开展了大量合作，先后落地了一批现代农牧业生产项目、信息化和智能化的工业项目，也为这些国家培养了一批高素质的技工人才，有效通过"设施联通"提升了这些国家的基础设施建设水平，造福了"一带一路"沿线经济体的人民；另外，世界银行的系列研究文章对"一带一路"倡议的评价是[①]："一带一路"倡议中已完成和规划中的交通运输项目将使沿线经济体货运时间平均减少 1.7%～3.2%，使全球平均航运时间下降 1.2%～2.5%，将使沿线经济体的实际收入增长 1.2%～3.4%，将使全球实际收入增长 0.7%～2.9%。历史与现代视角共同说明，按照共商、共建、共享原则推进与建设的"一带一路"倡议，势必会与沿线经济体走出一条相遇、相知、共同发展之路，进而使"一带一路"成为通往人类命运共同体的桥梁。

（三）构建人类命运共同体是"一带一路"倡议的终极目标

从政治经济学视角来看，若无共同需求、共同目标和共同利益也就不可能有共同推进"一带一路"倡议，更不可能实现构建人类命运共同体的目标。不过，目前理论界和政策界的一个流行说法是"中国发起'一带一路'倡议的主要目的是输出钢铁等过剩产能"（顾鸿雁，2018）。对于此论调，从局部均衡和一般均衡相结合的视角来看，在全球经济联通程度已然比较高的现实情境下，若一个国家某种或多种产能过剩并准备通过一定渠道将其转移到其他国家去，那么显然该转移并不能解决全球总体上的产能过剩，若能转移，必定说明相应产能接受国存在着该种产能的不足并且需要该产能。另外，在"一带一路"倡议的推进过程中，并不必然仅仅是具体形式产能的转移，与此同时还伴随着沿线经济体的劳动力、资本、技术等生产要素共同参与到该建设进程之中，从而在表面上所看到的产能转

---

① 吴乐珺，王慧．促进跨大陆互联互通的宏伟举措［EB/OL］．人民网．2019－4－20．http：//world.people.com.cn/n1/2019/0420/c1002－31040211.html.

移背后必然伴随着企业家精神、治理体系、管理经验等更为先进的生产要素，这些要素恰恰是中国与沿线经济体建设和发展过程中所稀缺的要素（翟东升，2018）。再者，"一带一路"沿线经济体的经济发展水平并非整齐划一，工业化进程也存在较大的差异，从而与沿线经济体开展合作的基本思路是针对不同发展水平、发展阶段和产业基础的经济体，选择不同的重点领域并采取具有一定差异的投资策略；通过现实需求与实际操作手段的有效结合，显然是寻求各经济体之间最大利益的契合点，能够在追求本经济体利益的同时促进沿线经济体共同发展，进而也能够保障各经济体在追求短期效应的同时推进长期利益的发掘，最终有助于构建人类命运共同体目标的实现。可以看出，"一带一路"倡议致力于互补性结合沿线经济体的优势，挖掘沿线经济体的潜力，融汇沿线经济体的利益，融合不同文明的优秀文化，最终形成共同需求和共同利益，为构建"人类命运共同体"提供了可能。

二、"一带一路"倡议为推动中国对外开放升级提供了新动力

除了上述国际背景，"一带一路"倡议的提出还有着深刻的国内背景。总体来看，"一带一路"倡议推进中的有关措施，提升了我国西部地区的开放度，加快了我国发展高层次开放经济的步伐，拓展了我国对外开放的空间。

（一）"一带一路"倡议提升了中国西部地区的开放度

相关数据显示[1]，中国西部地区 12 个省（区、市）[2] 的国土面积占全国总量的比重为 72%，但人口占比仅为 27%，2017 年对外贸易额也仅为全国的 7.0%，利用外资仅占全国的 7.6%，对外直接投资也仅占全国的 7.7%，可见，西部地区与东部地区在对外贸易与投资方面具有明显的差距，西部地区也因此成为目前中国全方位对外开放布局中的"短板"。2015 年 3 月，国家发改委、外交部和商务部联合发布的《推动共建丝绸之路经济带和 21 世纪海上丝绸之路的愿景与行动》（以下简称"愿景与

---

[1] 　根据《中国统计年鉴 2018》计算所得。
[2] 　此处所指西部地区为陕西省、四川省、云南省、贵州省、广西壮族自治区、甘肃省、青海省、宁夏回族自治区、西藏自治区、新疆维吾尔自治区、内蒙古自治区、重庆市 12 个省、直辖市和自治区。

行动")① 中，较为详细地定义了西部地区各省区在推进"一带一路"倡议中的开放重点，如要求注重发挥新疆独特的区位优势和向西开放重要窗口作用；发挥陕西、甘肃的综合经济以及文化优势；发挥宁夏、青海的民族人文优势；发挥广西与东盟国家陆海相邻的独特优势；发挥云南的区位优势；推进西藏与尼泊尔等国家边境贸易和旅游文化合作的优势；打造重庆成为西部开发开放的重要支撑；打造成都等内陆开放型经济高地等。可以预见，"一带一路"倡议的顺利实施与推进，加之西部地区政策、资源、环境等多重利好因素的叠加，必将推动西部地区基础设施水平的改善；中欧通道铁路运输、内陆城市航空港和国际陆港的建设、国际大通道的形成等，必将有力加快西部地区与国际市场的直接连接，进而为西部地区各省区吸引外资、融入全球价值链分工体系及拓展国际市场提供系列历史发展机遇。总之，"一带一路"倡议推进中的相关利好政策，必将有力提升我国西部地区的开放程度，使西部地区日益成为我国新的开放增长极，最终有助于形成"东西双向互济"的开放格局，并全方位提升我国的对外开放水平。

（二）"一带一路"倡议下发展高层次开放经济的步伐得到加快

在"一带一路"倡议下，我国加快实施了自由贸易区、自由贸易试验区、自由贸易港等系列关键举措以推动高层次开放经济的发展。第一，自由贸易区（Free Trade Area）。自由贸易区是解决双边或多边贸易体制阻碍，推进贸易自由化和投资便利化的重要机制。截至 2018 年底，我国与澳大利亚、韩国、瑞士、冰岛、哥斯达黎加、秘鲁、新加坡、新西兰、智利、巴基斯坦、东盟、格鲁吉亚、马尔代夫等签署了自由贸易协定，涉及 24 个国家和地区；正在与海合会、挪威、斯里兰卡、以色列、摩尔多瓦、毛里求斯、巴拿马等国家和地区谈判签署自由贸易协定；正在研究与蒙古国、尼泊尔、哥伦比亚、巴新、斐济、孟加拉等国家和地区签署自由贸易协定，并且与签署自由贸易协定经济体的贸易投资额占我国对外货物和服务贸易的比重近80%、占双向投资的比重近70%②。第二，自由贸易试验区和自由贸易港。党的十九大③报告中强调"拓展对外贸易，培育贸易新

---

① 新华网，http：//www. xinhuanet. com/world/2015 – 03/28/c_1114793986. htm.
② 中国自由贸易区服务网．http：//fta. mofcom. gov. cn/.
③ 习近平．决胜全面建成小康社会夺取新时代中国特色社会主义伟大胜利［EB/OL］. ht-tp：//www. china. com. cn/cppcc/2017 – 10/18/content_41752399. html.

业态、新模式,推进贸易强国建设""赋予自由贸易试验区更大改革自主权,探索建设自由贸易港",自由贸易试验区和自由贸易港是单边开放政策,也是推进一国贸易自由化和投资便利化的重要机制,更是推进贸易强国建设和推动全方位对外开放格局建设的重要举措。2013 年 9 月,国务院批复建设中国(上海)自由贸易试验区,截至 2018 年底,已经批复建设了上海、天津、福建、广东、辽宁、浙江、河南、湖北、重庆、四川、陕西、海南 12 个自由贸易试验区。总体来看,在自由贸易区、自由贸易试验区和自由贸易港的建设中,所选择的国家与地区均是"一带一路"倡议推进中的重要区域和关键节点,具体运行中也力求在贸易、投资和金融等方面取得可借鉴、可复制、可推广的经验,这终将有助于我国加快发展高层次开放经济的步伐,推动我国形成全方位的对外开放格局。

(三)"一带一路"倡议将使中国对外开放的空间得到拓展

共建"一带一路"是新时代中国改革开放的重大举措,与沿线经济体的合作重点、目标与思路是政策沟通、设施联通、贸易畅通、资金融通和民心相通,旨在通过互联互通来实现共同繁荣。相关资料显示,截至 2018 年底,"一带一路"建设涉及东盟 12 国、西亚 18 国、南亚 8 国、中亚 5 国、独联体 7 国、中东欧 16 国,所涉及的人口约 44 亿人,约占全球总人口的 62%,所涉及的经济规模占全球的 1/3,并且该"朋友圈"还在不断扩大。与我国改革开放之初的向东开放不同,"一带一路"倡议主要打开了我国向西、向南开放的通道,并且庞大的人口规模和经济总量必将引致更为强大的市场需求(马骥等,2017)。从实际效果来看,相关数据显示[①],从 2013 年 9 月提出"一带一路"倡议到 2018 年 9 月的 5 年间,中国与沿线经济体的货物贸易额累计已超过 5 万亿美元,中国向沿线经济体对外直接投资额超过 700 亿美元,中国在沿线经济体新签对外承包工程合同额超过 5000 亿美元;中国企业在相关沿线经济体建设境外经贸合作区 82 个,累计投资额达到 289 亿美元,入区企业达到 3995 家,上缴东道国税费累计达到 20.1 亿美元,为沿线经济体创造就业岗位 24.4 万个;落地并开通了蒙内铁路、亚吉铁路,开工建设了中泰铁路、匈塞铁路、中老铁路和中巴经济走廊等,取得了贸易不断扩大、投资合作持续深化、重大项

---

① 新闻办就共建"一带一路"5 年进展情况及展望举行新闻发布会 [EB/OL]. 中国网. http://www.gov.cn/xinwen/2018−08/27/content_5316921.htm#1.

目落地生根、经贸区建设稳步推进、自由贸易网络不断扩大的总体效果。可以看出,"一带一路"倡议及其推进为我国整合国际资源、开拓国际市场、扩大对外开放空间提供了重要机遇。

三、"一带一路"倡议的现实基础

中国提出"一带一路"倡议有着深刻的国际政治经济变迁背景,也有着进一步深化我国改革开放的需求,然而由此而来的系列问题是:"一带一路"倡议由中国发起,那么中国究竟是否具备和参与国一道推进"一带一路"倡议的现实基础?"一带一路"倡议提出之后,推进和实施进展如何?具体来看,中国的经济规模、贸易、投资、制造业和金融业的快速成长,成为中国和沿线经济体共商、共建、共享"一带一路"倡议的重要现实基础。

(一) 中国的经济规模及影响

改革开放40年来,中国经济规模快速增长,根据联合国贸易和发展会议(UNCTAD)数据库所提供的相关数据,中国及全球国内生产总值及其增长情况如图1-1所示。

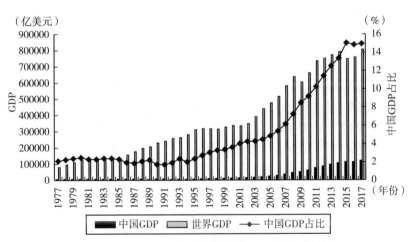

图 1-1　1977~2017 年中国与世界 GDP 及其占比图示

资料来源:根据 UNCTAD 数据库相关数据计算所得。

如图1-1所示，1977年，中国GDP仅为170亿美元，而当时全球GDP为8070亿美元，中国GDP占全球GDP的比重仅为2.11%。经过中国改革开放40年的快速发展，到2017年，中国GDP达到12万亿美元，而全球GDP约为80万亿美元，此时，中国GDP占全球GDP的比重达到了14.94%。

另外，根据联合国贸易和发展会议（UNCTAD）数据库的相关数据，中国GDP与全球GDP的增速情况如图1-2所示。

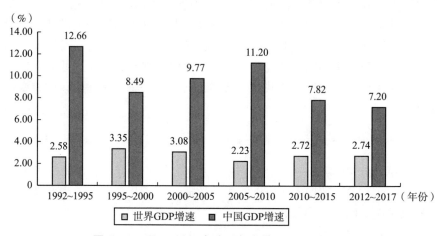

图1-2 1992~2017年中国与世界GDP增速图示

资料来源：根据UNCTAD数据库相关数据计算所得。

如图1-2所示，1992~1995年，世界GDP的增速徘徊在2%~3%之间，而同期中国GDP的平均增速达到12.66%。受2008年全球性"金融海啸"的影响，2005~2010年，世界GDP的平均增速仅为2.23%，而同期中国GDP的平均增速达到11.20%；全球经济"低迷"时期，中国经济却仍在高位运行，这在一定程度上说明，中国对全球经济走出"金融海啸"具有重要贡献。尽管近几年中国经济进入以速度变革、结构变革、动力变革为核心特征的"新常态"，宏观经济增长速度有所回落，但2010~2017年的中国GDP的平均增速依然达到了7.5%左右，而同期世界GDP的平均增速仅为2.7%左右。

从经济规模来看，目前中国不仅是仅次于美国的全球第二大经济体，占全球GDP的比重也达到了1/7以上，从而在经济规模上对全球经济会产生重要影响。从经济增长速度来看，近年来中国宏观经济一直高速增长，并对全球的经济增长发挥着重要影响力，为全球经济增长贡献了重要力量。从"金融海啸"关键时期中国对全球宏观经济的影响来看，中国能够在关键时期带动全球经济的复苏，表现出强有力的韧性，能够担当全球经济增长的引擎。因此，中国的经济总量能够为推动"一带一路"倡议的深入提供重要现实基础。

（二）中国的对外贸易情况及影响

根据 UNCTAD 数据库所提供的相关数据，改革开放 40 年中国对外贸易主要统计指标如表 1－1 所示。

表 1－1　　　　1977～2017 年中国、美国货物贸易占全球比重情况　　　单位：%

年份	出口占全球比重		进口占全球比重		对外贸易占全球比重	
	中国	美国	中国	美国	中国	美国
1977	0.66	10.89	0.61	13.69	0.64	12.32
1978	0.76	11.13	0.82	13.67	0.79	12.42
1979	0.82	11.20	0.92	13.07	0.87	12.15
1980	0.88	11.00	0.95	12.29	0.92	11.65
1981	1.09	11.77	1.06	13.13	1.07	12.46
1982	1.18	11.41	0.99	13.04	1.08	12.23
1983	1.20	11.07	1.13	14.20	1.16	12.65
1984	1.33	11.38	1.35	17.10	1.34	14.28
1985	1.39	11.13	2.08	17.39	1.74	14.31
1986	1.45	10.61	1.94	17.28	1.70	14.00
1987	1.56	10.08	1.67	16.39	1.62	13.28
1988	1.65	11.22	1.86	15.46	1.76	13.37
1989	1.69	11.73	1.84	15.34	1.77	13.57
1990	1.78	11.26	1.48	14.32	1.62	12.82
1991	2.04	11.99	1.75	13.97	1.90	13.00
1992	2.24	11.83	2.06	14.17	2.15	13.02

续表

年份	出口占全球比重		进口占全球比重		对外贸易占全球比重	
	中国	美国	中国	美国	中国	美国
1993	2.43	12.29	2.70	15.69	2.57	14.01
1994	2.80	11.86	2.64	15.74	2.72	13.81
1995	2.87	11.30	2.52	14.73	2.70	13.02
1996	2.79	11.55	2.53	14.95	2.66	13.27
1997	3.26	12.31	2.50	15.81	2.88	14.07
1998	3.33	12.38	2.49	16.77	2.91	14.60
1999	3.41	12.16	2.83	18.09	3.11	15.16
2000	3.86	12.12	3.38	18.92	3.62	15.57
2001	4.30	11.77	3.80	18.39	4.04	15.14
2002	5.01	10.66	4.43	18.01	4.72	14.38
2003	5.77	9.55	5.31	16.75	5.54	13.19
2004	6.43	8.83	5.92	16.10	6.17	12.51
2005	7.25	8.58	6.12	16.06	6.68	12.37
2006	7.99	8.49	6.40	15.54	7.19	12.05
2007	8.70	8.20	6.72	14.20	7.70	11.22
2008	8.85	7.99	6.86	13.18	7.85	10.61
2009	9.56	8.44	7.95	12.68	8.75	10.57
2010	10.32	8.36	9.08	12.78	9.70	10.58
2011	10.36	8.07	9.45	12.33	9.91	10.21
2012	11.08	8.38	9.77	12.56	10.42	10.48
2013	11.66	8.34	10.30	12.30	10.98	10.32
2014	12.35	8.54	10.29	12.67	11.32	10.61
2015	13.76	9.09	10.05	13.86	11.89	11.49
2016	13.08	9.05	9.79	13.87	11.43	11.47
2017	12.78	8.73	10.25	13.39	11.50	11.08

资料来源:根据 UNCTAD 数据库相关数据计算所得。

表 1 - 1 中的相关数据显示，1977 年，中国货物出口占全球货物出口的比重仅为 0.66% ，中国货物进口占全球货物进口的比重仅为 0.61% ，中国对外贸易占全球的比重仅为 0.64% 。与此形成对比的是，1977 年，美国货物出口、进口、对外贸易占全球的比重则分别为 10.89% 、13.69% 和 12.32% 。可以看出，各指标较为一致地反映出在 40 年前的 1977 年，美国是名副其实的贸易大国，而中国对外贸易基础相对薄弱。到 40 年之后的 2017 年，中国货物出口、进口、对外贸易占全球的比重分别达到 12.78% 、10.25% 和 11.50% ，而同期美国货物出口、进口、对外贸易占全球的比重则分别为 8.73% 、13.39% 和 11.08% 。另外，表 1 - 1 中中国和美国货物贸易占全球比重的对比还表明，中国货物出口占全球比重于 2007 年首次超越美国，中国货物进口占全球比重一直低于美国，而中国货物贸易占全球的比重于 2013 年首次超越美国。尽管表 1 - 1 反映的主要是未统计服务贸易的货物贸易情况，但从总体上说明中国近 40 年来对外贸易绝对量的快速成长以及中国作为世界第一的贸易大国地位，这些都为"一带一路"倡议的推进积累了宝贵经验和奠定了现实基础。

（三）中国的跨国投资情况及影响

联合国贸易和发展会议（UNCTAD）的相关数据资料显示，1982 年，中国的对外投资流量仅为 4400 万美元，2003 年也仅为 28.54 亿美元，2012 年则达到 87.80 亿美元，到 2017 年则达到 124.63 亿美元，近十年，中国对外直接投资流量的增长速度达到 27.2% 。具体来说，根据 UNCTAD 所统计的全球 215 个国家和地区对外直接投资的基本情况，本书选择了 2017 年对外直接投资流量（图 1 - 3a）和对外直接投资存量（图 1 - 3b）位于全球前 30 位的国家和地区，具体情况如图 1 - 3 所示。

从图 1 - 3 可以看出，2017 年中国对外直接投资流量在所统计的 217 个国家和地区中居于第 3 位，而 2017 年中国对外直接投资存量在所统计的 217 个国家和地区中居于第 2 位。另据资料显示[1]，2017 年中国人均 GDP 为 8848 美元，与美国、德国、英国、日本等发达国家历史同期相比，中国对外直接投资流量分别是这四个国家人均 GDP 8000 美元时期的 9.28

---

[1]　李婕，吕倩．中国对外直接投资达历史最好水平［EB/OL］．人民网．http：//finance.people.com.cn/n1/2018/0831/c1004 - 30262397.html.

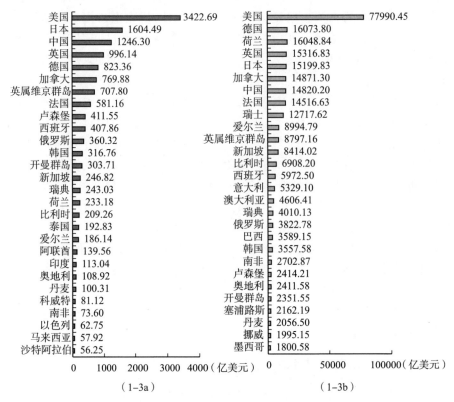

图 1-3　2017 年全球对外直接投资前 30 强

资料来源：根据 UNCTAD 数据库相关数据计算所得。

倍、9.45 倍、2.41 倍和 19.26 倍，中国对外直接投资存量是这四个国家人均 GDP 8000 美元时期的 11.16 倍、13.49 倍、1.86 倍和 24.38 倍。另外，从中国对外直接投资的主要流向来看，2017 年，中国对外直接投资主要流向了租赁和商务服务业、制造业、采矿业以及批发零售业等，而风险较高的房地产业和娱乐等行业的投资呈现零增长，因而已经较好地体现了从数量增长到质量提升和结构优化的转型。最后，从国别布局来看，截至 2017 年底，中国境外投资企业共计有 27497 家，对外直接投资企业数居于前九位的国家和地区分别是美国、澳大利亚、俄罗斯、德国、日本、新加坡、韩国、印度尼西亚和加拿大，而在这 10 个国家和地区的投资共计占到中国对外直接投资总额的 47.85%，这表明中国的对外直接投资能够较好地避免过度倚重单一市场的问题，也能够较好减少风险。总之，近年来我国跨国投资势头良好，已经呈现跨国投资大国的特征，从而为"一带一路"倡议的推进与实施积累了良好的跨国投资经验。

（四）中国的制造业情况及影响

在"一带一路"倡议推进中，在"政策沟通"的基础上首先解决的是"设施联通"问题，因此中国制造业的规模与竞争力成为影响"一带一路"倡议推进的关键因素。2018 年 9 月，中国国家统计局发布的数据显示[①]，中国制造业在全世界制造业中所占的份额持续扩大，1990 年中国制造业占全球比重仅为 2.7%，位居世界第九位；2000 年上升到 6.0%，位居世界第四位；2007 年上升到 13.2%，位居世界第二位；2010 年占比进一步上升到 19.8%，跃居世界第一位，自此之后连续多年稳居世界第一。可以看出，中国的制造业在数量上已经具备一定的竞争优势。再从质量上看，近年来，我国一方面注重加强对传统产业的优化升级，淘汰落后的炼铁、炼钢、电解铝、水泥、平板玻璃等产能；另一方面，于 2015 年提出实施《中国制造 2025》计划，该计划以提高国家制造业创新能力、深化先进制造业结构调整、加强质量品牌建设、全面推行绿色制造、提高制造业国际化发展水平等作为任务和重点。中国世界第一的制造业规模和《中国制造 2025》计划的落地实施，将为"一带一路"倡议的推进提供坚实的产业基础支撑。

（五）金融业成长迅速

"资金融通"也是"一带一路"倡议推进中的合作重点之一。近年来，我国金融业成长为"一带一路"倡议所提供的机遇主要有以下几个方面：第一，人民币加入特别提款权（SDR）。2016 年 10 月 1 日，人民币正式加入 SDR 货币篮子，成为与美元、欧元、英镑、日元并列的第五种 SDR 篮子货币，这一契机使得人民币的国际影响力迅速提升，也将提高"一带一路"沿线经济体对人民币的接受程度。第二，金融机构的设立与拓展。为推进"一带一路"倡议，我国先后发起了"亚投行""丝路基金"等专门服务于"一带一路"建设的金融机构，截至 2019 年 4 月，"亚投行"的成员达到了 97 个，总投资额达到 79.4 亿美元，"丝路基金"

---

① 国家统计局. 改革开放铸就工业辉煌创新转型做强制造大国——改革开放 40 年经济社会发展成就系列报告之六 ［EB/OL］. http：//www.stats.gov.cn/ztjc/ztfx/ggkf40n/201809/t20180904_1620676. html.

支持项目涉及的金额超过 800 亿美元,这些机构所服务的"朋友圈"越来越大,累计贷款额和投资额也越来越大,发展业绩也受到了国际普遍肯定(马广奇、姚燕,2018)。第三,中国与"一带一路"沿线经济体金融机构之间的合作日益加深。资料显示①,截至 2019 年 4 月,中资银行在"一带一路"沿线 28 个国家(地区)设立一级机构 76 家,有 22 个"一带一路"沿线经济体的 50 家银行在中国设立法人银行 7 家、外国银行分行 19 家和代表处 34 家,人民币跨境支付系统覆盖俄罗斯、韩国、新加坡、泰国、马来西亚等 40 个"一带一路"沿线经济体 165 家银行,"一带一路"参与国(地区)已有 50 多个开通"银联卡"受理业务,累计发卡超过 2500 万张,覆盖超过 540 万家商户和 68 万台 ATM,银联卡在"一带一路"沿线经济体可以畅行无阻,以银联为代表的中国金融技术标准也在"一带一路"沿线市场进展顺利。

总体来看,在全球经济复苏乏力、国际和地区局面纷繁复杂的局面下,2000 多年前连接亚欧非几大文明的"丝绸之路",经与时代变迁有机整合后被重新推出,对全球而言,"一带一路"倡议为"构建人类命运共同体"提供了新路径;对中国而言,"一带一路"倡议为对外开放升级提供了新动力,具有重要的现实意义。"一带一路"倡议视野广阔、主体全面、关系互利、利益共享、内容广泛、目标多元,可以预见"一带一路"倡议的推进中将会面临诸多挑战,但我国的经济、贸易、对外投资、制造业发展、金融业成长等优势,已经为"一带一路"倡议的提出、推进与深入奠定了坚实的现实基础。

第二节 "一带一路"倡议的推进情况

2015 年 3 月 28 日发布的"愿景与行动"②,特别提出"政策沟通、设施联通、贸易畅通、资金融通、民心相通"将是"一带一路"建设的主要内容。有鉴于此,本节将主要从"五通"的进展情况,来梳理"一带一路"倡议提出近六年来的推进情况。

---

① 一带一路网."一带一路"这五年:互联互通交出亮丽成绩单 [EB/OL]. https://www.yidaiyilu. gov. cn/xwzx/gnxw/67936. htm.
② 推动共建丝绸之路经济带和 21 世纪海上丝绸之路的愿景与行动 [EB/OL]. 新华社. http://www. xinhuanet. com/world/2015 – 03/28/c_1114793986_1. html.

一、政策沟通

"一带一路"倡议所涉及的国家和地区广泛、宗教文化多元、经济社会发展水平参差不齐，加之国际经济社会背景复杂深刻，因此，政策沟通成为该倡议推进的重要保障和前提基础。

（一）共建倡议的提出

2013 年 9 月，习近平主席在哈萨克斯坦纳扎尔巴耶夫大学发表题为《弘扬人民友谊共创美好未来》的演讲，首次提出共同建设"丝绸之路经济带"的倡议；2013 年 10 月，习近平在印度尼西亚国会发表演讲，提出共同建设"21 世纪海上丝绸之路"。2013 年 11 月，中共十八届三中全会通过的《中共中央关于全面深化改革若干重大问题的决定》提出"推进丝绸之路经济带、海上丝绸之路建设，形成全方位开放新格局"①，"一带一路"倡议被正式确定。2016 年 11 月，联合国大会第 A/71/9 号决议首次写入"一带一路"倡议②，呼吁通过"一带一路"建设等加强区域经济合作，敦促各方为"一带一路"建设提供安全保障环境、加强发展政策战略对接、推进互联互通务实合作等。"一带一路"倡议写入联合国安理会决议，这标志着"一带一路"国际认同度的提高。2017 年 10 月，党的十九大召开，通过了《中国共产党章程（修正案)》的决议，将推进"一带一路"建设写入了党章③。从该进程可以看出，"一带一路"倡议在国际场合被提出，在国内获得了强有力的支持，并且得到了国际社会的认可。

（二）政策沟通平台的优化

鉴于"政策沟通"在"一带一路"建设中的重要意义，我国与沿线经济体所建立的合作机制与合作平台主要有："一带一路"国际合作高峰论坛、上海合作组织、"中国—东盟"10＋1 机制、亚太经济合作组织、亚欧会议、亚洲合作对话、亚信会议、中阿博览会、中国—海合会战略对

---

① 中国共产党第十八届中央委员会第三次全体会议公报［EB/OL］. 新华网. http：//www. xinhuanet. com//politics/2013－11/12/c_118113455. html.

② 联合国大会一致通过决议呼吁各国推进"一带一路"倡议［EB/OL］. 中华人民共和国常驻联合国官网. https：//www. fmprc. gov. cn/ce/ceun/chn/gdxw/t1416496. htm.

③ 中国共产党第十九次全国代表大会闭幕"一带一路"写入党章［EB/OL］. 人民日报. https：//www. yidaiyilu. gov. cn/xwzx/gnnw/31391. htm.

话、大湄公河次区域经济合作、中亚区域经济合作、中国—中东欧国家合作、中非合作论坛等。具体来看,这些平台中重要的高层沟通平台主要有:第一,亚太经合组织领导人非正式会议(APEC)。2013 年 10 月,习近平在印尼举办的 APEC 会议上提出了建设"21 世纪海上丝绸之路经济带"的倡议,之后几年,APEC 也成为相关经济体沟通"一带一路"倡议的高层平台。第二,博鳌亚洲论坛。博鳌亚洲论坛定位为:增进亚洲各国之间、亚洲各国与世界其他地区之间交流与合作的论坛组织;在"一带一路"倡议提出之后,"一带一路"几乎成为该论坛的关键词与"热词",2017 年该论坛的主题直接是"'一带一路':亚欧战略对接"。第三,二十国集团财长和央行行长会议(G20 峰会)。二十国集团原本是一个国际经济合作论坛,但随着"一带一路"倡议的推进,二十国集团的大多数成员国已在不同程度上参与推进"一带一路"倡议,因此,"一带一路"倡议成为该会议的主要议题。第四,"一带一路"国际合作高峰论坛。在"一带一路"建设倡议之后,2017 年 5 月和 2019 年 4 月,首届与第二届"一带一路"国际合作高峰论坛均在北京举办,并成为总结"一带一路"倡议过去进展、规划未来方案的重要平台。

(三)专业领域对接机制的推进

"一带一路"倡议所涉及的空间范围广泛,国家之间相关标准不统一,因此,专业领域相关对接机制的建立和完善必然是"一带一路"建设中的关键。具体来说,"一带一路"倡议中在相关专业领域所建立的对接机制情况如表 1-2 所示。

表 1-2   "一带一路"建设中专业领域的对接机制

涉及领域	联合倡议/文件	时间	目的
标准联通	《标准联通"一带一路"行动计划(2015~2017)》	2015 年 10 月	旨在以标准体系对接助力"一带一路"建设
	《共同推动认证认可服务"一带一路"建设的愿景与行动》	2016 年 4 月	
	《"一带一路"计量合作愿景和行动》	2017 年 4 月	
	《标准联通共建"一带一路"行动计划(2018~2020 年)》	2017 年 12 月	

续表

涉及领域	联合倡议/文件	时间	目的
税收合作	《阿斯塔纳"一带一路"税收合作倡议》	2018 年 5 月	就"一带一路"建设中有关税收法治、纳税服务、能力建设和争端解决等取得了共识
知识产权	《加强"一带一路"国家知识产权领域合作的共同倡议》	2016 年 8 月	以知识产权方面促进沿线经济体的相关领域的发展奠定了基础
	《关于进一步推进"一带一路"国家知识产权务实合作的联合声明》	2018 年 8 月	
法治合作	《"一带一路"法治合作国际论坛共同主席声明》	2018 年 7 月	初步构建了"一带一路"法治合作伙伴网络
能源合作	《共建"一带一路"能源合作伙伴关系部长联合宣言》	2018 年 10 月	共建"一带一路"能源合作伙伴关系
农业领域	《共同推进"一带一路"建设农业合作的愿景与行动》	2017 年 5 月	创建"一带一路"陆海联动、双向开放的农业国际合作新格局
海洋领域	《"一带一路"建设海上合作设想》	2017 年 6 月	推动沿线经济体建立"蓝色伙伴关系"
数字丝路	《"一带一路"数字经济国际合作倡议》	2017 年 12 月	拓展数字经济领域的合作
营商环境	《关于建立"一带一路"国际商事争端解决机制和机构的意见》	2018 年 6 月	为"一带一路"国际商事争端解决提供法律依据和保障

资料来源：据"一带一路"官网（https://www.yidaiyilu.gov.cn/）相关资料整理所得。

　　从表 1-2 可以看出，尽管"一带一路"倡议所涉及的国家（地区）较多，各经济体之间的差异较大，我国相关部门明确认识到了这些差异对共建"一带一路"倡议可能形成的制约与可能产生的不利影响，不过，通过加强与相关国家和国际组织的沟通与协调，在诸多领域已形成了共建"一带一路"的国际合作共识。

二、设施联通

基础设施互联互通是"一带一路"建设的优先领域。自"一带一路"倡议提出以来,中国与沿线经济体在国际合作经济走廊建设和基础设施互联互通方面取得了显著成效。

(一)国际合作经济走廊建设

在"一带一路"建设中,新亚欧大陆桥、中蒙俄、中国—中亚—西亚、中国—中南半岛、中巴和孟中印缅六大国际经济合作走廊,成为共建"一带一路"的主体框架,也为各国响应"一带一路"倡议提供了清晰导向①。具体来看,各经济走廊的基本情况如表 1 – 3 所示。

表 1 – 3　　　　　"一带一路"建设中的六大"经济走廊"

经济走廊	线路	主要作用
新亚欧大陆桥经济走廊	由中国东部沿海向西延伸并经中国西北地区和中亚、俄罗斯抵达中东欧	以中欧班列等现代化国际物流体系为依托,有助于构建畅通高效的亚欧两大洲区域大市场
中蒙俄经济走廊	华北通道:京津冀到呼和浩特,再到蒙古国和俄罗斯 东北通道:沿着老中东铁路从大连、沈阳、长春、哈尔滨到满洲里和俄罗斯赤塔	重点在于推动形成以铁路、公路和边境口岸为主体的跨境基础设施联通网络
中国—中亚—西亚经济走廊	由中国西北地区向西经中亚至波斯湾、阿拉伯半岛和地中海沿岸,辐射中亚、西亚和北非有关国家	以能源合作为主轴,以基础设施建设、贸易和投资便利化为两翼,以核能、航天卫星、新能源三大高新领域为突破口
中国—中南半岛经济走廊	以中国西南为起点、连接中国和中南半岛各国	是中国与东盟扩大合作领域、提升合作层次的重要载体

---

① 六大经济走廊 [EB/OL]. 一带一路网 . https://www.yidaiyilu.gov.cn/zchj/rcjd/60644.htm.

续表

经济走廊	线路	主要作用
中巴经济走廊	起点在喀什，重点在巴基斯坦瓜达尔港，全长 3000 公里	以能源、交通基础设施、产业园区合作、瓜达尔港为重点的合作布局
孟中印缅经济走廊	连接东亚、南亚、东南亚三大次区域并沟通太平洋、印度洋两大海域	带动南亚、东南亚、东亚三大经济板块联合发展

资料来源：根据"一带一路"官网（https：//www. yidaiyilu. gov. cn/）相关资料整理所得。

（二）基础设施互联互通

基础设施的互联互通是共建"一带一路"的关键领域，"一带一路"倡议提出近六年来，在铁路、公路、港口、航空、能源和通信等基础设施建设领域进展明显，具体情况如表 1 - 4 所示。

表 1 - 4　　　　"一带一路"倡议下基础设施建设情况

领域	主要在建项目	完成项目	签署协议
铁路	中老铁路、中泰铁路、匈塞铁路、雅万高铁等合作项目取得重大进展； 泛亚铁路东线、巴基斯坦 1 号铁路干线升级改造、中吉乌铁路等中国 - 尼泊尔跨境铁路已完成预可行性研究	截至 2018 年底，中欧班列已联通亚欧大陆 16 个国家的 108 个城市，累计开行 1. 3 万列，运送货物超过 110 万标箱，中国开出的班列重箱率达 94%，抵达中国的班列重箱率达 71%	中国、白俄罗斯、德国、哈萨克斯坦、蒙古国、波兰和俄罗斯 7 国铁路公司签署了《关于深化中欧班列合作协议》
公路	中蒙俄、中吉乌、中俄（大连—新西伯利亚）、中越国际道路直达运输试运行活动先后成功举办	2018 年 2 月，中吉乌国际道路运输实现常态化运行； 中越北仑河公路二桥建成通车	中国正式加入《国际公路运输公约》； 中国与 15 个沿线经济体签署了 18 个双多边国际运输便利化协定
港口	斯里兰卡汉班托塔港经济特区已完成园区产业定位、概念规划等前期工作； 希腊比雷埃夫斯港建成重要中转枢纽，三期港口建设即将完工	巴基斯坦瓜达尔港开通集装箱定期班轮航线，起步区配套设施已完工，吸引 30 多家企业入园； 阿联酋哈利法港二期集装箱码头已于 2018 年 12 月正式开港	中国与 47 个沿线经济体签署了 38 个双边和区域海运协定； 中国宁波航交所不断完善"海上丝绸之路航运指数"，发布了 16 + 1 贸易指数和宁波港口指数

续表

领域	主要在建项目	完成项目	签署协议
航空	与卢森堡、俄罗斯、亚美尼亚、印度尼西亚、柬埔寨、孟加拉国、以色列、蒙古国、马来西亚、埃及等国家扩大了航权安排	5 年来,中国与沿线经济体新增国际航线 1239 条,占新开通国际航线总量的 69.1%	中国与 126 个国家和地区签署了双边政府间航空运输协定
能源	中俄天然气管道东线将于 2019 年 12 月部分实现通气,2024 年全线通气	中俄原油管道、中国—中亚天然气管道保持稳定运营;中缅油气管道全线贯通	中国与沿线经济体签署了一系列合作框架协议和谅解备忘录,在电力、油气、核电、新能源、煤炭等领域开展了广泛合作
通信	中缅、中巴、中吉、中俄跨境光缆信息通道建设取得明显进展	与吉尔吉斯斯坦、塔吉克斯坦、阿富汗签署丝路光缆合作协议,实质性启动了丝路光缆项目	中国与国际电信联盟签署《关于加强"一带一路"框架下电信和信息网络领域合作的意向书》

资料来源:共建"一带一路"倡议:进展、贡献与展望 [EB/OL]. 一带一路网. https://www.yidaiyilu.gov.cn/zchj/qwfb/86697.htm.

三、贸易畅通

"一带一路"倡议提出五年多来,中国与沿线经济体一道在提高贸易与投资便利化水平、提升贸易规模和创新贸易方式等方面取得了重要进展。① 第一,在贸易与投资便利化方面。中国与沿线经济体签署了 100 多项合作文件,实现了 50 多种农产品食品检疫准入;中国与哈萨克斯坦、吉尔吉斯斯坦、塔吉克斯坦等国家积极推进农产品快速通关"绿色通道"建设,农产品通关时间缩短了 90%;中国进一步放宽外资准入领域,设立了面向全球开放的 12 个自由贸易试验区,并探索建设自由贸易港,吸引沿线经济体来华投资;中国平均关税水平从加入世界贸易组织时的 15.3%降至目前的 7.5%。第二,在贸易规模方面。2013 ~ 2018 年,中国与沿线

---

① 共建"一带一路"倡议:进展、贡献与展望 [EB/OL]. 一带一路网. https://www.yidaiyilu.gov.cn/zchj/qwfb/86697.htm.

经济体货物贸易进出口总额超过 6 万亿美元，年均增长率高于同期中国对外贸易增速，占中国货物贸易总额的比重达到 27.4%；中国与沿线经济体服务贸易由小到大、稳步发展，2017 年，中国与沿线经济体服务贸易进出口额达到 977.6 亿美元，占中国服务贸易总额的 14.1%。第三，在贸易方式创新方面。2018 年，通过中国海关跨境电子商务管理平台零售进出口商品总额达到 203 亿美元，跨境电子商务等新业态、新模式正成为推动贸易畅通的新生力量。

四、资金融通

金融是现代经济的血液，也是助力"一带一路"倡议推进的重要力量。"一带一路"倡议提出以来，成立了包括丝路基金和亚投行的新型机构，中国一些主要金融机构也积极参与到"一带一路"建设中来，还有从国家层面出台了相关制度，共同为资金融通提供保障。

（一）国际新型投融资模式的探索

2014 年 11 月 8 日，在北京举行的"加强互联互通伙伴关系"东道主伙伴对话会上，习近平主席宣布中国将出资 400 亿美元成立丝路基金，为"一带一路"沿线经济体基础设施、资源开发、产业合作和金融合作等与互联互通有关的项目提供投融资支持。2014 年 12 月 29 日，丝路基金有限责任公司注册成立。2017 年 5 月 14 日，习近平主席在"一带一路"国际合作高峰论坛开幕式上宣布，向丝路基金新增资金 1000 亿元人民币。2018 年 7 月，丝路基金与欧洲投资基金共同投资规模 5 亿欧元的中欧共同投资基金开始实质性运作，有力促进了"一带一路"倡议与欧洲投资计划相对接。丝路基金对探索新型国际投融资模式具有重要作用。

（二）多边金融协同支持"一带一路"建设机制的构建

"一带一路"倡议涉及的国家（地区）众多，因而各国（地区）协同支持"一带一路"建设也是应有之义。在"一带一路"倡议提出五年多来，多边金融协同支持"一带一路"建设的进展主要有：第一，亚投行的设立。亚投行是首个由我国倡议设立的多边金融机构，其宗旨是一个向亚洲各国家和地区政府提供资金以支持基础设施建设之区域多边的开发机构；亚投行作为我国倡导成立的多边性金融机构，对探索多边金融合作支持"一带一路"建设机制的构建具有重要意义。第二,相关银联体的成立。2017 年 11 月,中国—中东欧银联体的成立。2018 年 7 月,中国 – 阿拉伯国家银行联合体;2018 年 9 月,中非金融合作银行联合体成立。这些银联体对构建支持"一带一路"建设的多边金融合作体系具有重要意义。第三,多边开发机构的联合融资。中国人民银行与国际金融公司、泛美开发银行等多边开发机构开展联合融资,截至 2018 年底,已累计投资 100 多个项目,覆盖 70 多个国家和地区。第四,"一带一路"建设中的融资。2017 年,在首届"一带一路"国际合作高峰论坛上,中国财政部与新加坡等 27 个经济体的财政部门核准了《"一带一路"融资指导原则》,在该指导原则下,这 27 个经济体将重点加大对基础设施互联互通、贸易投资、产能合作等领域的融资支持。

(三)金融互联互通的深化

第二届"一带一路"国际合作高峰论坛上发布的公开数据显示,截至 2019 年 4 月,11 家中资银行在 28 个沿线经济体设立了 76 家一级机构;来自 22 个沿线经济体的 50 家银行在中国设立了 7 家法人银行、19 家外国银行分行和 34 家代表处。中国先后与 20 多个沿线经济体建立了双边本币互换安排,与 7 个沿线经济体建立了人民币清算安排,与 35 个沿线经济体的金融监管当局签署了合作文件。人民币国际支付、投资、交易、储备功能稳步提高,人民币跨境支付系统(CIPS)业务范围已覆盖近 40 个沿线经济体。

五、民心相通

"民心相通"是"一带一路"倡议推进的重要社会基础,从五年多来的建设实践来看,"一带一路"建设中在教育、文化旅游、对外援助等方面取得了显著成就,进而为"民心相通"提出了有力支持。

(一)教育方面

推进"一带一路"沿线相关经济体教育的共同繁荣,既是加强各国(地区)教育合作的需要,又是推进中国教育改革发展的需要。2016 年 7 月 13 日,中国教育部发布了《教育部关于印发〈推进共建"一带一路"

教育行动〉的通知》①，该通知阐述了教育使命、合作愿景、合作原则、合作重点、中国教育行动起来、共创美好明天等内容，勾勒了在教育领域推动"一带一路"沿线经济体民心相通的框架性思路。与此同时，中国还设立了"丝绸之路"中国政府奖学金，每年资助1万名沿线经济体新生来我国进行学习或研修，与24个沿线经济体和地区签署了高等教育学历学位互认协议，通过这些"请进来"的方式强化沿线经济体的教育沟通；另外，通过"境外办学""中外合作办学"等"走出去"的方式强化沿线经济体的教育沟通。

（二）文化旅游方面

"一带一路"倡议提出之后，主要通过以下方式来促进文化旅游：第一，官方搭建平台。"一带一路"倡议提出之后，先后举办了世界旅游发展大会、丝绸之路旅游部长会议、中国—南亚国家旅游部长会议、中俄蒙旅游部长会议、中国—东盟旅游部门高官会等，形成了覆盖多层次、多区域的"一带一路"旅游合作机制，为沿线经济体文化旅游的深入搭建了平台。第二，与"一带一路"沿线经济体共建友好城市。第二届"一带一路"国际合作高峰论坛上发布的公开数据显示，截至2019年4月，我国与"一带一路"沿线经济体搭建的友好城市数量超过1000对，占我国对外友好城市的比重超过40%。第三，便利人员往来。截至2019年4月，我国与57个沿线经济体缔结了涵盖不同护照种类的互免签证协定，与15个国家达成19份简化签证手续的协定或安排，较好提升了沿线经济体旅游活动的开展。第四，举办文化活动。截至2019年4月，中国在"一带一路"相关国家设立了17个国家文化中心，丝绸之路沿线民间组织合作网络成员达到310家，成为推动民间友好合作的重要平台。通过以上渠道，"一带一路"沿线经济体在文化旅游方面的合作成效也比较显著，2018年，中国出境旅游人数达1.5亿人次，到中国旅游的外国游客人数达3054万人次，"一带一路"旅游也成为世界旅游的新增长点。

（三）对外援助方面

在"一带一路"倡议推进过程中，中国在对外援助方面所采取的主要措施有以下几个方面：第一，卫生健康领域。参与联合国、世界卫生组织

---

① 教育部关于印发《推进共建"一带一路"教育行动》的通知［EB/OL］. 中国教育部门户网站. http：//www. moe. edu. cn/srcsite/A20/s7068/201608/t20160811_274679. html.

等组织的人道主义行动，长期派遣援外医疗队赴相关国家开展医疗救助，中国在 35 个沿线经济体建立了中医药海外中心，建设了 43 个中医药国际合作基地。第二，防灾救灾领域。中国积极参与国际防灾减灾活动，派遣国家医疗队及救援队，为有关受灾国家提供紧急救灾援助，2017 年以来，中国向沿线发展中国家提供 20 亿元紧急粮食援助，向南南合作援助基金增资 10 亿美元。① 第三，援外文物合作保护和涉外联合考古方面。与 6 国开展了 8 个援外文物合作项目，与 12 国开展了 15 个联合考古项目。第四，2017 年 5 月，中国民间组织国际交流促进会发布了《中国社会组织推动"一带一路"民心相通行动计划（2017～2020）》②，部署了积极推动沿线经济体经济社会发展、加强与沿线经济体人文与科学合作、致力维护沿线地区和平与安全、与沿线经济体非政府组织开展交流与合作等方面的行动计划。

　　总之，"一带一路"倡议提出五年多来，按照建设和平之路、繁荣之路、开放之路、绿色之路、创新之路、文明之路、廉洁之路的总体要求，中国与沿线经济体一道在政策沟通、设施联通、贸易畅通、资金融资、民心相通等方面展开了重点合作，并且在这些方面均取得了不同程度的进展。当然，"一带一路"倡议作为一个系统性工程、作为一项长期国际合作倡议，虽然经过五年多的建设但仍处于初始阶段，仍需要中国和沿线经济体一道将该倡议推向深入。

第三节　金融支持"一带一路"建设的总体框架

　　金融是宏观调控和资源配置的重要工具，也是推动社会经济发展的重要力量，因而分析和构建"一带一路"建设的金融支持体系也有着尤为重要的意义。不过，"一带一路"作为国家级顶层合作倡议，对金融支持的需求多元，还需要对金融支持"一带一路"建设的路径作总体上的设计。

---

① 习近平. 携手推进"一带一路"建设——在"一带一路"国际合作高峰论坛开幕式上的演讲 [EB/OL]. 新华网. http://www.xinhuanet.com/world/2017 – 05/14/c_1120969677.htm.
② "一带一路"国际合作高峰论坛：400 余名代表共话"增进民心相通"[EB/OL]. 人民网. http://paper.people.com.cn/rmrbhwb/html/2017 – 05/16/content_1774729.htm.

一、金融支持"一带一路"建设的重要意义

"一带一路"建设的合作重点是"政策沟通、设施联通、贸易畅通、资金融通、民心相通",并且从表面上看是以投资、贸易为主要内容,但关键还在于金融的支持,可以说,没有金融支持的"一带一路",难以有投资和贸易的"一带一路",金融支持成为"一带一路"建设的关键(陈元,2017)。

(一)"一带一路"建设需要金融支持来满足资金需求

与"一带一路"沿线其他经济体相比较而言,我国在基础设施建设方面的比较优势明显,我国与"一带一路"沿线经济体在经济方面的互补性也比较明显,提升"一带一路"沿线经济体的基础设施建设水平等也是"一带一路"倡议提出的初衷之一(林毅夫,2017)。不过,基础设施建设的资金需求具有数量大、周期长、资金供给可持续等特征,这就要求需要有专门的金融支持体系来满足基础设施建设的资金需求。另外,随着"一带一路"倡议的推进,大量的中方企业将会通过参与"一带一路"建设"走出去",然而要成功获取投资项目则需要大量的资金支持,要形成竞争优势需要更大规模的资金支持,因此就需要专门的金融支持来缓解企业的资金约束,推动企业的海外投资。再者,从开放视野来看,"一带一路"倡议被写入联合国决议,参与经济体的数量也越来越多,能够利用的"潜在"资金也越来越多,但也会因文化、宗教、金融制度等方面的差异导致在金融等方面合作的难度加大,从而需要分析与研究相关差异,进而更好满足"一带一路"建设中的资金需求。

(二)"一带一路"建设需要金融支持来有效规避风险

"一带一路"倡议作为"将全球治理推向纵深的世纪工程",其推进过程中势必会遇到各种问题与困难:第一,对"一带一路"沿线经济体的海外投资中,存在沿线经济体政局动荡带来的地缘冲突风险、汇率波动带来的金融风险、文化与社会习俗差异带来的市场运营风险等,这些风险都会引起在沿线经济体投资中的不确定性。第二,与国际一些顶尖公司相比较而言,我国的一些对外直接投资往往具有资金实力较弱、跨国投资运营经验有限等约束,进而导致在海外投资中并不占有显著优势(朱苏荣,

2015)。第三,"一带一路"倡议参与主体多元、金融机构多元、金融制度异质、金融产品丰富、金融市场发育水平参差不齐,因而必须构建具有足够"包容性"的体系来应对这些困难与挑战。显而易见,这些问题的解决并不是一蹴而就的,仅从金融支持视角来看,金融首先要为"一带一路"倡议的推进提供最基本的资金保障,其次,则是通过提供融资顾问、财务顾问、投融资策略、风险管理方案等综合性服务,并通过这些服务引导"一带一路"建设有条不紊地向纵深推进,稳健地实现阶段转换,循序渐进地得到拓展(张红力,2015)。

(三)"一带一路"建设需要金融支持来实现人民币国际化

在 2017 年 7 月召开的"第五次全国金融工作"会议上,规划了未来一段时期我国金融工作的目标和重点,其中将"推进'一带一路'建设金融创新"和"稳步推进人民币国际化"作为未来一段时期扩大金融开放的主要措施。由此可以看出,"一带一路"倡议推进中的金融创新通过对新时期人民币的国际化产生作用,进而成为金融开放水平进一步扩大的重要"着力点"。在共建"一带一路"倡议推进过程中,中国先后拿出400 亿美元和 1000 亿元人民币建设"丝路基金",牵头成立"亚投行",这些国家级的重大资金安排,凸显了中国通过"一带一路"推进人民币国际化的目标和决心。事实上,人民币"入篮"后,其作为全球储备货币的功能显现,加之"一带一路"建设中势必带来沿线经济体支付、结算等框架的逐步接轨与完善,将会推动人民币从传统的贸易结算货币向投资货币的转变,进而为扩大使用人民币奠定良好基础(刘一贺,2018)。可以看出,以"一带一路"建设为契机,通过金融支持"一带一路"建设,将有助于推动人民币在更广阔地域、更深层次领域、更高水平上实现国际化。

总体来看,金融支持不仅能够满足"一带一路"建设的资金需求,还能够为化解建设中所面临的风险提供路径,也是推动人民币国际化的现实路径。

二、金融支持"一带一路"建设的内涵与重点

金融是现代经济的核心,金融支持也是"一带一路"建设的关键。可以预见,新形势下金融支持"一带一路"建设实践中必将面临诸多新情况、新机遇,也必将面临诸多新问题、新挑战,因此需要对金融支持"一带一路"建设的内涵进行综合梳理,也需要对金融支持"一带一路"建

设的重点与前景进行整体性、系统性和前瞻性的判断。

（一）金融支持"一带一路"建设的内涵

"愿景与行动"作为未来一段时期"一带一路"建设的纲领与行动方案，其中提出了作为"一带一路"建设重要支撑的"资金融通"，并从信用体系建设、金融市场、金融机构、金融产品等多方面提出了建设纲领。总体来看，我们认为，金融支持"一带一路"建设至少具有以下四个层面的涵义。

第一，从市场范围来看，支持"一带一路"建设的国内金融市场一方面要进一步加快多层次资本市场建设的步伐；另一方面，则主要是依靠政策性、开发性金融等引导社会资金参与"一带一路"建设。在国际视角下，主要是从建立与完善亚洲货币的稳定体系、投融资体系和信用体系入手，建立、健全与优化亚洲国家之间区域金融的合作机制，争取形成有效的区域性金融市场。区域性金融市场建设的关键，一是建立不同国家金融市场之间的合作、沟通与资金融通的渠道与机制；二是打通相关国家之间金融市场的分割。从长期来看，"一带一路"沿线经济体之间的区域性市场将为人民币国际化提供重要平台与支撑（黄梅波、刘斯润，2016）。

第二，从内容和工具来看，国家之间货币的互换和结算依然是目前金融支持"一带一路"建设的主要工具载体，但随着"一带一路"倡议的推进，海外投资项目的增加和相关金融机构参与深度的不断提升，银行机构、证券机构和保险机构也将参与到"一带一路"建设中来，"一带一路"建设也将从政府主导逐步转向市场主导，届时商业性股权投资基金及现代金融衍生产品也将为"一带一路"建设中的资金融通提供重要支持。有鉴于此，在"一带一路"建设的金融支持体系构建中，应对金融产品与金融工具作更为长远的规划。

第三，从合作主体来看，目前支持"一带一路"建设的金融机构和金融合作主体主要是丝路基金、亚洲基础设施投资银行、金砖国家开发银行、中国—东盟银行联合体、上合组织银行联合体等，也探索支持了一些沿线经济体的政府和信用等级较高的企业及金融机构在中国境内发行人民币债券来筹集资金。可以预见，随着"一带一路"倡议的推进，中国政府及一些有实力的中方企业也将在境外以债券、股权等方式筹集资金，并将所筹集到的资金用于"一带一路"建设的相关项目上。有鉴于此，支持"一带一路"建设的金融合作主体范围应该更为广泛。

第四，从制度规范来看，目前的主要方式是在沿线经济体不同的金融制度框架内进行资金融通的合规性监管、风险防范与预警，但随着"一带一路"倡议的推进和金融合作的深化，沿线经济体金融制度的差异势必会给资金的顺利融通造成约束，因此产生了资金融通需求与风险防范监管之间的两难冲突，这就要求要在建立沿线经济体之间的金融合作机制中，进一步加强建设沿线经济体在金融监管体系、信用管理体系、风险防范与预警体系等方面的合作机制，通过打造金融合作的利益、责任、监管共同体，推动"一带一路"建设成效惠及更多国家（地区）。

（二）金融支持"一带一路"建设的重点任务

结合近年来中国经济社会发展和金融成长状况、"一带一路"沿线经济体的基本情况和全球经济社会格局，未来一段时期，金融支持"一带一路"建设的重点主要有以下四方面。

第一，服务实体经济。按照金融为实体经济服务的基本定位，金融支持"一带一路"建设的首要目标便是为设施联通、贸易畅通及相互投资服务。"一带一路"沿线部分国家（地区）基础设施发展相对滞后，一方面，是"一带一路"倡议推进的前提，也成为"一带一路"建设的优先任务，这就需要提供资金量大、周期长的金融产品服务于设施联通；另一方面，金融支持要为沿线经济体间的贸易结算、汇兑风险规避和贸易信贷提供便利，进而推动贸易畅通。随着"一带一路"倡议不断向更深层次的推进，沿线经济体之间的区域国际分工网络将进一步深入与密切（姚战琪、夏杰长，2018），这势必衍生出对相应金融服务的需求，因此，金融仍需要为"一带一路"沿线经济体间的相互投融资提供服务。

第二，平衡利益。随着"一带一路"倡议的推进和金融支持"一带一路"建设的深入，势必会在各参与方之间产生相关的利益分配问题，必须审慎对待之。另外，随着"一带一路"倡议的推进，需要在资金结算、银行网点、项目合作、人民币国际化等方面"架桥铺路"（徐坡岭、刘来会，2016），这势必会触动一些经济体的既得利益，这就要求金融支持"一带一路"建设中必须处理好各参与方的金融利益关系。

第三，管控风险。金融支持"一带一路"建设是国内、国外双向互动的过程，我国金融机构和相关部门在管理金融行为和风险防控中取得了显著进步，但是随着"一带一路"倡议的推进和金融支持的进一步深入，相关金融活动和金融交易将会更加开放，金融工具和金融产品的创新将会带来更多威胁国家金融安全的因素，这就要求要在守住不发生系统性金融风险底线的同时，探索建立金融风险管控、分担和化解的机制。

第四，开展对话。"一带一路"沿线经济体情况各异、需求多样，加之沿线融资经济体对投资国的期望较高，投资方与融资方之间的发展预期和发展策略存在一定程度的错位，因而导致近年来"一带一路"倡议推进中存在意向多、承诺多但兑现慢的问题（万阿东、吕艳红，2018）。这就要求在金融支持"一带一路"建设中，相关参与主体要做好投融资项目的协调对接，也要做好金融支持信息的表述、宣传和政策的传播工作，进而实现对建设项目的高效金融支持。

综上，金融支持"一带一路"建设涉及金融产品、金融工具、金融市场、金融制度等诸多内容，含义十分广泛，且随着时代变迁呈现动态变迁的特征。金融支持"一带一路"建设的重点与任务也十分艰巨，需要从大处着眼、小处着手，才能构建系统性的支持框架。

三、金融支持"一带一路"建设的整体思路

基于上述对"一带一路"历史背景的认识、"一带一路"推进情况的整体认识、金融支持"一带一路"建设意义与重点的分析，此处拟设计金融支持"一带一路"建设的整体思路，也给出本书的逻辑框架。

（一）设计原则

第一，"一带一路"倡议本身是一项系统性工程，这就要求与之对应的金融支持体系也是一个各组成部分全部参与、有机协作的体系，有鉴于此，应该设计一个包括金融机构、金融产品、金融市场、金融制度等多种要素的金融支持体系。囿于资料的可得性及研究视角，本书拟从宏观层面设计一个包括金融机构、金融市场、金融制度在内的体系，有关微观的金融工具与金融产品，将在相关部分提及。

第二，随着"一带一路"倡议的推进，重要动力机制也将由政府推动向企业主动的路径演进（蒋冠宏，2017），在此背景下，与实体经济的演进路径相类似，"一带一路"建设的金融支持主体也将沿着"政策性金融→多边性金融→商业性金融→社会性资金"的路径演进。有鉴于此，本书拟重点探讨代表性的政策性金融、多边性金融和商业性金融支持"一带一路"建设的路径。

第三，银行、证券、保险作为现代金融的三个"支柱"，对国民经济体系建设和经济社会发展均具有重要作用。同样，在金融支持"一带一路"建设中，离不开银行、证券、保险三方面各自功能的发挥。有鉴于此，本书在金融支持"一带一路"建设框架的设计中，将全部考虑这三部门支持"一带一路"建设的基本情况、存在的问题和政策优化建议。

第四，"一带一路"建设所涉及的国家（地区）众多，各国（地区）文化习俗各异、经济社会发展水平参差不齐、利益诉求不一致、金融体系差别明显，因此，在金融制度设计方面，本书重点考虑"一带一路"建设需求和金融体系完善需要，主要从人民币国际化、金融风险防范、金融协同支持体系的构建三方面分析"一带一路"建设金融生态环境的优化思路。

（二）总体框架

综合考虑上述各原则，本书所涉及的金融支持"一带一路"建设的总体框架如图1-4所示。

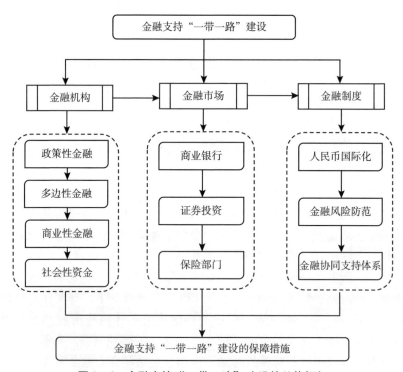

图1-4　金融支持"一带一路"建设的总体框架

（三）　内容安排

根据上述金融支持"一带一路"建设整体框架的设计原则和图1-4所示的总体框架，从理论基础（第一~三章）、金融机构支持体系（第四~七章）、金融生态环境优化（第八章）三方面展开研究。具体来说，本书各章节的主要内容如下。

第一章，金融支持"一带一路"建设概述。首先，概述"一带一路"倡议提出的国际和国内背景，分析我国提出"一带一路"倡议、支持"一带一路"建设的现实基础；其次，梳理"一带一路"倡议提出五年多来在各领域的进展情况；最后，在分析金融支持"一带一路"建设的意义、内涵与重点的基础上，凝练金融支持"一带一路"建设的整体思路。

第二章，文献综述。按照"金融支持'一带一路'建设"的研究主题，分别从"一带一路"建设、金融支持、金融支持"一带一路"建设三方面梳理文献，探究这些细分领域的研究进展，进而为本书奠定文献资料基础。

第三章，金融支持"一带一路"建设的理论基础。拟从马克思主义政治经济学、空间经济学和金融生态理论三方面，重点探究金融支持"一带一路"建设的理论基础、支持重点和政策优化启示。

第四章，政策性金融支持"一带一路"建设研究。在厘清政策性金融支持"一带一路"建设相关理论的基础上，梳理我国四家政策性金融机构支持"一带一路"建设的基本情况，在分析现状和挖掘存在问题的基础上提出有关政策建议。

第五章，多边性金融支持"一带一路"建设研究。以我国倡导设立的亚投行为主体，分析亚投行支持"一带一路"建设的现状，比较亚投行与其他多边性金融机构微观治理机制的异同，进一步提出亚投行协同其他多边性金融机构为"一带一路"建设提供金融支持的方式与路径。

第六章，商业银行支持"一带一路"建设研究。首先，分析"一带一路"沿线经济体银行业的发展情况，廓清我国商业银行进入和业务开展的行业环境；其次，分析我国商业银行支持"一带一路"建设的整体情况和基本特征；最后，设计指标体系并结合相关数据，实证评价我国商业银行在"一带一路"沿线经济体开展业务的区位选择，并提出我国商业银行在"一带一路"沿线拓展的优化建议。

第七章，社会资本支持"一带一路"建设研究。首先，分析丝路基金的运作现状和丝路基金支持"一带一路"建设的优化思路;其次,分析"一带一路"建设中 PPP 模式特征,实证检验"一带一路"沿线经济体 PPP 项目数量和投资额的影响因素,并基于实证检验结论提出相关政策建议;最后,分析商业性保险支持"一带一路"建设的总体特征,评估"一带一路"倡议对沿线经济体保险业发展的影响,并就进一步撬动商业性保险支持"一带一路"建设提出政策建议。

第八章,"一带一路"倡议下金融生态环境的优化研究。从人民币国际化、金融风险管理和金融协同支持机制的构建三方面,提出优化"一带一路"沿线的金融生态环境以提高金融生态效率、增强金融生态功能的思路。

综上,"一带一路"作为一个"将全球治理推向纵深的世纪工程",有着国际格局变迁和国内改革开放深化的双重时代背景,其建设与推进也有着坚实的基础。"一带一路"建设五年多来,在政策沟通、设施联通、贸易畅通、资金融通和民心相通等方面已经取得了明显进展,但仍需从金融机构、金融市场、金融制度等方面搭建支持框架、寻找支持路径,进而推进共建"一带一路"倡议行稳致远。

第二章

文 献 综 述

本书以"金融支持'一带一路'建设"为研究主题，该主题总体上可分解为"一带一路"建设、金融支持、金融支持"一带一路"建设三个关键词，本章将重点围绕这三个关键词来梳理相关文献，探究这些细分领域的研究进展与逻辑路径，进而为本书奠定文献资料基础。

第一节 "一带一路"的相关研究

自"一带一路"倡议提出之后，有关该主题的研究成果快速增加，总体来看，这些研究主要集中在"一带一路"总体设计、"一带一路"推进情况、"一带一路"倡议微观机制与影响三个方面。

一、"一带一路"倡议总体设计的研究

在"一带一路"倡议提出之后，一些学者就对该倡议的意义、定位、建设思路和建设重点等关键问题展开了探讨。

（一）"一带一路"倡议目标的研究

钟飞腾（2014）以外交和地缘政治为基本视角，认为"一带一路"倡议是地区安全新制度架构下，为中国两个百年目标提供根本保障的手段。朴光姬（2015）指出，"一带一路"倡议通过推动沿线经济体基础设施的联通、国际贸易制度的优化和经济技术的发展与联通，进而奠定亚洲地区经济增长的微观基础。高小升（2017）总结了欧盟有关智库对"一

带一路"倡议目标和意图的认识,这些智库认为提出"一带一路"倡议主要是源于经济利益、国家安全、地缘政治、国家形象和国家地位等多重因素。李向阳(2018)进一步指出,"一带一路"是一种以发展为导向的新型区域经济合作机制,将填补亚洲区域经济一体化中的"缺位",也将成为中国向亚洲国家(地区)甚至全世界提供的一项公共产品。总体来看,在有关"一带一路"建设目标的研究中,研究视角已从经济、政治、国家安全等"单一目标论"转向了"多元目标论"。另外,部分研究认为,中国提出"一带一路"倡议主要从自身经济、政治、国家安全等利益诉求所提出的;另一部分研究认为,"一带一路"倡议的提出则是中国向世界提供公共物品,推动亚洲和世界繁荣、构建人类命运共同体的目标,并且该认识逐步成为主流(高小升,2017)。

(二)"一带一路"建设重点的研究

何伦志(2013)在分析"丝绸之路经济带"提出的大思路、大背景之后,提出应侧重建设能源大通道、国际商贸中心、自由贸易区。王保忠等(2013)提出,应该将"丝绸之路经济带"的建设划分为初级和高级两个阶段,并按阶段实施交通、能源、产业、城市、贸易、金融、文化、生态八方面的一体化战略。储殷、高远(2015)探讨了"一带一路"倡议的基本定位,认为该倡议具有区域性、基于多重双边伙伴关系,但开发西北地区将会面临更大的不确定性,因而应优先发展"21世纪海上丝绸之路"。陈小鼎、马茹(2015)强调,"上合组织"在"一带一路"建设中具有不可替代的重要作用,应通过明确定位、加强政策沟通、塑造认同路径等方式加强两者之间的合作。李向阳(2015)认为,"一带一路"是以打造命运共同体为目标的区域性合作机制,在建设过程中应处理好政府与企业、中央与地方、历史与现实、利用现有优势与开发新优势、经济合作与非经济合作、机制化合作与非机制化合作六方面的基本关系。这些宏观层面的研究为"一带一路"倡议的顶层设计提供了有价值的参考信息。在"愿景与行动"发布之后,有关"一带一路"建设思路与建设重点的研究则更为微观和深入,如胡鞍钢等(2017)提出,在"一带一路"的基础上建设"北极航道"的构想;傅京燕、程芳芳(2018)提出,在"一带一路"沿线经济体建立绿色供应链的观点;白永秀、宁启(2018)提出,应构建"一带一路"境外企业安全保障体系。

（三）国内推进情况的研究

"一带一路"倡议一经提出，相关研究者就国内各省（区、市）响应"一带一路"倡议的情况进行了分析与探讨。秦放鸣、孙庆刚（2013）提出，新疆在"丝绸之路经济带"建设中具有独特而重要的战略地位，应加强与中亚国家的互动，建设贸易与投资双轮驱动的合作模式，也应加强与沿线经济体的金融合作，建设乌鲁木齐中亚次区域金融中心。李金叶、舒鑫（2013）提出，基于新疆各方面的优势及条件，应将新疆建设成"丝绸之路经济带"上连接多区域的关键枢纽和辐射中心，建成我国向西开放的前沿。冯维江（2014）依据"一带一路"倡议提出后我国各省（市、区）行动程度的不同，将相关省（市、区）划分为三种不同类型，并指出当时的顶层设计尚未出台和各地区之间的无序竞争可能会削弱"一带一路"的重要意义。吴丰华、白永秀（2015）认为，"丝绸之路经济带"对带动我国西部地区发展具有较为坚实的基础和重大的现实意义，应谋定空间规划、开展能源合作、推进贸易建设、促进重点产业发展，使之成为带动我国地区发展的新引擎。李锋（2017）提出，随着"一带一路"倡议的推进，构建中国与沿线经济体相互投资规则具有重要意义。崔书锋、杨扬（2017）和贺五一、聂小蓬（2018）等重点关注了互联网在推进"一带一路"建设中的作用。丁金光、张超（2018）认为，中国和"一带一路"沿线经济体是温室气体的重要排放者，也遭受着全球气候变化的影响，但"一带一路"倡议对加快国际气候治理的进程将产生积极影响。可以看出，随着"一带一路"倡议的推进，有关研究也从宏观层面转向了具体细分领域，研究呈现细致化和深入化的趋势与特征。

（四）"一带一路"经济学的提出

佟家栋（2017）指出，"一带一路"倡议建立在地缘政治经济学理论基础之上，但超过了传统理论。白永秀、宁启（2017）认为，鉴于新型全球化、"一带一路"倡议本身及学科现状等方面的原因，创立"一带一路"经济学有着现实必要性，并且具有重要的理论与现实意义，与此同时，创立"一带一路"经济学的理论与现实条件也基本具备。陈伟光等（2017）认为，"一带一路"倡议的"宏大"属性客观上要求创立"一带一路"经济学，并且阐述了"一带一路"经济学创立的现实基础、基本路径和研究向度等基本问题。随后，白永秀等（2017）就"一带一路"

经济学的研究任务、学科定位、研究体系作了进一步探究。也有学者就"一带一路"经济学的学科特点和研究基础、理论渊源与研究框架、思想渊源、研究对象、研究主线等作了探讨（吴振磊、吴丰华，2017；王颂吉、何昊，2017；何昊、王颂吉，2017；王泽润、吴丰华，2017；吴振磊、于重阳，2017）。

二、"一带一路"倡议国际响应情况的研究

"一带一路"倡议作为跨区域的合作机制，一经提出就得到了国际社会的广泛响应。

（一）"一带一路"与中亚国家的相关研究

由于中亚自古是丝绸之路上的重要节点，并且与中国在资源等方面优势互补，因此，"一带一路"倡议一经提出，相关学者将合作的视角首先转向了与中亚国家的合作上，如杨立卓等（2015）分析了中国与中亚国家在贸易方面的互补性，提出了优化双边贸易结构、搭建沟通平台、加强基础设施建设、建立自贸区等中国与中亚合作进而推动"一带一路"建设的路径。随着研究的进展，中国与中亚合作推进"一带一路"倡议的有关研究也逐步细致与深入，如李梦竹、王志章（2018）进行了中国与中亚五国合作开展反贫困问题的研究。

（二）"一带一路"倡议与美国的相关研究

佟家栋（2018）认为，"一带一路"倡议提出的重要时代背景就是回应以美国为首的国家在亚太地区建立跨太平洋伙伴关系，因此，美国和欧盟等对"一带一路"有着重要影响。文献显示，"一带一路"倡议刚被提出，美国有关专家和智库就对此给予了广泛关注，如克里斯蒂娜（2016）认为，"一带一路"倡议是中国维护能源安全的需要；卡迪拉（2017）认为，"一带一路"是中国出口过剩产能的经济项目，但同时有着与美国在亚洲达成均势，重塑安全环境的目的；乔纳森（2017）认为，"一带一路"倡议在有利于中国的同时也有利于全世界。

（三）"一带一路"倡议与印度的相关研究

印度作为与中国和中亚临近的重要大国，有关学者在"一带一路"倡

议背景下就印度的态度作了专门研究。林民旺（2015）通过对印度官、学、媒各方对"一带一路"倡议的态度进行分析，发现印度各界对此倡议态度的差异显著，但在目前形势下，争取印度是必要的，因而需要寻求与印度的对接、建立较为松散的非正式磋商机制、持续构建国家间的互信。涂波等（2017）认为，中国和印度在"一带一路"合作上具有巨大的潜力，但目前印度对中国表现出怀疑和不信任的态度，因此，基于"边缘人"的相关理论探究了印度如何陷入"边缘人"的困境，也基于此分析了脱困的思路。

（四）相关区域的参与情况

还有学者在"一带一路"倡议的背景下，就中国与俄罗斯、日本、美国和相关区域合作组织的相关问题进行了分析。焦一强（2018）指出，"丝绸之路经济带"和"欧亚经济联盟"分别作为中国和俄罗斯提出的重大倡议，并且加强"一带"与"一盟"的合作十分必要。杨丽花、董志勇（2018）分析了"中蒙俄自贸区"建设的制约因素和推进路径，并认为加快该自贸区的建设对"一带一路"倡议的推进具有重要支撑作用。廉德瑰（2018）认为，日本基于权力思考、利益思考和外交思考，对"一带一路"倡议的态度也从初始的消极观望转向了谨慎参与。李鸿阶（2017）提出了通过加强金砖国家自由贸易区建设进而助力推进"一带一路"倡议的思路。朴光姬等（2018）认为，东北亚地区的资源分布和各国经济发展状况具有开展能源互补型合作的条件，应通过加强"一带一路"的能源通道和基础设施建设来推进东北亚地区的能源合作。总体来看，这些研究认识到"一带一路"倡议的推进将对相关区域产生影响，从而为借鉴相关国际合作方式来推动"一带一路"建设提出重要经验借鉴。

三、"一带一路"背景下的定量研究

"一带一路"倡议提出伊始，相关研究主要运用定性分析方法做了较为宏观的分析，但随着"一带一路"倡议的推进和相关定义的不断明确，该主题下的定量研究也逐步出现并呈现不断深入态势。根据所关注视角的不同，这些定量研究可分为宏观层面和微观层面的研究两方面。

（一）宏观层面的研究

赵金龙、王斌（2016）构建了二元响应模型，分析了我国选择自由贸易区（FTA）伙伴国的决定性因素，并结合相关数据预测了最适合与我国建立 FTA 的"一带一路"沿线经济体或地区。李青、韩永辉（2016）结合 1992～2013 年"一带一路"沿线 64 个国家对华贸易数据，实证检验了文化交流对区域贸易合作的影响机理，认为"一带一路"倡议有着强烈的文化指向，在政策设计上也要发挥文化因素反哺经济的作用。隋广军等（2017）结合 2003～2012 年"一带一路"倡议 64 个沿线经济体的面板数据，检验了中国向沿线经济体直接投资、沿线经济体基础设施建设与沿线经济体人均实际 GDP 之间的关系，结果发现，中国投资对沿线经济体经济增长的贡献率约为 12%，并且约 30% 是通过基础设施建设实现的。刁丽等（2017）将"丝绸之路经济带"沿线 19 个国家划分为核心区、重要区和拓展区，并结合这些国家 2002～2015 年的数据，定量分析了我国对沿线经济体的出口潜力、出口效率和导致贸易非效率的影响因素。李建军等（2018）提出了"丝绸之路经济带"全球价值链地位测度思想，并构建模型、结合数据，从产业、国家、区域三维测度了"丝绸之路经济带"全球价值链地位，并指出"丝绸之路经济带"具有资源导向性、显著梯度性、较强依附性、较高被动性等特征。李兵、颜晓晨（2018）结合 1984～2014 年全球双边贸易和全球恐怖袭击的相关数据，就恐怖袭击对"一带一路"沿线经济体进口和出口的影响进行了实证检验，结果表明，恐怖袭击对中国与沿线经济体之间贸易的负面影响较小，这也成为中国与沿线经济体贸易的新比较优势，也支持了"一带一路"倡议。

（二）微观层面的研究

顾春光、翟崑（2017）构建了用于测度"一带一路"沿线经济体贸易投资指数的指标体系，对沿线经济体的贸易、投资与互联互通水平进行了定量评价，进而总结了沿线经济体贸易与投资的基本特征。陈胜蓝、刘晓玲（2018）结合"一带一路"倡议所带来的准自然实验，以 2013～2016 年我国上市公司为研究样本，分析了公司投资响应"一带一路"倡议的机制，研究结果发现，上市公司能够积极响应该"一带一路"倡议，并且使投资水平提高了 10.11%。黄亮雄等（2018）结合 2003～2013 年 64 个"一带一路"沿线经济体的非平衡面板数据，检验了中国向沿线经济体直接投资对其基础设施水平的影响效应，结果发现，中国向沿线经济体直接投资增长 1%，能够显著促进沿线经济体基础设施水平提高 0.006%。张艳艳等（2018）结合 1991～2016 年"一带一路"沿线经济体的相关数据，定量分析了交通基础设施建设的经济增长效应，结果发现，交通基础设施条件的改善和交通基础设施投资的增加均能显著促进"一带一路"沿线经济体的经济增长，但这种促进效应的大小与各国经济发展水平和基础设施条件有关。韩金红、潘莹（2018）构建了投资环境评价的指标体系，运用因子分析法评价了"一带一路"沿线城市的投资环境。王春超、尹蓉娟（2018）选择了"一带一路"沿线 30 个国家，结合全球创业观察（GEM）机构收集的调查数据，结合面板数据固定效应和 probit 模型检验了创业文化环境对创业的影响，结果发现，国家积极的创业文化环境显著提高个人创业概率，但创业文化环境对个人创业概率的影响具有异质性。

四、简单述评

自 2013 年"一带一路"倡议提出以来，该主题下的相关研究呈急剧增长的态势，随着"一带一路"倡议的推进，这些研究呈现从应用研究到理论与应用兼顾的研究、从宏观层面到宏观与微观结合的研究、从定性研究向定性与定量研究相结合的转变等特征。

第一，从应用研究向理论与应用研究兼顾的转变。"一带一路"倡议提出伊始，相关研究侧重从该倡议的定位、目标、意义和影响出发，探究实现该定位、目标、意义和影响的措施，从总体上侧重应用研究。随着"一带一路"倡议的推进，认识到该倡议涵义之丰富、目标之宏伟、关系之重大之后，出现了一些探究该倡议理论价值的研究，甚至有学者提出创建"'一带一路'经济学"之说法，进而从总体上兼具理论与应用研究之特征。目前相关研究从应用研究向理论与应用研究兼顾的转变给本书的启示是，不仅要给出应用层面的建议，同时要探究学理价值。

第二，从宏观层面向宏观与微观结合的转变。"一带一路"倡议提出伊始，相关研究从整体上描述该倡议的价值和意义等，但随着该倡议的推进，相关研究从具体国家、具体地方、具体因素、具体机制等视角入手，探究"一带一路"倡议及其推进问题，进而实现了研究视角从宏观视角到宏观与微观视角结合的转变。该研究视角转变的启示是：不仅要从宏观层面把握该主题所涉及的具体内容、趋势与走向，还要较好地结合微观视角，确保所提到的内容与机制能够"接地气"。

第三，从定性研究向定性与定量研究相结合的转变。近年来，定量研究一直是经济学研究中的重要方法。就"一带一路"倡议的相关研究而言，在倡议提出伊始，该主题下的研究侧重运用定性分析的方法，对具体问题进行推理和演绎、描述和说明，有关定量研究不多见。近年来，随着"一带一路"倡议的推进，相关顶层设计更加明朗化，有关研究视该倡议为准自然实验，甚至使用一些大型数据库所提供的数据，结合现代计量经济方法和模型，对一些具体的机制进行实证检验，进而推动了该领域研究的进一步深入。可以预见，随着可使用时间序列的进一步增加，定量与微观机制检验的研究将会进一步增加。

第二节　金融支持的相关研究

金融对实体经济具有重要作用，有关金融支持实体经济的研究在理论与实践方面均取得了较大进展。根据金融支持的对象不同，可将该支持区分为支持一国实体经济的发展和支持国家之间的经济发展两种类型，前者主要集中在金融支持实体经济的研究框架下，后者主要集中在国家之间金融合作的研究框架下。因此，本节主要从金融支持实体经济的研究和跨区域金融合作研究两方面梳理相关文献。

一、金融支持实体经济的研究

有关金融支持实体经济的研究，主要经历了货币与区域经济增长、资本形成与区域经济增长、现代金融发展理论三个阶段。

（一）货币与区域经济增长

从历史视角来看，对货币与经济增长关系的探讨最早可追溯到"货币数量论"。16～17 世纪，瑞典经济学家魏克赛尔（Wicksel，1898）在其著作《利息与价格》中首次提出了货币经济理论，他认为，货币通过使货币利率和自然利率达到一致进而影响经济，从而认识到了货币在经济增长中并不像古典经济学家认为的那样只发挥"面纱"的作用。凯恩斯（1930）在其著作《货币论》中认为，信用的扩张能够促使货币的创造，这使为投资进行融资成为可能，而金融最重要的方面是由于金融机构能够满足融资的需要而促进经济发展。首先将货币因素引入经济增长模型中的是托宾

（1955），他充分强调货币的价值储藏功能，认为货币收入是实际可支配收入的一部分，进而会对人们的消费与储蓄产生影响，并且一旦这种影响具备了持久性的特点，货币供给量就会对长期经济增长产生实质性作用。

（二）资本形成与区域经济增长

早期西方经济学家把资本和资本形成视为经济增长的重要源泉，并在此基础上做了大量的研究，得出了许多经典性的结论。他们认为，现代社会的再生产特征是扩大再生产，而这种规模不断扩大的再生产需要将储蓄不断转化为能进行资本品生产的投资进而产生新的生产能力，这一过程被称为"资本形成"。如古典经济学派的奠基人亚当·斯密（1776）很早就认识到资本积累是经济增长的关键，大卫·李嘉图（1821）也认为，经济增长的重要原因是资本家将其净收入中除消费以外的剩余部分追加投入到生产中所形成的资本积累；随后，被认为是现代经济增长理论开端的"哈罗德—多玛模型"更是将资本视为经济增长的唯一决定性因素（罗默，2009）。二十世纪五六十年代，许多发展经济学家针对发展中国家的实际，把资本形成看作发展中国家的主要问题，提出了许多见解，形成了发展经济学的"唯资本论"（速水佑次郎、神门善久，2009）。从这些研究可以看出，作为推动资本积累重要力量的金融因素在现代区域经济增长中具有十分重要的作用。

（三）现代金融发展理论

随着货币理论的进展以及货币在区域经济增长中功能的逐步显现，金融如何促进经济增长成为现代金融发展理论的核心。现代金融发展理论形成于二十世纪六七十年代，是专门研究金融发展以及从金融角度探讨其与经济增长之间的内在作用机制。20世纪70年代初，以爱德华·肖（E. S. Shaw，1973）和罗纳德·麦金农（R. I. Mckinnon，1973）为代表的一些经济学家以发展中国家为研究样本，在对金融发展与经济增长关系进行研究的基础上提出了"金融抑制"与"金融深化"理论。具体来说，人为压低利率、造成金融体系和经济效率低下的现象，麦金农称之为"金融抑制"；政府部门放松对金融体系的管制，尤其是利率的管制，使实际利率提高以鼓励人们储蓄便可为投资提供基金，即以金融自由化的方式实现金融深化、促进经济增长，这种政策路径被称为"金融深化论"。在"金融深化"成为促进经济增长的关键之后，金融如何深化、金融通过何种中介机制来实现深化则是关进问题。具体来说，格利和肖（1960）通过分析金融中介机构与储蓄投资过程，认为金融机构对金融体制改革具有借鉴作用。帕特里克（1966）认为，在经济发展的早期，金融产品与金融服务的供给要先于金融需求，进而才能引起经济结构的调整。戈德史密斯（1969）则认为，金融机构和金融工具的多元化程度越高，资金的使用效率也就相应越高，进而对经济的影响力就会更强。希克斯（1989）则认为，金融市场为资金的聚集和分散提供了场所，资金的快速流动也能够促进金融创新，金融创新则会改善科技创新继而引发工业革命，因而，金融市场的完善则是关键因素。莱文（1997）则提出，金融机构通过资本积累和技术创新来优化产业结构，进而促进经济增长的机制。随后，我国著名金融专家白钦先将"可持续发展"和"金融资源"两个核心概念引入经济、金融领域，并且提出了"金融资源和金融可持续发展理论""金融结构、金融功能演进与金融发展说"（白钦先宋陆军，2013）。周小川（2004）将生态学的相关理论引入了金融领域，并提出了"金融生态说"，更加强调金融基础设施和金融环境的建设。自此之后，金融可持续发展、金融生态等概念被广泛引用到企业、产业和宏观经济等各领域（谢治春等，2018；马红、侯贵生，2018）。事实上，白钦先与周小川强调的重点都在于金融制度的建设。可以看出，在现代金融理论演进的过程中，逐步提出并受到重视的金融系统基本元素有金融机构、金融工具、金融市场和金融制度等，这些要素不仅是现代金融体系建设中的基本元素，更是金融促进经济增长的重要载体与渠道。

二、跨区域金融合作

跨区域金融合作是一个较新的课题，国内外相关研究主要从金融合作的理论基础、金融合作的原因、金融合作的意义、金融合作的路径等方面展开研究。

（一）金融合作理论基础的研究

跨区域金融合作的研究最早起源于美国经济学家蒙代尔（Robert A. Mundell，1961）就国际金融合作所提出的"最适货币区"理论（optimum currency area，OCA），该理论属于经济地理范畴，主张以生产要素的流动性为最优货币区的标准，并认为"货币区"内的汇率必须被固定，

"最佳"标志是有能力稳定区内就业和价格水平。后来，西蒙（Herbert A. Simon，1970）、弗莱明（J. Fleming，1971）、托尔（Tower，1970）和威利特（Willet，1970）等就"最优货币区"的视野作了进一步拓展，并且从微观视角逐步拓展到了通货膨胀、就业率调整以及调控政策等宏观经济领域。众所周知，蒙代尔认为，西欧各国经济水平相近、相互之间货币和要素流动性较高，因而可以组成一个货币区，并且将该理论从设想变成了现实，因此也被誉为"欧元之父"，"最优货币区"理论成为区域金融合作的重要理论基础。另外，随着二十世纪八九十年代克鲁格曼（Krugman）等人推动空间经济学的兴起，在"集聚力"与"分散力"相互作用的大框架下探讨"金融集聚"问题，这也成为区域金融合作的重要理论基础。藤田昌久、克鲁格曼（Fujita，Krugman，2011）的研究认为，区域金融发展不能忽视地理因素的差异。当然，也有人认为，随着通信技术、交通工具的发展，地理因素将不再重要或没有之前重要，但观点并未获得业界普遍的认同（何文彬，2018）。再者，"跨境次区域合作理论"认为，基于平等互利原则，若干国家接壤地区之间生产要素在一定范围内的自由流通，能够带来资源的有效配置和生产效率的提升，这也成为区域金融合作的重要理论基础（柳思思，2014）。

（二）金融合作原因与效应的研究

一些学者在区域经济一体化的框架下探究了区域金融合作的原因与效应，解春苓（2008）基于对整个经济层面的分析认为，经济发展的非均衡性、区域分工的深化和金融业自身的发展是区域金融合作的主要原因。与之类似，陈雁云（2009）也认为，各区域之间的优势互补，可以推动金融创新、提升金融整体竞争力，同时也为金融合作提供了条件。杨久源（2011）认为，构建国际金融合作体系不仅在减少区域金融风险方面具有重要作用，同样是维护国家间经济和能源安全的重要方式。姜永宏（2012）的研究认为，经济发展阶段的差异、产业结构的互补、资源禀赋和生产要素的优势互补是金融合作的先决条件。可以看出，强调经济发展中的差异性，与传统理论所认为的经济发展程度相似才易于开展金融合作的观点有较大差异。屠光绍（2012）认为，不同经济体之间开展金融合作会形成巨大的金融需求，进而有利于形成支撑效应、动力效应和深化效应，并最终有利于促进金融供给、完善金融业和金融体系。李宝庆、孙尚伟（2015）则系统梳理了我国与东盟"危机驱动型"、我国与东北亚"政府主导型"、我国与中亚"资源驱动型"、我国与拉美"优势互补型"的金融合作模式。

（三）区域金融合作实践的研究

随着近年来经济全球化的进展，有关区域金融合作实践的研究也越来越多。就中国金融合作实践而言，相关研究在所关注的地区上有一定差异，而这些研究主要集中在金砖国家金融合作、中国与中亚金融合作、中国与东盟金融合作、"一带一路"沿线经济体金融合作等方面。

在金砖国家金融合作方面，张晓涛等（2014）认为，金砖国家金融合作能够促进贸易和投资的便利化、降低欧美国家贸易壁垒影响、提升金砖国家货币国际化水平等利益；徐超（2015）认为，金砖国家需要以金融合作来提高抵御金融风险力和应对国际金融市场的冲击；戴臻、刘颖（2016）认为，金砖国家金融一体化程度不高、金融政策协调不充分、应急储备治理能力需提升等是金砖国家金融合作中所存在的主要问题；叶芳（2018）认为，金砖国家金融合作具有综合性、开放性、包容性、多元性、互惠性等区域间国际公共产品的特征，而建立合理的成本分担和利益共享机制是当前金砖国家在金融合作中走出集体行动困境的关键。

在中国—中亚国家金融合作的研究中，秦放鸣等（2015）的定量研究发现，中国与中亚国家的经济周期具有共同随机发展趋势，目前不具备开展高层次金融合作的条件；郭可为（2015）指出，中国与中亚在金融合作方面存在金融发展不完善、金融监管障碍、金融体制存在缺陷、"三股势力"的影响等障碍，并基于此提出了相应的建设建议；杨肃昌、于淑利（2016）认为，提高中国与中亚各自的金融发展水平是深化中国—中亚金融合作的重要途径；何文彬（2017）指出，中亚国家金融资源动员能力不足、经济一体化程度低、金融合作生态环境不佳、生产要素市场化程度低等，是阻碍中国—中亚金融合作深化的重要因素。

此外，还有学者对中国与东盟金融合作的基础、现状、障碍和路径等问题进行了探讨与研究（聂勇、彭文文，2014；贤成毅、龚珊珊，2018）。总体来看，出于危机驱动、政府主导、优势互补、资源互补、市场驱动等原因，我国与东盟国家、东北亚国家、拉美国家、阿拉伯国家、中亚国家、非洲国家等建立了发展程度各异的区域金融合作模式，这为推进区域金融合作积累了重要实践经验，也奠定了良好基础（张彬、胡晓珊，2018）。

三、简单述评

根据所关注区域的不同，本节从金融支持一国经济发展和跨国之间金融合作进而促进经济发展两个角度梳理了相关文献，从这些文献中可以看出，金融对实体经济具有重要作用已成为基本共识，并且该领域的相关研究为本书的进展提供了以下借鉴与启示。

第一，有关金融支持实体经济的理论研究中，提出了金融机构、金融工具、金融市场和金融制度等金融系统基本元素的重要作用，这些要素不仅是现代金融体系建设中的基本元素，更是金融促进经济增长的重要载体与渠道，还是本书分析金融支持"一带一路"建设路径的重要元素。

第二，可以预见，"一带一路"倡议所涉及的相关国家和地区在经济、金融发展程度方面的差异较大，那么应该以何种金融政策或金融政策组合来推进"一带一路"建设将是颇具研究价值的命题。相关跨区域金融合作的研究中，提出和分析了我国与东盟国家、东北亚国家、拉美国家、阿拉伯国家、中亚国家、非洲国家等建立和发展的区域金融合作模式，并且分析了各模式的动力机制、困境和推进建议等，这些为本书的深入研究奠定了理论与经验基础。

第三，从理论基础来看，在金融支持和跨区域金融支持的相关研究中，蒙代尔（1961）所提出的"最适货币区理论"及周小川（2004）等所提出的"金融生态理论"等理论，要求该领域的相关研究不仅要关注短期、微观的支持工具和支持措施，更要从长远出发打造适宜的金融生态，才能在金融支持实体经济发展方面取得理想效果。基于此认识，本书的有关分析，要从长期视角出发来构建"一带一路"沿线经济体良好的金融生态，进而实现金融支持的有效性。

第三节　金融支持"一带一路"的相关研究

"一带一路"倡议提出之后，大量研究认识到了金融支持的重要性，并从不同层面论述了"一带一路"建设中的金融支持问题。总体来看，这些研究主要集中在总体支持思路、金融机构支持和金融制度的优化三个方面。

一、总体支持思路的研究

就金融支持"一带一路"建设总体思路的研究而言，根据所关注的重点不同，可将这些研究区分为宏观总体设计方面的研究、中观金融支持体系建设方面的研究和微观支持关键点的研究三方面。

（一）总体设计的研究

"一带一路"倡议提出之后，一些研究从总体上阐述了金融支持"一带一路"建设的思路、框架和原则。蒋志刚（2014）认为，"一带一路"建设中应该发挥金融支持的主导性作用，并且按照服务实体经济、便利贸易与投资、各经济主体密切合作、金融机构与金融政策密切配合的逻辑入手，来推进金融支持"一带一路"的建设。张红力（2015）认为，在"一带一路"建设中，应该发挥金融经验引领、专业引领、模式引领和战略引领的作用，并从引进来、走出去、双向互动、配套措施四个维度提出了金融引领"一带一路"建设的思路。李忠民、刘妍（2015）认为，金融支持"一带一路"倡议的范围更应该延伸到贸易、能源、城市建设、生态文明等各个方面，推动实现"一带一路"由"交通走廊"向"经济带"的转变，并给出了金融支持"一带一路"的综合框架。林川等（2016）提出，应构建包括政策性金融、互联网金融、亚投行、丝路基金、资本市场、保险市场等内容的综合平台来支持"一带一路"倡议。刘萍等（2017）认为，金融支持"一带一路"建设具有重要性和紧迫性，但目前仍具有资金供给规模小、境外辐射范围小、融资成本偏高、违约风险大、监管体系约束等问题，应进一步建立市场主导、政府扶持、协同共赢的融资体系。宋爽、王永中（2018）认为，在支持"一带一路"建设的金融体系中，存在中国承担大量融资压力和风险、国内民营资本参与程度不高、资本市场未能有效发挥作用、区域分布和行业结构不平衡等问题，应通过构建体系化的金融合作框架、加强与境外资本的合作、拓展公私合作机制、强化与资本市场的合作、建设金融服务体系等措施，来完善"一带一路"倡议的金融支持体系。另外，李程、姜弘（2017）则基于空间经济学视角分析了金融在"一带一路"建设中的重要作用，认为金融对资本要素的流动能够产生影响，金融对知识溢出和经济一体化具有重要作用，从而在理论层面论证了金融支持"一带一路"建设的重要意义。

（二）金融支持体系建设的研究

在金融支持"一带一路"建设的主题下，一些研究结合现代金融体系的特征，就支持"一带一路"建设的"金融体系"本身展开了分析与研究。王剑（2015）提出，随着"一带一路"倡议的推进，金融支持体系应沿着"政策性金融→开发性金融→商业性金融"的路径演进。王石锟（2015）认为，构建立体金融服务体系来服务"一带一路"倡议十分必要，"立体金融服务体系"依次为政策性银行、多边性金融机构、大型商业银行、社会资本，除此之外，还需要信用保险机构的参与。汤柳（2016）认为，完善开发性金融与商业性金融相结合的投融资支持体系、扩展松散约束下多层次金融合作机制、促进人民币在亚洲货币稳定体系中发挥作用等，是金融支持"一带一路"倡议中必须完善的重要问题。徐奇渊、杨盼盼（2017）指出，投资主体借力借势布局、绑定各方投资伙伴的利益、对投融资对象约法三章，是"一带一路"投融资机制建设的关键。李善燊（2017）认为，"一带一路"沿线经济体金融合作体系的建设有着明显需求但也存在巨大挑战，应通过加强金融基础设施建设、推动跨境人民币业务创新、发展多层次资本市场、提升贸易投资便利化水平、打造金融合作长期交流平台等措施，来加强沿线经济体的金融合作。陈硕颖、简练（2017）指出，在"一带一路"建设所需要的金融支持体系中，人民币的循环与周转不足以支持"走出去"的产业资本的循环与再生产，"亚投行"与"丝路基金"也不能满足融资缺口，因此，采用人民币结算成为推进"一带一路"建设的必要前提，沿线经济体共建多层次的金融支持体系也成为迫切需求。兰日旭、曲迪（2017）认为，目前支持"一带一路"建设的金融支持体系主要以政府为主导，以国内金融机构和区域性金融机构为主体，初步形成了一个横跨区域、跨国界的金融合作网络，但未来应进一步深化多边金融合作机制，推动"互联网＋金融"支付体系建设、深化人民币国际化。

（三）支持重点的研究

除了上述研究之外，还有一些研究的视角较为具体，从具体方式和支持重点入手就"金融支持'一带一路'建设"作了分析。万泰雷（2015）以中国债券市场的开放为基本视角，认为债券市场可以为"一带一路"建设提供直接融资支持，也可以通过国际开发机构等提供间接融资支持。申景奇（2015）认为，"一带一路"的建设离不开金融支持，提出了 PPP 私募股权基金模式，并认为该模式能够实现政府、平台和民营机构"多赢"的合作局面。徐超、于品显（2017）认为，金砖国家机制和"一带一路"倡议均是发展中国家基于自身需要和应对全球治理而成立的国际合作模式，二者之间开展合作具有正向溢出效应，应积极探索开展合作的途径。李锋（2017）认为，"一带一路"作为倡议无法设立新的常设机构来协调投资纠纷，但有必要从多边层面、区域层面、双边层面和单边层面出发，构建投资规则。马广奇、黄伟丽（2018）认为，传统金融具有媒介依赖度高、合作成本高、合作范围狭窄、信息不对称程度高等局限，在"互联网＋"背景下，应将互联网金融融入"一带一路"倡议下的金融合作之中，推动金融服务模式创新和运行机制创新。李杨、程斌琪（2018）指出，金融科技（finance technology，fintech）对"一带一路"建设升级具有独特作用和建设性意义，应通过构建"一带一路"倡议下金融科技合作开放平台、金融科技高级别对话机制、拟订金融科技合作的重点领域和关键环节等方式，推动"一带一路"的建设和金融外交的升级。董哲（2018）认为，具有协调区域融资、推动区域金融市场发展和维护区域金融市场稳定三重功能的非政府金融合作路径，能够为"一带一路"建设提供金融支撑，而作为非政府金融合作的亚洲金融合作协会也具有一定的借鉴意义。涂远博等（2018）认为，离岸金融与"一带一路"倡议的内涵相耦合，两者之间存在系统要素的协同、系统间的协同、"一带一路"外部环境和离岸金融内部系统的内外协同"三重协同关系"，要采用"内外渗透型模式"发展中国的离岸金融。

二、金融机构支持的研究

金融支持"一带一路"倡议离不开具体金融机构的作用，一些研究重点关注了金融机构的作用。具体来说，目前针对金融机构支持"一带一路"建设的相关研究主要集中在"亚投行""丝路基金"和"政策性金融"机构三方面。

（一）"亚投行"支持的研究

王达（2015）认为，"亚投行"在补充完善现行国际发展融资体系、对促进亚洲经济融合与一体化发展、推动全球经济再平衡和国际金融秩序改革等方面具有重要意义。胡海峰、武鹏（2016）认为，"亚投行"将通过构建国际经济合作平台、促进形成完整融资链等渠道对"一带一路"倡议提供金融支撑，也将通过强化中国的规则制定权、加速人民币国际化等机制产生"亚投行"助力"一带一路"的中国效应，通过补充完善现行国际融资体系、加快国际金融秩序改革步伐、破解亚洲"高储蓄"难题等机制产生国际影响。贾根良（2016）对"一带一路"倡议和"亚投行"作了制度上的反思，并认为两者的成功要以创造价值链高端国内领先市场和实施国内主权信贷为前提，但目前我国并不满足这两个前提条件，要使这两个构想取得成功，一方面，要保护价值链高端国内市场；另一方面，要改革美元化的人民币基础货币发行制度。刘国斌（2016）认为，"亚投行"在"一带一路"建设中具有重要支撑作用，应遵循新结构思维的指导，明确在现阶段国际格局中的平衡与补充地位，构建与多边机构的合作发展关系，拓宽投融资渠道和提高投融资有效性，进而更好发挥"亚投行"在"一带一路"建设中的金融支撑作用。张恒龙、赵一帆（2017）结合相关数据，检验了亚洲开发银行分配贷款的决定因素，并提出了设立"亚投行"十分必要、与亚洲开发银行的竞争和互补双重关系等启示。杨丽花、王喆（2018）结合2002～2015年亚投行覆盖范围国家的相关数据，检验了私人资本参与 PPP 项目投资的影响因素，结果发现，多边开发银行能够促进私人资本参与 PPP 项目投资、经济发展水平和市场需求是最重要的影响因素、政府因素对私人资本参与 PPP 项目的影响不大。

（二）丝路基金支持的研究

金琦（2017）指出，"一带一路"建设中提供资本注入较之提供贷款更加重要，因而丝路基金的基本定位是股权投资，未来会重点关注实业资产投资。杨捷汉（2017）认为，丝路基金以中长期股权投资为主、基于市场化运作、注重支持基础设施互联互通项目、致力于推动国际产能合作、多元化和跨度大，并且按照对接原则、效益原则、合作原则、开放原则进行投资，因而与传统金融机构对"一带一路"建设的支持有一定不同。魏磊（2015）指出，丝路基金坚持市场化、国际化原则，与相关投资主体协同配合撬动更多资本主体参与"一带一路"建设，必要时可以通过全球资本市场融资。杨丽花等（2016）基于博弈论视角的分析发现，丝路基金具有改变投资者的生产函数、扩大资产池、降低交易成本、优化资本结构、降低风险等作用，能够促进投资者参与"一带一路"沿线 PPP 项目建设。

王娟等（2016）分析了丝路基金对"一带一路"科技战略与协同创新的支持机制，结果发现，存在利益相关者联系不紧密、各国合作不顺畅、各国之间的竞争压力等问题，并提出了构建国家间合作机制、发挥丝路基金的激励作用、运用多元化投资形式等建议。

（三）政策性金融支持的研究

胡怀邦（2015）提出了应通过加强顶层设计、先行突破重大项目、推动形成银政企合力、创新金融模式、推动人民币国际化等方面的思路，推动国家开发银行在"一带一路"建设中发挥主力银行的作用。胡怀邦（2017）指出，在"一带一路"倡议推进中，国家开发银行在支持重大基础设施建设、推进国际合作方面积累了丰富经验，能够发挥独特作用并且取得了积极进展，将按照共商共建实现合作共赢、促进项目开发培育、推动关键项目落地、以金融创新提升服务能力和水平、市场运作和防范融资风险的思路，进一步发挥国家开发银行在"一带一路"建设中的重要作用。胡晓炼（2015）认为，中国进出口银行作为政策性金融机构之一，在支持"一带一路"建设中加大了资金投入、突出了重大项目、发挥了引导作用，未来的工作思路是完善机制、聚焦职能、开拓创新、防范风险、多方合作。胡晓炼（2017a）认为，政策性金融可被视为政府资金的延伸，因而政策性金融在"一带一路"建设打基础的阶段应发挥主导作用，应积极支持对本国具有特殊意义的项目。胡晓炼（2017b）认为，应按照坚持多种融资方式并举、坚持各方参与共建、坚持市场化运作和商业可持续原则、扩大人民币跨境使用的思路，建立稳定长期可持续的"一带一路"融资机制，并且中国进出口银行为"一带一路"项目的贷款余额超过6700亿元。

三、金融制度优化的研究

金融制度的优化是金融支持"一带一路"建设的重要组成部分，也成为相关研究关注的重点。总体来看，"一带一路"倡议下金融制度的优化主要集中在金融风险管理的研究和人民币国际化的研究两方面。

（一）金融风险管理的研究

贺之瑶（2015）认为，在"一带一路"建设中具有信用风险、汇率风险、经营风险、法律风险五大风险，并据此提出了风险管理思路。翁东玲（2016）梳理了"一带一路"倡议推进中所面临的金融支持与合作风险，主要有沿线经济体经济和国家主权信用的风险、建设项目本身引致的风险、银行经营面临的风险等，并从总体上给出了风险规避措施。陈伟光、缪丽霞（2017）认为，"一带一路"建设的金融需求主要有基础设施建设的投融资需求、沿线经济体贸易的融资需求、跨境人民币结算需求和保险服务需求，但目前依然存在巨大的资金缺口，融资、保险、结算等金融服务的不足成为制约"一带一路"建设的瓶颈。胥爱欢（2018）指出，在"一带一路"倡议推进中，东道国主权信用状况对合作项目资金的安全收回具有决定性作用，并且对于"一带一路"沿线经济体主权信用风险的有效防控，是防范其他各类风险的基石，也是成功推进"一带一路"倡议的前提。

（二）人民币国际化的研究

王晓芳、于江波（2015）认为，应按照从"贸易→金融→货币"的总体合作路径，按照"金融机构→资本市场→金融产业"的融合路径，完成"一带一路"建设中人民币区域国际化"突破→加强→实现"的目标，进而在人民币区域国际化的基础上最终实现人民币全面国际化的目标。刘凯（2017）提出，"一带一路"倡议为人民币国际化搭建了重要平台，国家层面和企业层面在"一带一路"建设中的货币战略都应服务于人民币国际化目标。严佳佳、辛文婷（2017）认为，"一带一路"倡议为人民币国际化提供了难得的历史机遇，应通过经贸合作、市场支持、货币结算和金融环境等措施，加快人民币国际化进程。马广奇、姚燕（2018）指出，在"一带一路"倡议下，人民币在沿线经济体的认可度越来越高，应进一步深化区域金融并构建货币合作机制，推进人民币从"丝路货币"逐步走向"世界货币"。刘一贺（2018）认为，"一带一路"倡议为人民币国际化提供了新思路，但与美元、欧元、日元国际化的市场推动型模式不同，政府推动型是人民币国际化的最佳模式。程贵等（2018）基于演化博弈模型的分析发现，在人民币中亚区域化博弈中，中国和中亚国家、区内主要国际货币发行国倾向于采取合作策略，基于此结论，提出了夯实中亚人民币区域化的经济基础、提供保障机制和创造便利条件等建议。

四、简单述评

总体来看，众多学者认识到了金融支持在"一带一路"建设中的重要作用，也从理论与政策层面作了大量研究，这些研究为本书的开展提供了重要参考和有价值的信息。这些研究总体上呈现以下特征。

第一，在总体支持思路的研究上，基本勾勒出了金融支持"一带一路"建设的框架、原则和思路，一些研究还指出了完善支持思路的重点，这些均为本书提供了有益借鉴。需进一步指出的是，这些研究一方面侧重于定性分析与论述，缺乏对基本数据的支撑和进一步深入的研究；另一方面是没有将所关注的焦点纳入到整体分析框架中。有鉴于此，本书拟在结合金融机构、金融产品、金融市场和金融制度等金融体系构成要素建立整体框架的基础上，并就具体支持方式提供基本数据支撑。

第二，在金融机构支持的研究方面，一方面，相关研究阐述了相关金融机构在"一带一路"建设中的重要性、运行原则和支持思路等；另一方面，也指出了具体问题和需改进之处。但是，相关研究主要集中在对政策性金融机构的关注，但随着"一带一路"倡议的推进，势必需要商业性金融和社会资金参与到"一带一路"建设中来，但相关研究对这些机构的关注明显不足。另外，相关研究重点关注了银行类机构对"一带一路"建设的支持，但随着"一带一路"倡议的推进，势必需要证券、保险类机构参与到"一带一路"建设中来，但相关研究对其关注明显不足。有鉴于此，本书将在分析政策性金融支持的基础上，探讨商业银行、保险机构、证券机构支持"一带一路"建设的相关问题。

第三，在金融制度优化的研究方面，相关研究从整体上认识到了"一带一路"倡议推进中金融风险管理的重要性，并从宏观层面给出了完善风险管理的政策建议，但相对缺乏对不同金融主体风险管理重点和措施的研究；相关研究已充分认识到"一带一路"倡议推进中人民币国际化有着现实基础和现实必要性，也给出了不同思路的人民币国际化路径，应进一步探究在"一带一路"倡议下适合的、具有可操作性的路径。

综上，本章在"金融支持'一带一路'建设"的主题下，系统梳理了"一带一路"建设、金融支持、金融支持"一带一路"建设的相关研究，这些研究从整体上为本书提供了有益借鉴，但同时也提出了以下要求：一是要搭建本书的理论框架；二是要按照"政策性金融→多边性金融→商业性金融→社会资本"演进的思路分析相关金融机构支持的路径及方式；三是要关注金融制度完善和金融环境的优化。理论基础、金融机构体系和金融生态环境这三方面，也搭建起了本书的整体框架。

第三章

金融支持"一带一路"
建设的理论基础

首先,"一带一路"倡议和金融支持"一带一路"建设有着深刻的马克思主义政治经济学理论基础,马克思主义政治经济学也为金融支持"一带一路"倡议提供了有益指导和启示;其次,"一带一路"是基于世界经济地理格局所发起的倡议,空间经济学对该倡议的推进和金融支持思路也有着较为成熟的理论铺垫和政策指导;最后,"一带一路"参与国家(地区)较多,各国(地区)在金融机构、金融制度等方面具有一定的异质性,而金融生态理论对此也提供了理论说明和政策借鉴。有鉴于此,本章将基于马克思主义政治经济学、空间经济学和金融生态理论,分析金融支持"一带一路"建设的理论基础,同时探究金融支持"一带一路"建设的政策启示。

第一节　马克思主义政治经济学视角

尽管"一带一路"倡议是于 2013 年才提出的一个"新概念",但马克思主义政治经济学对"一带一路"倡议的提出和建设思路作了原理性说明。有鉴于此,本节将重点分析"一带一路"倡议和金融支持"一带一路"建设的马克思主义政治经济学基础,同时将基于马克思主义政治经济学视角分析其对金融支持"一带一路"建设的启示。

一、政治经济学视阈下的"一带一路"倡议

"一带一路"倡议作为对构建"人类命运共同体"提供支撑的重大倡议，既有助于我国经济的发展，又有助于沿线经济体之间的合作，从提出至今得到了广泛的响应。马克思主义政治经济学的社会交往理论、生产力发展理论和扩大再生产理论，对该倡议的提出和建设提供了有益理论分析和政策指导。

(一)"一带一路"倡议根植于马克思主义社会交往理论

社会交往是人类社会中一种非常普遍的现象和行为，马克思主义经典作家也从不同层面深刻剖析了人类社会的社会交往现象。

第一，人与人之间的关系是人类社会存在和发展的重要基础。马克思、恩格斯（1960）在《德意志意识形态》中写道："夫妻之间的关系，父母和子女之间的关系，也就是家庭。这个家庭起初是唯一的社会关系，后来，当需要的增长产生了新的社会关系"①。可以看出，马克思主义经典作家指出，人与人之间的关系是人类社会最微观的活动方式，也是人类社会存在的基础，任何人都脱离不了这种条件。

第二，物质生产的形成。在个人存在和发展的基础上，马克思经典作家进一步指出："生存于一定关系中的一定的个人只能生产自己的物质生活以及与这种物质生活有关的东西，因而它们是个人自主活动的条件，而且是由这种自主活动创造出来的。"② 可见，马克思主义经典作家认为，在个人存在的基础上，需要从事生产来满足自己的物质生活。

第三，分工和交换的形成。在人类存在和从事生产之后，马克思主义经典作家进一步论述了社会分工与交换的形成。马克思、恩格斯指出人类社会分工和交换形成的基本逻辑是：首先，人类社会起初在家庭内部，随后扩展到氏族内部基于年龄和性别等纯生理情况进行自然分工；其次，由于人口的增长以及各氏族之间冲突的出现、加剧和相互征服，能够用于分工的材料也扩大了；再其次，不同的个体、家庭、氏族等共同体在各自的环境中生存，可以找到不同的生产资料和生活资料，并由此导致了各共同体在生产方式、生活方式和所生产的产品上也不尽相同；最后，由于各共

---

① 马克思，恩格斯．马克思恩格斯全集：第3卷［M］．北京：人民出版社，1960：32－33.
② 马克思，恩格斯．马克思恩格斯全集：第3卷［M］．北京：人民出版社，1960：80.

同体所生产的产品不同，这就在彼此之间相互接触时产生了互相交换产品的需求，而这些产品也因交换而逐渐转化成为商品。对于上述逻辑，正如马克思、恩格斯的经典总结："社会分工是由原来不同而又互不依赖的生产领域之间的交换产生的"。①

第四，分工和交换影响了民族交往和民族发展程度。在从微观社会分工和物质生产进行深入分析的基础上，马克思主义经典作家进一步从微观层面过渡到了宏观层面，建立起分工、交换与民族发展之间的关系。马克思、恩格斯指出："各民族之间的相互关系取决于每一个民族的生产力、分工和内部交往的发展程度。这个原理是公认的。然而不仅一个民族与其他民族的关系，而且一个民族本身的整个内部结构都取决于它的生产以及内部和外部的交往的发展程度。"②

可以看出，马克思主义经典作家视个人和家庭为社会的细胞，搭建起了从个人到民族发展的逻辑架构，而"一带一路"倡议注重加强沿线经济体在政治、经济、文化等方面的社会交往，以"物畅其流、政通人和、互利互惠、共同发展"为根本目标，深刻地体现着马克思主义经典作家所论述的社会交往理论，而"一带一路"倡议的推进也必将深刻影响沿线经济体的发展，还将对沿线经济体人民的福祉产生重要影响。

（二）生产力水平提高成为"一带一路"建设的重要动力

"一带一路"倡议是提升我国生产力的需要，也是增强沿线经济体生产力的重要途径，从而生产力的提升成为共建"一带一路"倡议的重要动力来源。

第一，马克思主义的要素生产力。马克思在《资本论》中分析"劳动过程"时指出："劳动过程的简单要素是：有目的的活动或劳动本身，劳动对象和劳动资料。"③ 随后，马克思通过对劳动、劳动资料和劳动对象概念的界定和深入分析，形成了一个要素维度的生产理论。事实上，马克思所强调的"劳动过程"三要素就是生产力的三要素（程启智，2013），从而劳动本身、劳动资料和劳动对象成为影响生产力的重要因素。

第二，马克思主义的协作生产力。除了要素生产力之外，马克思还形象地指出，个体在社会之外孤立地进行生产就像人类之间不进行交谈而有

---

① 马克思，恩格斯. 马克思恩格斯文集：第 5 卷 [M]. 北京：人民出版社，2009：389.
② 马克思，恩格斯. 马克思恩格斯全集：第 1 卷 [M]. 北京：人民出版社，1995：68.
③ 马克思. 资本论（第一卷）[M]. 北京：人民出版社，1975：202.

语言发展一样，都是不可思议的。也就是说，有要素之外，生产过程中还需要协作。此外，马克思还形象地指出："一个骑兵连的进攻力量或一个步兵团的抵抗力量，与单个骑兵分散展开的进攻力量的总和或单个步兵分散展开的抵抗力量的总和有本质的差别。"① 马克思该生动比喻所强调的便是协作生产力。进一步，马克思经典作家认为，协作不仅可以提高个人生产力，而且还能够创造出一种新的生产力，而这种新的生产力成为进一步推动生产力水平提高的关键。

第三，"一带一路"倡议有助于生产力的提升。从要素生产力维度看，"一带一路"建设加强了沿线经济体在贸易、投资、产能和装备制造方面的合作，丰富了沿线经济体可供开发与使用的生产要素，本质上是通过提高有效供给来催生新的需求。另外，从协作生产力维度看，"一带一路"倡议为我国打开了沿线经济体的市场，也为沿线经济体进入我国市场提供了重要机遇，为我国与沿线经济体开展合作、深化合作搭建了平台，进而成为提升我国与沿线经济体之间协作生产力的重要途径与关键机制。总之，"一带一路"倡议有助于提升我国和沿线国家（地区）的要素生产力与协作生产力。

（三）"一带一路"倡议的直接效果是推动扩大再生产

正如前文所示，"一带一路"建设根植于社会交往理论、能够提升社会生产力，那么最终会产生何种效果呢？根据马克思主义政治经济学的基本原理，共建"一带一路"倡议必将对中国及沿线经济体甚至全球的扩大再生产具有重要意义。

第一，扩大再生产的条件和类型。马克思主义政治经济学指出，扩大再生产是指生产规模比原来扩大的再生产，从而也可以在一定程度上引申为经济增长。马克思指出，扩大再生产的前提条件是：第Ⅰ部类生产的全部产品，除了维护第Ⅰ部类和第Ⅱ部类简单再生产所必需的生产资料外，还要有个余额，该余额用于满足两大部类扩大再生产对追加生产资料的需要；第Ⅱ部类生产的全部产品，除了满足两大部类资本家和原来工人的消费需要外，也必须有个余额，该余额用以满足两大部类扩大再生产对追加消费资料的需要。简而言之，扩大再生产以本国拥有可供追加的足量的生产资料和消费资料为前提。进一步，马克思将扩大再生产分为外延式扩大

① 马克思，恩格斯. 马克思恩格斯文集：第5卷 [M]. 北京：人民出版社，2009：362.

再生产和内涵式扩大再生产两种类型，其中外延式扩大再生产是通过增加生产要素数量进而实现的扩大再生产，而内涵式扩大再生产是通过提高生产要素的使用效率进而实现的扩大再生产（何炼成等，1997）。

第二，"一带一路"倡议有助于外延式扩大再生产。尽管"一带一路"沿线经济体在要素禀赋、产业基础、经济发展水平等方面均存在一定的差异，但在"共商共建共享"的原则下，"一带一路"倡议强调通过加强与沿线经济体之间的交流合作，在"一带一路"这个广阔的平台上进行生产要素的有效配置，从而可以弥补本国（地区）扩大再生产中生产资料和消费资料等方面条件不足的缺憾，通过外延式扩大再生产进而实现经济的发展。当然，最直观的表现是从强调"中国发起'一带一路'倡议"向"共建'一带一路'"的转变，强调"一带一路"倡议是一个开放的体系而非封闭的"小圈子"，"一带一路"的"朋友圈"呈不断增加的态势。

第三，"一带一路"倡议有助于内涵式扩大再生产。"一带一路"沿线经济体主要是发展中国家或新兴经济体，这些沿线经济体大多处于经济快速发展期，因而参与国际分工的意愿比较高。在"一带一路"倡议下，中国通过人才培训、技术和劳务输出等方式，向沿线经济体提供了更多的人才、资金、技术、设备和管理经验等生产要素，也可以将改革开放40年的发展经验介绍给沿线经济体，与沿线经济体一道应对各种困难与挑战，这显然有助于中国与"一带一路"沿线经济体进行"内涵式扩大再生产"，进而促进各经济体的发展。

二、金融支持"一带一路"倡议的政治经济学基础

"一带一路"倡议由中国发起，而金融支持"一带一路"倡议的基本思路是视沿线经济体为一个"区域"，金融在该区域内能够充分发挥其功能。根据马克思主义政治经济学的基本观点，货币具有价值尺度、流通手段、贮藏手段、支付手段和世界货币五大职能，有鉴于此，本书便从货币超出一国范围内流通的世界货币职能出发，探究有关金融支持"一带一路"倡议的政治经济学基础。

（一）世界货币职能

第一，世界货币职能的产生。马克思在分析机器生产的影响时指出：

"一种与机器生产中心相适应的新的国际分工产生了,它使地球的一部分成为主要从事农业的生产地区,以服务于另一部分主要从事工业的生产地区。"① 具体来看,这其中的基本逻辑是:以机器化大生产为代表的生产条件是生产者之间相互依赖的关键,而生产者之间的相互依赖是以货币为媒介的商品交换的重要前提,而生产条件的改进将这种依赖拓展到世界范围之后就推动了国际交换,促进了对外贸易的发展,为世界货币便利国际商品流通提供了基本条件。

第二,世界货币职能的执行。在世界货币职能的执行时,马克思指出:"为了抵偿在交换中一个价值超过另一个价值的余额,为了进行结算,在最原始的物物交换中,就像在现在的国际贸易中一样,要求用货币支付"②。可见,马克思当时所强调的世界货币最主要的职能是作为支付手段来平衡国际贸易之间的差额,不过当初货币的基本形式是金、银等贵金属。同时,马克思还指出:"在资产阶级社会的既定民族范围内,货币作为支付手段是随同生产关系一般而一起发展的,同样,货币在作为国际支付手段这一规定上也是如此。"③ 可以看出,马克思准确判断了执行世界货币职能的货币形式会随着时间演进,从金属货币到信用货币均可执行世界货币职能,从而具有明显前瞻性,对目前的共建"一带一路"倡议和国际投资与贸易仍具有借鉴与启示意义。

第三,"一带一路"倡议下的世界货币。在"一带一路"倡议下,与马克思当初分析一致的是,沿线各国的确开始了跨国合作,这就要求了世界货币职能的产生。再者,在目前的经济社会中,国际支付手段随同生产关系在世界范围一起发展,信用制度在世界范围也实现了发展,达到了形式多样的程度,这就要求承担世界货币职能的货币要以信用货币为基础,进而更好实现贸易和投资的便利化。

(二) 世界货币的空间影响

马克思将货币关系分为两种情况,一是简单关系上的货币关系,与此相对应的是货币的价值尺度、流通手段,这也就是作为货币的货币;二是与发展程度较高的生产关系联系起来的货币关系,也就是作为资本的货币(姚鸿韦,2017)。总体来看,无论是作为货币的货币,还是作为资本的货

① 马克思. 资本论(第1卷)[M]. 北京:人民出版社,2004:519-520.
② 马克思,恩格斯. 马克思恩格斯全集(第30卷)[M]. 北京:人民出版社,1995:91.
③ 马克思,恩格斯. 马克思恩格斯全集(第31卷)[M]. 北京:人民出版社,1998:322.

币，都会产生重要的空间影响。

第一，世界货币的一般性。马克思在分析货币职能时指出："世界货币在物质上和在空间上创造了交换价值的真正一般性"①，这实际上说明世界货币职能能够在物质上深化、在空间上扩展货币关系以及由此所表现出来的生产关系。与此同时，马克思在论述世界货币职能时，否定了货币形式的变化会引起"货币范畴上表现出来的生产关系"的变化，这说明了货币形式从金属货币变化为纸币和信用货币时，货币背后所蕴藏的生产关系没有发生变化。马克思对世界货币一般性的论述，对跨国投资贸易行为和新型国际关系的构建提出了关键性和约束性的要求。

第二，作为货币的世界货币。在实现货币的价值尺度、流通手段职能时，世界货币处于货币循环中，是"以交换价值为基础的一般生产的要素之一"②，货币变成世界货币，其生产性不变，客观上促进了生产突破一国界限实现空间发展。对于作为一般货币的货币，一方面，世界货币作为潜在财富的生产载体可以交换和购买生产要素、生产资料；另一方面，世界货币作为财富的一般物质代表，积极推进在新的地区探求并发现财富，进而各国（地区）进行了全面的工业化和普遍的交往。这两方面的作用，使得交换关系和世界货币关系在空间上的范围得以扩大。

第三，作为资本的世界货币。马克思指出，作为资本的世界货币，一方面，"与流通相独立并且在流通中保存自己的交换价值"；另一方面，还要"增殖自己的使用价值"，并且"资本按其本性来说，力求超越一切空间界限""最有利和最正确的做法，是把渴望旅行的资本在货币形式上作为货币资本送出去"③。可以看出，马克思明确指出了作为资本的世界货币的空间开拓属性。与此同时，马克思还指出，作为资本的世界货币，"它的作用，像加到天平秤盘上的一根羽毛的作用一样，……这时加在这边或那边的任何一点东西，都会具有决定性意义"④。这也就是说，作为资本的世界货币，即使微小的流动都会发生重要的影响，会极大地增加经济危机发生的可能性。

---

① 马克思，恩格斯. 马克思恩格斯全集（第30卷）[M]. 北京：人民出版社，1995：178.
② 马克思，恩格斯. 马克思恩格斯全集（第30卷）[M]. 北京：人民出版社，1995：167.
③ 马克思，恩格斯. 马克思恩格斯全集（第30卷）[M]. 北京：人民出版社，1995：215 – 220.
④ 马克思. 资本论（第3卷）[M]. 北京：人民出版社，2004：647.

第四，"一带一路"倡议下世界货币的空间影响。上述马克思对世界货币一般性的论述表明，"一带一路"建设中货币在"一带一路"沿线国家（地区）流动时，具体货币流动的背后打着生产关系的烙印，如一些国家所倡导的"马歇尔计划"所引起的货币流动，体现着攫取高额利润、实现垄断利润的目标，并具有由此目标所代表的生产关系；我国所发起的"一带一路"倡议，适应生产力的变化，具有"共商共建共享"精神所代表的生产关系。另外，马克思关于作为货币的世界货币和作为资本的世界货币的相关论述，一方面，说明"一带一路"倡议下沿线国家（地区）技术优势、资金优势、资源优势的互补，是形成新型生产关系的必然选择（周文、方茜，2015）；另一方面，有关货币流动所带来危机的相关论述，强调了金融支持"一带一路"建设中加强金融风险管理的必要性和重要性。

综上，在马克思关于世界货币职能的论述中，提出了世界货币便利投资和贸易、构建新型国际关系的基本要求，也预言了世界货币职能对空间拓展的重要作用，同样说明了世界货币流通中加强风险管理的重要性，这对"一带一路"倡议的推进具有重要指导意义。

三、政治经济学视角下的金融支持"一带一路"建设

"一带一路"倡议和金融支持"一带一路"建设不仅有着坚实的政治经济学基础，而政治经济学也为金融支持"一带一路"建设提供了有益思路借鉴。有鉴于此，本书将按照由简单到复杂、由具体到一般的分析思路，探究政治经济学视角下金融支持"一带一路"建设的路径。

（一）封闭视角下的国民经济体系

在简单国民经济运行模型中，主要分析包括家庭和企业两个主体、包括要素和商品两个市场的国民经济体系，由于本书的主题是共建"一带一路"倡议的金融支持体系建设研究，从而需要将金融市场纳入其中；再者，按照由简单到复杂的思路，此处先分析封闭经济情况下经济运行情况。基于以上假设，包括家庭和企业两个主体，要素、商品和金融三个市场的国民经济运行情况可表示为图 3-1。

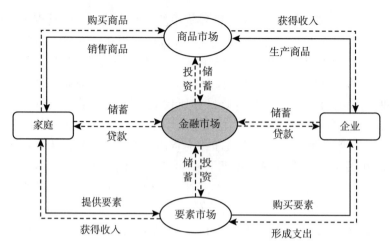

图 3 - 1　封闭经济下国民经济运行图示

对于图 3 - 1 所示的封闭经济情形下国民经济的运行情况，图 3 - 1 中的实线表示了产品与服务等实物的流动，虚线表示货币的流动。按照马克思主义政治经济学的基本观点，对于国民经济及金融市场运行主要有以下几方面的说明。

第一，生产是金融体系运行的基础。根据马克思主义政治经济学的基本观点，社会生产包括生产、分配、交换、消费四个相互作用、相互联系的环节，而创造社会财富活动的生产环节具有至关重要的作用。具体而言，金融市场上的货币是商品货币价值的基本表现形式，而商品价值则是蕴藏在商品中无差别的人类劳动。就目前实际情况来看，尽管经济社会的发展水平更高、金融市场的成长速度更快，但在金融市场上出现了一定程度的货币脱离价值实体而虚拟化的现象。按照图 3 - 1 所示的实物（实线）和货币（虚线），也就是实体经济与虚拟经济相匹配运行的基本逻辑，按照马克思主义政治经济学的基本观点，尽管金融体系具有十分重要的地位和作用，但无论其功能多广泛、其形态如何纷繁复杂，但货币和金融本身并不创造价值，在本质上依然只能是价值的代表，只能以生产和社会再生产过程为基础。

第二，货币的基本运行规律。按照马克思主义政治经济学的基本观点，在实体经济运行中，首先是产业资本家从市场上购买劳动力商品和生产资料并投入到生产过程之中，而劳动力和生产资料在生产过程中的结合便可创造出包括剩余价值的价值，而所创造出的这些价值再次经过商品流通领域便可得以实现。也就是说，产业资本必须经过购买、生产和销售三个阶段，必须经过生产领域和流通领域才能生产和实现剩余价值并使自身增殖。总体来看，货币循环的基本形式（G－G′）表面上看是从最初投入资本循环的资本量直接到增大了的资本量，直接跳过了生产过程，给人一种"钱能生钱"的假象，列宁将进入垄断资本主义之后货币的这种运动称之为"金融资本"，而金融资本的出现意味着资本的增殖和积累可以不再仅仅通过价值和使用价值的转换来实现，还可以通过资本的货币形式来实现。

第三，资本的"拜物教"表现形式。在现代社会中，金融体系由资本的运动规律所支配（张宇、蔡万焕，2010），而有关资本运动包括剩余价值的生产、分配、交换以及资本的循环与周转、利润的平均化、经济危机等规律，这些规律都是支配金融体系高效运行的内在因素。马克思指出："正因为价值的货币形态是价值的独立的可以捉摸的表现形式，所以，以实在货币为起点和终点的流通形式 G…G′，最明白地表示出资本主义生产的动机就是赚钱。生产过程只是为了赚钱而不可缺少的中间环节，只是为了赚钱而必须干的倒霉事。"①马克思所指出的是，经济运行中资本表现为自我增殖、自行创造，在生产过程和流通过程已经看不到资本的影响，资本取得了"拜物教"的表现形式。

基于上述马克思主义政治经济学对货币及金融体系的分析，在"一带一路"倡议推进中，一方面，要使金融为生产服务，使金融回归服务实体经济发展，避免"脱实向虚"现象；另一方面，则需要搭建平台、理顺机制，使得货币与资本能够顺畅循环进而实现价值增殖。

（二）开放经济下的国民经济体系

在分析封闭经济情况下金融与国民经济运行规律的基础上，还需进一步分析开放经济条件下金融市场及其作用。在开放经济条件下，金融市场、要素市场、商品市场、世界市场的运行情况可简单表示为图 3－2。

---

① 马克思，恩格斯. 马克思恩格斯全集（第 24 卷）［M］. 北京：人民出版社，1995：68.

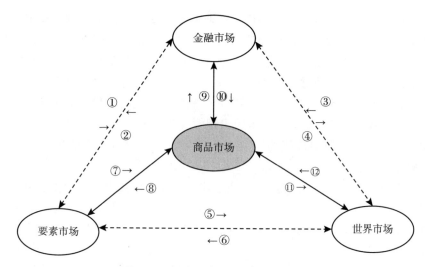

图 3 - 2   开放经济下各市场之间关系

如图 3 - 2 所表示的开放经济情况下，在金融市场、要素市场、商品市场和世界市场之间的关系中，实线依然表示产品与服务等实物的流动，虚线则表示货币、资本等虚拟经济的流动情况，为了便于制图，用小箭头表示具体流动方向。

第一，开放经济下国民经济的运行。图 3 - 2 中构建了以"商品市场"为中心，重点加入了世界市场的国民经济体系。该体系中实体经济的运行逻辑为：要素市场为商品市场提供生产要素并从商品市场获得收入（⑦与⑧）；商品市场为金融市场提供产品与服务，也从金融市场获得收入（⑨与⑩）；国内的商品市场与世界市场发生商品与服务的出口和进口贸易（⑪与⑫）。该体系中虚拟经济的运行逻辑为：要素市场为金融市场提供劳动力、资本、土地、管理等要素，并从金融市场获得收入（①与②）；要素市场向国外市场提供生产要素并从中获得收入（⑤与⑥）；金融市场通过对外投资、吸引外资等渠道与世界市场建立关系（③与④）。

第二，资本循环的逻辑。在现代经济体系中，金融体系通过向生产要素市场注入资金（图 3 - 2 中箭头①），进而推动要素市场向商品市场提供生产要素（图 3 - 2 中箭头⑦），产品生产出来后经售卖所获得的收入又进入金融市场（图 3 - 2 中箭头⑨），从而建立了"金融市场→要素市场→商品市场→金融市场"的循环，这也是马克思主义政治经济学所描述的具有"空间上并存、时间上继起"特征的，从"货币资本→生产资本→商品资本→货币资本"的资本形态循环。可见，有效的金融体系成为实体经济运行的"第一推动力"。

第三，资本循环的现实意义。马克思主义政治经济学认为，产业资本在运动和循环中具有货币资本（G）、生产资本（P）和商品资本（W'）三种形态，并且这三种形态资本的运动分别为式（3-1）、式（3-2）和式（3-3）：

货币资本循环：$G—W\cdots P\cdots W'—G'$（简写为：$G\cdots G'$）　　式（3-1）

生产资本循环：$P\cdots W'—G'—W\cdots P$（简写为：$P\cdots P$）　　　式（3-2）

商品资本循环：$W'—G'—W\cdots P\cdots W'$（简写为：$W'\cdots W'$）　式（3-3）

实际上，式（3-1）、式（3-2）和式（3-3）所示的三种形态资本的循环不是独立进行的，而是产业资本运动中的三个基本片段。在简单再生产条件下，三种形态资本的循环统一在如式（3-4）和图3-3所示的产业资本无限循环之中。

$$G-W\begin{Bmatrix}^{A}\\{}_{P_m}\end{Bmatrix}\cdots P\cdots W'—G'\cdot G-W\begin{Bmatrix}^{A}\\{}_{P_m}\end{Bmatrix}\cdots P\cdots W'—G' \quad 式（3-4）$$

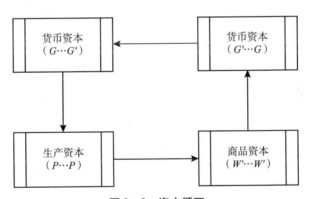

图 3-3　资本循环

根据式（3-4）和图3-3所示的资本循环情况可以发现，资本循环是生产过程和流通过程的统一，而产业资本的连续性运动也体现为空间上并存、时间上继起。若将式（3-4）及图3-3所示的货币资本循环（$G\cdots G'$）、生产资本循环（$P\cdots P$）、商品资本循环（$W'\cdots W'$），分别简化加总为金融市场、要素市场和商品市场，则可构思在开放经济情形下，产业资本在空间上并存、时间上继起、循环顺畅的现代经济体系，运用该体系可优化金融支持"一带一路"建设的整体思路。

（三）金融支持"一带一路"倡议的框架

根据马克思主义政治经济学的基本观点，按照上述产业资本循环机理的启示，此处将产业资本循环、生产资本循环和商品资本循环分别视为金融市场、要素市场和产品市场，结合"一带一路"建设和金融支持的实际需求，本书所构建的开放经济条件下金融支持"一带一路"建设的整体思路如图 3-4 所示。

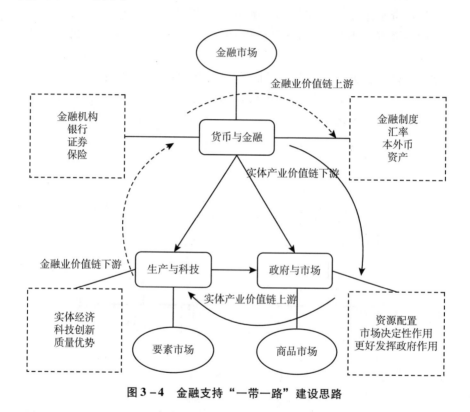

图 3-4　金融支持"一带一路"建设思路

对于图 3-4 所示的金融支持"一带一路"建设的思路，本书作以下说明。

第一，整体框架主要来源于产业资本循环的要求。根据前文所述的产业资本循环中货币资本、生产资本和商品资本之间的关系，为了探究"一带一路"建设中货币资本的循环（$G\cdots G'$），此处将其主要抽象为金融市场；为了探究"一带一路"建设中生产资本的循环（$P\cdots P$），本书将其主要抽象为包括劳动力、资本等在内的生产要素市场;为了探究"一带一路"建设中商品资本的循环($W'\cdots W'$),本书将其主要抽象为商品市场。金融市场、要素市场和商品市场能够空间上并存、时间上继起、顺畅运行,将是"一带一路"倡议推进提供基础性保障。

第二,各市场运行的关键要素。党的十九大①报告对现代市场体系建设提出了纲领性要求,也为"一带一路"倡议的推进提供了关键思路,此处根据党的十九大报告的要求来进一步凝练各市场运行的关键要素。对于金融市场,党的十九大报告中在明确提出了建设"现代金融体系"的要求,结合"一带一路"建设的现状,本书认为,应以"一带一路"建设为契机,主要应该完善包括证券、银行、保险机构在内的金融机构体系,也要为人民币国际化奠定基础、管控好"一带一路"建设中的金融风险。对于要素市场,根据党的十九大报告的要求,"一带一路"倡议推进时,主要应该在"科技创新"和"显著增强经济质量优势"方面着手。对于商品市场,应重点按照"使市场在资源配置中起决定性,更好发挥政府作用"的要求,协调和处理好"市场与政府的关系"。

第三,金融支持体系的运行。在图 3 – 4 所示的金融支持"一带一路"建设思路图示中,虚线表示了虚拟经济的运行,实线表示实体经济的运行。虚拟经济运行的主要目标一方面是便利投资与贸易、为实体经济运行提供支撑;另一方面,则是向以人民币国际化、离岸金融体系建设、金融风险防范等为代表的金融价值链升级、金融制度优化、金融生态完善方向迈进。实体经济运行的主要目标一方面是利用好金融市场所提供的稀缺金融资源;另一方面,则是通过更好协调政府与市场的关系,推动科技创新和提高经济增长质量。总体来看,"金融市场→要素市场→商品市场→金融市场"的循环,表示由资金流转带动的虚拟经济运行的价值增殖过程;"要素市场→商品市场→金融市场→要素市场"的循环,表示由要素投入生产所带动的实体经济运行和价值增殖过程。实体经济与虚拟经济的顺畅运行,也代表了各市场需求侧与供给侧的良性互动和协调发展。

综上,从马克思主义政治经济学视角来看,"一带一路"倡议对中国和沿线经济体社会交往的形成、生产力的发展和扩大再生产等方面均有着重要意义,马克思关于世界货币职能的论述对金融支持"一带一路"倡议提出了总体要求,需通过构建以金融市场为核心,确保货币资

① 习近平. 决胜全面建成小康社会夺取新时代中国特色社会主义伟大胜利［EB/OL］. 中国网. http://www.china.com.cn/cppcc/2017 – 10/18/content_41752399.html.

本、生产资本、商品资本顺畅运行的市场体系为 "一带一路" 建设提供金融支持。

第二节　空间经济学视角

"一带一路" 倡议的提出有着深刻的经济地理依据，而 "一带一路" 倡议的推进势必对沿线经济体的经济地理格局产生深刻影响。空间经济学以经济现象的空间布局和运动规律为基本研究对象，对 "一带一路" 倡议和金融支持 "一带一路" 建设提供了必要的理论支撑和有益的政策启示。

一、空间经济学概述

（一）空间经济学的演进

空间经济学研究的是地理空间的经济现象和规律，研究生产要素与经济活动的空间布局空间区位问题（藤田昌久、克鲁格曼，2011）。藤田昌久、克鲁格曼（2011）在其丰碑式著作《空间经济学——城市、区域与国际贸易》的开篇便对广泛存在于经济中的 "圣马丁巷现象"[①] 给出了简洁而明确的定义："集聚（agglomeration）是指经济活动的集中，它由某种循环逻辑创造并维持。" 该简洁的定义强调了集聚的表现为经济活动的集中，形成机制为某种循环逻辑。简单来讲，按照基本分析方法不同，以经济活动在空间的非均匀分布为主要研究对象的空间经济学主要经历了古典区位论和现代建模分析两个阶段。

古典区位论的代表人物有杜能（Thunen，1826）、韦伯（Weber，1909）、克里斯泰勒（Christaller，1933）、勒施（Losch，1939）等，他们分别提出了 "农业区位论" "工业区位论" "中心地区理论" 和 "市场区位论"，他们的研究主要关注农业、工业、经济集中区的形成机制及与此相对应的政策选择，但这些研究普遍存在缺乏空间结构形成的微观基础和内在机制的模型化问题（藤田昌久、克鲁格曼，2011）。

_____

[①] 英国国家歌剧院（English National Opera）旁边的拐角处就是圣马丁巷（St. Martin's Court），在这条很短的街道上遍布着二手书及印刷品的销售商，藤田昌久、克鲁格曼（Fujita, Krugman）等人将该现象成为 "圣马丁巷现象"。

对于经济活动空间非匀质问题的现代建模分析，主要基础是克鲁格曼（1991）所建立的核心—边缘模型（core periphery model，简称"CP 模型"），该模型总体上认为"核心区"和"边缘区"是在"集聚力"和"分散力"的相互作用之下所形成的，并且"集聚力"主要是在市场接近效应、生活成本效应等作用下所形成，"分散力"主要有运输成本、市场拥挤效应等，循环累积因果关系在核心区和边缘区的形成中具有重要作用（仇娟东，2018）。以 CP 模型为基础，后续诸多学者对该模型进行了完善和创新，并建立了一系列类似模型来分析经济活动的空间非匀质分布现象（鲍德温、弗思莱德，2011）。

（二）空间经济学的主要模型

按照空间经济学建模分析的思路，相关学者主要根据集聚力和分散力的分析框架，相继开发了一系列模型来分析经济活动空间非匀质分布现象。这一系列模型中，一部分重点关注了厂商与消费者之间通过传统的商品和服务的生产与交易所形成的经济关联关系（economic linkage，或简称为 E - linkage），还有一部分重点关注了人们之间通过创造和传播知识所形成的知识关联关系（knowledge linkage，或简称为 K - linkage）（藤田昌久，2007）。具体来说，这些模型可总结为表 3 - 1。

表 3 - 1　　　　　　　　　　空间经济学主要模型

类型	名称	创立者	主要特征
经济关联模型	核心—边缘模型（C - P）	Krugman（1991）	1. 集聚力：本地市场效应、价格指数效应； 2. 分散力：市场竞争效应； 3. 人口流动； 4. 无显性解
	自由资本模型（FC）	Martin，Rogers（1995）	1. 资本流动； 2. 资本的最终消费在其原来所在地； 3. 有显性解
	自由企业家模型（FE）	Ottaviano（2001）；Forslid（1999）	1. 人力资本与人力资本的所有者不可分离； 2. 人力资本或企业家可自由流动； 3. 无显性解

续表

类型	名称	创立者	主要特征
经济关联模型	资本创造模型（CC）	Baldwin（1999）	1. 资本在区域间不流动，但其份额在空间上变化； 2. 空间布局变化的关键在于资本的损耗与创造； 3. 有显性解
	核心—边缘垂直联系模型（CPVL）	Fujita，Krugman，Venables（1999）	1. 一个部门，投入—产出关系变成了横向联系； 2. 集聚主要源于企业间的投入—产出联系； 3. 无显性解
	自由资本垂直联系模型（FCVL）	Robert，Nicoud（2002）	1. 将资本的流动性和垂直联系结合起来； 2. 资本的流动性是导致出现循环累积因果关系的必要非充分条件； 3. 存在由于市场拥挤所产生的发散力，均衡状态一般不会退化； 4. 政策分析比较复杂
	自由企业家垂直联系模型（FE-VL）	Ottaviano（2002）	1. 劳动力是唯一的要素； 2. 两部门均从劳动力市场获得劳动力； 3. 工业部门的所有企业均将其他企业的产出视为中间品投入； 4. 具有较强的可操作性
	线性 FC 模型	Ottaviano，Tabuchi，Thisse（2002）	1. 资本与其所有者可以分离； 2. 资本的流动并不带来支出的空间转移； 3. 不存在价格指数效应，促进集聚的力量较弱； 4. 集聚的形成过程是渐近的，而不是突变的
	线性 FE 模型	Ottaviano（2001）	1. 资本具有人力资本的含义，并与其所有者不可分离； 2. 不同区域的价格水平成为影响资本所有者空间决策的重要因素； 3. 市场接近性优势来自于前向联系和后向联系

续表

类型	名称	创立者	主要特征
知识关联模型	全局溢出模型（GS）	Martin，Ottaviano（1999）	1. 知识和技术溢出可以发生在不同地区的企业之间； 2. 知识和技术的溢出强度不受空间距离的影响； 3. 经济增长能改变经济区位，但长期均衡区位对长期经济增长没有影响
	局部溢出模型（LS）	Baldwin，Martin，Ottaviano（2001）	1. 考虑了空间距离对知识传播的影响，从而知识溢出具有本地化的特征； 2. 内生的经济增长为集聚力，知识溢出为分散力，一体化既是集聚力又是分散力； 3. 核心区经济增长可以补偿边缘区
	知识溢出双增长模型（KSDIM）	朱勇（1999）	1. 从知识和技术积累所导致的外部性出发，构建经济增长的内生机制； 2. 基于区际交易成本同区际知识溢出的正向关联建模； 3. 经济区位与经济增长相互影响； 4. 经济起飞的突发性和经济增长路径的可调节性
	增长与集聚结合模型（GACM）	谭成文（2009）	1. 建立了经济增长与经济集聚互动关系的研究范式； 2. 模型的机制为 R&D、经济增长、集聚、人口流动四者的互动； 3. 集聚并不总是朝着初始优势区域的方向进行； 4. 任一区域都努力发展成为核心区域，区域之间的博弈关键在于熟练劳动力比例
	知识创新与扩散模型（TP）	Berliant，Fujita（2007）	1. 解释了知识创新和扩散如何进行及其产生的影响； 2. 强调"文化"对经济的作用； 3. 以知识创新为基础的内生增长； 4. 由静态分析转向动态分析

资料来源：根据仇娟东（2018）整理所得。

二、空间经济学视角下的"一带一路"倡议

从经济地理格局来看,"一带一路"的一端是经济繁荣的东北亚地区,另一端也是经济发达的欧洲经济体,中间区域则主要是经济"塌陷区"。空间经济学的相关模型能够对此经济明显集聚的经济地理格局及"一带一路"倡议作出较为理想的解释。

(一)基本假设

由于本书重点关注金融对"一带一路"建设的支持,结合表 3 – 1 所示的空间经济学各主要模型,此处选择关注"资本"的自由资本模型来分析"一带一路"倡议的理论基础。按照空间经济学的基本建模思路,先有如下的基本假设。

假设 1:经济系统存在两种要素(资本 K 和劳动力 L)、两个部门(制造业部门 M 和农业部门 A)、两个区域(以工业为主的北部 N 和以农业为主的南部 S)。

假设 2:劳动力只能在区域内流动,而资本 K 可以在区域间自由流动,并且产生的所有收入都会流回到资本原来的所在地。按照该假定,我国向"一带一路"沿线的发展中国家投资,投资收益一般会回流到中国,因此,该假定较符合"一带一路"倡议的基本情况。

假设 3:我国在"一带一路"沿线经济体投资区位主要受投资收益率的影响,投资收益率越高的区域会吸引越多的企业进入。

假设 4:资本区际的流动主要由资本收益率决定,而资本收益率差异则主要由"集聚力"和"分散力"的相互作用决定。具体来说,按照空间经济学的相关理论,"集聚力"主要是"市场接近效应",所谓市场接近效应指由于市场规模越大、对企业产品的需求也越大,从而有利于增加销售和节约运输成本,因而企业倾向于选择在市场规模较大的区域开展生产和投资。"分散力"主要是"市场拥挤效应",而所谓市场拥挤效应是指由于企业的过分集中,会产生诸如产品模仿、要素成本上升、基础设施供给不足、环境质量恶化等后果,进而导致企业离开集聚中心的力量。

(二)"一带一路"倡议的经济影响

根据自由资本模型,如果初始禀赋分布相同,而两区域的市场规模也

会始终相同，此时并不存在任何市场接近效应。不过，若经济活动的空间分布状况在外界扰动下出现分布不对称时，集聚力与分散力的作用会促使资本回流直到恢复到对称状态。因此，若初始禀赋是对称的，经济系统就会保持这种对称的长期稳定均衡。

从现实情况来看，"一带一路"沿线经济体在要素禀赋、市场规模、贸易成本等方面均有一定差异，从而初始的禀赋显然并不相同。在此禀赋非对称分布情形下，按照自由资本模型的预测，"一带一路"建设中若中国加强与沿线经济体的投资与贸易，是典型的以外生力量扩大这些经济体的市场规模，进而增强其资本吸引力、形成产业聚集并最终带动这些经济体的经济增长。不过，对于产业集聚引起经济增长的具体机制，空间经济学有外生和内生两种说法。其中，外生推动经济增长的主要代表就是表3-1中所列举的资本创造模型（CC），按照CC模型的解释，"一带一路"倡议下中国对沿线经济体的贸易与投资，通过扩大这些经济体的资本存量进而吸引资本进入，并由此形成正向循环累积因果关系进而促进当地的经济增长。另外，内生增长的主要代表就是表3-1中所列举的全局溢出模型（GS）和局部溢出模型（LS），按照这两个模型的分析，"一带一路"倡议下中国对沿线经济体的贸易与投资，将会因中国与沿线经济体人力资本之间的学习、交流和共享产生知识和技术的溢出，进而对当地经济产生内生推动的力量。另外，中国作为自由资本模型的北方，初始资本份额本来就较大，这对来自其他经济体的资源而言有着较大的吸引力，从而也会吸引其他经济体的相关要素流入中国。

总体来看，按照自由资本模型的分析，"一带一路"倡议提高了中国与沿线经济体之间的贸易自由度和资本的流动性，是改善中国和沿线经济体福利水平、促进中国和沿线经济体共同经济增长的重要方式。

三、空间经济学视角下的金融支持"一带一路"建设

与传统经济学中将资本界定为实物资本相同，由于金融资本在模型处理等方面的困难，空间经济学模型中所论及的资本依然是实物资本。考虑到现实经济社会中金融对实体经济的重要影响，尤其是在"一带一路"建设中，金融对实现资本要素的流动和溢出效应的产生均有着重要作用。

（一）金融对资本要素流动的影响

在"一带一路"倡议的推进中，中国与沿线经济体在要素禀赋、市场

规模和贸易自由度等方面均具有不对称性,而金融在"一带一路"建设中也有着举足轻重的作用。

首先,金融支持可以降低融资成本。在"一带一路"建设中,我国向沿线经济体所输出的主要是中间品的生产能力,但中间品一般是对资金需求量巨大的资本密集型产品,因此应通过开发便利这些中间品投资与贸易的相关金融产品来降低融资成本、提高资本的收益率水平,进而促进所投资区域工业的集聚、降低工业产品的价格指数,最终推动形成"金融支持→工业品投资增加→工业经济集聚→价格优势形成→经济增长"之间的正向循环累积因果关系。

其次,金融支持可以增加市场规模。根据自由资本(FC)模型,资本收益率是影响资本形成和流动的关键因素,而资本收益率主要与市场规模有关,并且市场规模越大资本收益率也相应越高,但有力的金融支持可以提高当地对相关要素的吸引力和凝聚力,甚至可以影响企业区位的选择来促进资本的形成。有鉴于此,应通过有力的金融支持来扩大当地的市场规模,增强对工业产品的生产能力和消费能力,进而提高资本的收益率,以此来带动"一带一路"倡议进入良性的循环。

最后,金融支持有利于形成和发挥比较优势。在"一带一路"建设中,中国的金融规模较大,并且具有人才和技术等方面的优势,因此,中国在金融规模和生产能力方面具有比较优势。相对而言,"一带一路"沿线经济体则在资源禀赋和市场方面具有一定的比较优势。鉴于此,通过发挥中国在金融方面的比较优势和发挥中国金融体系在"沿线经济体"中的比较优势,推动多层次金融体系支持"一带一路"建设,进而提升人民币国际化水平和金融体系的成长与完善,形成中国金融体系发展的正向循环累积因果关系。

(二) 金融支持对经济内生增长的作用

正如前文所述,在"一带一路"倡议推进中,溢出效应对中国与沿线经济体的内生经济增长具有重要作用,但金融支持对溢出效应的形成起着关键作用。

首先,金融支持对企业成长具有重要作用。从微观层面来看,经济增长主要来源于企业规模的扩大和企业数量的增加,而"一带一路"倡议推进的关键也在于形成和提高所在区域企业的成长性。在"一带一路"倡议下,有效的金融支持体系可以为中国企业"走出去"到沿线经济体投资和发展提供有效帮助，有效的金融支持体系可以为企业的异地融资提供便利、降低融资成本，提高"走出去"企业在国际市场上应对风险能力、自我保护能力并增强竞争力。总之，有效的金融支持体系总体上有利于"走出去"企业的健康成长。

其次，金融支持对资本价值和成本有着重要影响。在"一带一路"建设中，有效的金融支持体系可以通过影响资本的价值和成本进而对区域经济增长产生影响。具体来说，"一带一路"建设中的金融支持体系，通过帮助扩大市场规模、提高资本收益率、降低资金使用成本进而推动区域资本存量的增加和区域资本集聚的形成，最终有利于实现经济的内生增长。

最后，金融支持是实现沿线各国共赢的关键。前文已述及的空间经济学相关模型表明，资本的流动对区域资源的空间分布有着关键影响，而金融支持对实物资本的形成和流动起着引领作用，金融支持和实物资本二者的相互作用则通过作用企业成长进而影响区域经济增长。鉴于此，应有效发挥政策性金融为中资企业"走出去"铺路搭桥的作用，有效发挥商业性金融在机构、产品、服务等方面推动区域金融合作深化和多元化的作用，为人民币国际化、离岸金融中心建设和金融风险管控方面做好铺垫与探索，进而形成"立体化"的金融支持体系来实现资源在空间的优化配置，实现中国与沿线各国（地区）的共赢。

综上，从空间经济学视角来看，"一带一路"倡议对提高中国与沿线经济体之间的贸易自由度和资本的流动性、改善中国和沿线经济体福利水平、促进中国和沿线经济体的经济增长具有重要意义。金融支持"一带一路"建设也对降低企业的融资成本、增加沿线经济体的市场规模、形成和发挥沿线经济体的比较优势有着重要作用，并最终对沿线经济体的经济增长和合作共赢产生重要影响。

第三节　金融生态理论视角

"一带一路"倡议是一项系统性工程，所涉及的业务领域广泛，金融需求也具有较高的复杂性。鉴于此，本节将支持"一带一路"建设的金融机构、金融产品、金融制度等放在金融生态的框架内，探究金融支持"一带一路"倡议、促进沿线经济体共同发展和共同繁荣的理论基础及政策启示。

一、金融生态理论概述

(一) 金融生态的含义

金融生态借用生态学的相关理论，为解释金融体系运行机制及其与外界环境之间相互依存和相互影响的关系提供了新视角。从理论演进来看，最早提出"金融生态"这一概念的是中国人民银行原行长周小川，他认为，"金融生态"所强调的重点不是金融机构内部的运行，而是金融体系赖以运行的经济、法律、制度、信用等外部环境和基础条件。事实上，该理念下的"金融生态"实际上是"金融生态环境"的概念。徐诺金（2005）将金融生态概括为：各种金融组织为了生存和发展，其内部金融组织相互之间、该金融组织与其生存环境之间，在长期密切联系和相互作用过程中通过分工合作所形成的具有一定结构特征、执行一定功能的动态平衡系统。根据该概念，金融生态应被称为"金融生态系统"，强调金融生态主体、金融生态环境和金融生态调节三者之间的相互作用和相互影响。

(二) 金融生态的组成

根据上述金融生态的概念，金融生态系统的结构及组成情况如图 3 – 5 所示。

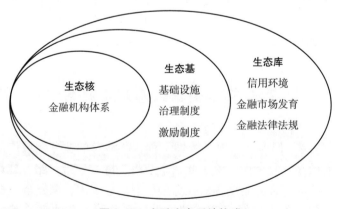

生态核
金融机构体系

生态基
基础设施
治理制度
激励制度

生态库
信用环境
金融市场发育
金融法律法规

图 3 – 5 金融生态系统构成

如图 3 – 5 所示的金融生态系统构成，该系统由生态核、生态基和生态库三部分组成，其中，金融生态核表示区域内包括银行、证券、保险等机构在内的金融机构体系；金融生态基主要包括内部基础设施、治理制度、激励制度等内容，是金融生态的内部环境圈；金融生态库也就是金融生态的外部环境圈，主要包括信用环境、金融市场发育、金融法律法规等要素。

（三）金融生态的特征

从金融体系的演进历程来看，伴随着人类社会商品与贸易的发展，金融系统也历经数千年的进化，该进程用金融生态来形容非常形象和生动。总体来看，金融生态主要具有以下特征。

第一，金融生态是一个动态演进系统。从金融体系的成长进程来看，该体系从起初办理最基础钱币兑换业务演化到目前存、贷、汇等业务的银行业体系，再由银行业进一步演化出证券业、保险业、基金业等现代金融体系。目前，金融体系已然演化成内部各机构之间分工协作、相互联系、相互作用、相互竞争，并且构成了一个兼具运动性和稳定性双重特征的金融系统。另外，各金融机构、金融产品和金融工具也是在适应内外部环境的变化和生存竞争中演化而来的，相互依赖、相互补充，自适应性和稳定性较强。

第二，金融生态以制度结构为基础。既然金融生态是在具体政治、经济、文化、法律环境下所演进并形成的，那么一个良好的外部环境便不能不是金融生态结构优化、金融功能强化和金融生产力提高的基础。另外，由于政治、经济、文化的诸多特征均主要以具体制度的形式来体现，因此，相关金融制度成为影响金融生态最直接和最关键的因素。鉴于此，优化金融生态是增强金融体系功能和提高金融生产力的重要思路，而金融制度对优化金融生态具有重要作用。

第三，金融生态具有一定的自我调节功能。生态学表明，生态系统有一定的自我调节功能，而现实经济世界中的金融体系也会通过利率来调节资金的供求和走势，通过设立、兼并、破产、重组等形式来实现业务、机构和产品的创新，这样的自我调节功能较好地保证了金融生态的动态演进。当然，与生态系统一样，金融生态的自我调节是有一定限度的，如对利率的过分管制会影响对资金的有效配置，对金融体系过度的干预会影响金融创新。鉴于此，应按照基本经济、金融规律来调节金融生态，维持和促进金融生态系统的动态平衡。

二、"一带一路"倡议下的金融机构体系

根据金融生态相关理论，首要问题便是构建和完善支持"一带一路"建设的金融机构体系。具体来说，根据"一带一路"倡议的推进情况、中国和沿线经济体金融体系的实际情况，本书认为，应该构建包括政策性金融、多边性金融、商业性金融和社会资本在内的金融机构体系。

第一，政策性金融。政策性金融的基本属性是以国家信用为基础，直接或间接为贯彻、配合国家特定的政策所进行的一种特殊的资金融通行为。与商业性金融以利润最大化为目标不同，政策性金融需要考虑国家政策性目标。在"一带一路"建设中，部分沿线经济体的基础设施水平较低、城市化水平刚起步，这样的投资项目具有周期长、资金需求量大、风险水平高等特征，但对"一带一路"倡议的推进却具有重要意义，对于这些项目，政策性金融可积极参与并牵头融资，一方面，可以为此类项目提供资金支持；另一方面，可以为其他领域的合作奠定基础。

第二，多边性金融。"一带一路"倡议不是中国"独奏曲"，而是沿线各经济体"交响乐"的基本定位，要求多边性金融不能不是金融支持"一带一路"建设的关键主体。多边性金融的基本特点有筹资成本较低，不过分追求商业利益或仅为薄利，金融产品以政策导向为准，有一定资本实力，境外服务网络较少具有较强的象征性和号召力。另外，多边性金融一般具有股权多元化的特征，在一些多边合作项目或敏感项目中更容易被各方所接受，因此，更适合参与和支持相关重点项目的前期筹备和融资启动工作。我国倡议建设的"亚洲基础设施投资银行"是为推进"一带一路"建设所发起的专门多边性金融机构，除此之外，世界银行、亚洲开发银行、金砖国家新开发银行等金融机构也是能够为"一带一路"建设提供资金支持的重要多边性金融机构。

第三，商业性金融。商业性金融具有体量庞大、筹资能力较强、资金成本适中、产品与服务丰富、追求合理的收益、服务网络完善、产品开发能力较强等特征，这些特征决定了商业性金融不仅在现代金融体系中具有

绝对重要的地位，也是"一带一路"金融支持体系中的重要成员。在"一带一路"建设中，政策性金融和多边性金融往往支持和主导具有较强战略性、较大影响力但商业性有限的项目，而商业银行可以参与这些项目的调研、设计融资方案、提供结算等服务进而获得服务收益。当然，商业性金融可努力介入并积极承担"一带一路"建设中相关与战略性项目配套的商业性、具有合理商业回报等符合商业性金融定位的项目，并在这些项目上承担金融服务主导者的角色。目前，我国的工农中建交等大型商业银行、部分股份制商业银行已在"一带一路"沿线经济体布局设点、承担了相关金融服务。

第四，社会资本。"一带一路"倡议是一项系统性工程，具有建设周期长、资金需求量大等特征，因而最大限度激活各种资源，以风险共担、收益共享原则吸引社会资本参与进来，是理性选择，也是现实选择。社会资本具有资金来源渠道多、整体资金量大、人脉关系网络强大、商业触觉灵敏、服务意识更强等特征，同时具有资金成本较高和追求较高投资商业性等基本要求。社会资本能够在"一带一路"建设中提供有力的资金补充和独到的金融服务。具体来说，随着"一带一路"倡议的推进，需要股票、债券、基金等资本市场发挥其资源配置和资本管理的功能，为相关项目提供持续的资金供给和稳定的融资环境支持；需要保险的介入，为贸易往来和投资项目的顺利进行提供桥梁和基本保障。

综上，政策性金融、多边性金融、商业性金融、社会资本共同构成了支持"一带一路"建设的金融机构支撑体系，将这些金融机构整合形成一个协作、高效的整体，必将会对"一带一路"建设奠定坚实的金融支持基础。

三、"一带一路"倡议下金融生态建设的路径

根据金融生态相关理论及上述对支持"一带一路"建设金融机构体系的设计，结合"一带一路"推进中金融生态环境建设的需求，本书构建了如图3－6所示的支持"一带一路"建设的金融生态系统。

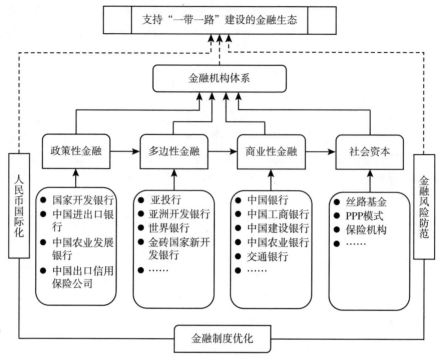

图 3 - 6　支持"一带一路"建设的金融生态系统

如图 3 - 6 所示的支持"一带一路"建设的金融生态系统，本书做如下简要说明。

第一，完善金融机构体系。前文涉及了包括政策性金融、多边性金融、商业性金融和社会资本等内容的金融机构体系，但在"一带一路"推进中不同属性的金融机构各有特点，应实现优势互补。政策性金融应主要扮演"一带一路"建设中相关投资项目的"牵头者"，应牵头执行具有战略性、建设周期长的项目，其他项目应该以"商业性金融"为主。多边性金融机构一方面应按照"共商共建共享"原则的要求，投资一些事关多边的战略性项目，也可以适当投资一些商业性项目以保障该形式金融机构的可持续性。商业性金融可通过为"一带一路"倡议的相关项目提供融资、结算、汇兑、发债等金融服务，进而在金融服务中获得商业价值。社会资本可发挥自主性，重点参与一些风险收益方面平衡且退出渠道明确的项目。总之，各类型金融机构性质明确，在具体项目上可协调配合使用，必要时可以高层协调机制形式统筹安排。

　　第二，金融生态环境的建设。在"一带一路"建设中，所涉及的国家较多、文化类型复杂，相关建设项目所面临的风险也难以准确预计，因此，金融生态环境建设的关键内容是加强金融风险的管控。另外，"一带一路"建设为人民币的国际化提供了良好契机，应在项目建设中引导和推进人民币的使用，政策性金融在融资中应主动引入人民币结算，多边性金融应通过股权多元的有利条件引导使用人民币，商业性金融要加强人民币相关金融产品的研发、创新和使用，社会资本可以参与人民币债券离岸投资等形式推进人民币的使用。

　　第三，包容性金融生态圈的形成。就国内金融生态而言，为"一带一路"倡议提供金融支持的机构多元，监管也比较分散，应按照不同类型金融机构的特点，做好顶层设计，整合形成有序、一致的对外力量，既要有效担当推进一些具有战略性的重大项目，还要避免在一些商业性项目上的无序竞争。就"一带一路"沿线金融生态而言，资金在国际范畴内流动，但各国金融生态环境存在差异，只有通过加强顶层设计和金融监管当局的交流与合作、降低和消除壁垒、推动金融基础设施联通、推进社会信用体系建设等措施，形成一个效率高、风险可控、包容性强的金融生态系统，才能为"一带一路"建设顺利推进，进而取得新进展奠定基础和提供保障。

　　综上所述，本章从马克思主义政治经济学、空间经济学和金融生态理论视角，分析了金融支持"一带一路"建设的理论基础及相关政策启示。不同视角下的分析一致表明："一带一路"倡议具有重要的理论与现实意义，金融支持对"一带一路"建设具有必要性和重要性，并需要从完善资本循环、实现资本的流动和溢出、建立和优化金融生态系统的角度提供有益政策指导。

第四章

政策性金融支持"一带一路"建设研究

在"一带一路"倡议目标宏伟、建设周期较长、所需资金量较大的现实背景下，加之"一带一路"沿线大多数经济体市场经济体系的发育程度与发达国家相比还有一定差距，这就要求以国家信用为基础、以服务国家战略为宗旨的政策性金融必须起到开拓、引导与带动的作用。鉴于此，本章将在厘清政策性金融支持"一带一路"建设相关理论的基础上，梳理国家开发银行、中国进出口银行、中国农业发展银行和中国出口信用保险公司四家政策性金融机构支持"一带一路"建设的基本情况，最后在总结相关经验、分析存在问题的基础上提出政策建议。

第一节 政策性金融支持"一带一路"建设的理论分析

对政策性金融的基本定位以及政策性金融支持"一带一路"建设的关键优势和支持领域进行相关理论分析，是探究政策性金融支持"一带一路"建设相关研究的起点。因此，本节将结合我国经济体制改革背景，比较和界定政策性金融的定义，分析政策性金融的主要功能，进而总结政策性金融支持"一带一路"建设的关键优势。

一、政策性金融的定义

就我国政策性金融的起源而言，1993 年党的十四届三中全会通过了

《中共中央关于建立社会主义市场经济体制若干问题的决定》（以下简称《决定》），《决定》系统性地提出了我国建设社会主义市场经济的 50 条建议，对于金融体系改革的相关建议明确提出："建立政策性银行，实行政策性业务与商业性业务分离。组建国家开发银行和进出口信贷银行，改组中国农业银行，承担严格界定的政策性业务。"① 这是我国首次正式提出组建政策性银行，也明确了建立政策性银行的初衷是推动当时的四大"专业银行"摆脱政策性贷款业务、确实转向商业性银行，实现政策性业务与商业性业务的分离。在此背景下，区分是不是政策性金融的关键依据也便成为相关金融机构是不是以利润最大化为目标、是不是体现政府的意图和国家的政策。随着我国社会主义市场经济体制的建立和逐步完善，我国现代金融体系中同时并存开发性金融、商业性金融与政策性金融，深入辨析这些金融机构的本质是明确政策性金融定位的基础。

（一）政策性金融与开发性金融

在我国国家开发银行、中国进出口银行、中国农业发展银行三家政策性金融机构成立 10 余年、相关业务实现快速成长并逐步进入正轨之后，2006 年召开的"政策性银行改革与转型国际研讨会"上，时任中国金融学会会长周小川所给出的基本判断是：与政策性银行成立之初的情形不同，我国宏观经济环境和微观条件都发生了很大变化，政策性银行带有补贴性、政府指令性业务的比重逐步下降，而银行自营的开发性业务比重上升，政策性银行职能调整和机构转型的条件也日益成熟（贾莹莹，2006）。在此背景下，时任国家开发银行董事长陈元（2009）指出，开发性金融是对传统政策性金融的发展，而政策性金融是较为初级的开发性金融。政策性金融与开发性金融在经营目标、项目开发和运行方式上均存在一定区别，具体如表 4 - 1 所示。

表 4 - 1　　　　　　　　政策性金融与开发性金融的区别

比较项目	政策性金融	开发性金融
经营目标	资产回报率要求较低； 盈利要求低	有一定的资产回报率要求； 有一定的盈利性要求

① 中共中央关于建立社会主义市场经济体制若干问题的决定 [EB/OL]. 中国共产党新闻网. http://cpc.people.com.cn/GB/64162/134902/8092314.html.

续表

比较项目	政策性金融	开发性金融
项目开发	在政府严格划定的领域	根据国家政策导向、面向市场自主开发； 有少量国家指令性项目
运行方式	按照政府指令配置资源； 需要政府补贴	按市场化原则运作； 强调支持发展与防范风险并重； 注重资产质量和财务可持续性
市场角色	重点满足项目资金需求	强调项目建设，打通融资瓶颈； 推进市场建设和信用建设； 引导社会资金

资料来源：根据陈元（2009）整理所得。

（二）开发性金融与储蓄类商业银行

现代金融体系中的储蓄类商业银行与政策性金融、开发性金融均是重要的资金供给金融机构，从而有必要进一步明晰开发性金融与储蓄类商业银行的区别。具体来说，储蓄类商业银行与开发性金融之间的区别如表4-2所示。

表4-2　　　　　　储蓄类商业银行与开发性金融的区别

比较项目	储蓄类商业银行	开发性金融
经营目标	追求利润最大化	贯彻国家战略； 兼顾经济性和社会性
资金来源	吸储筹资； 法定存款特许权支持	发债筹资； 国家债信支持
信用支撑	企业信用	以国家信用为支撑
资金期限	以短期资金为主	筹集、放贷长期资金
业务领域	成熟市场； 商业性业务	市场发育程度低、风险难控制； 前期投入大、收益前低后高
监管标准	存贷比、存款准备金、利润导向	无存贷比、存款准备金要求

资料来源：根据陈元（2009）、黄达（2017）整理所得。

（三）对开发性金融的界定

基于上述对政策性金融、开发性金融和商业性金融的比较，便可进一步结合相关研究全面定位政策性金融及其在国民经济中的作用。尽管开发性金融由政策性金融发展而来，但随着我国市场经济体系的发育，开发性金融与政策性金融两个概念之间的区别日趋明显，但本书依然使用政策性金融来表示国家开发银行、中国进出口银行、中国农业发展银行、中国出口信用保险公司等金融机构支持"一带一路"的行为，具体理由如下：第一，"一带一路"倡议是我国所提出的国家级顶层合作倡议，而相关金融机构积极响应并以实际行动参与了"一带一路"建设，其行为逻辑有响应和贯彻落实国家政策的因素；第二，国家开发银行往往使用开发性金融的概念，并且从 2015 年 3 月起国务院明确定义国家开发银行为开发性银行，但其本质上是从政策性银行发展而来，并且在"一带一路"建设初期贯彻国家政策的行为逻辑居多；第三，国内政策性金融机构的发展水平不一，尽管中国进出口银行、中国农业发展银行、中国出口信用保险公司等机构在具体业务开展中也不断强调资产回报率、盈利性等经营目标，但截至目前其基本定位依然是政策性金融。总之，我国上述开发性金融机构和政策性金融机构均积极支持"一带一路"建设，并且业务各有侧重、功能不可或缺，同样也是为了便于表述和比较分析，本书依然使用最基础、最原始的"政策性金融"来表示国家开发银行、中国进出口银行、中国农业发展银行、中国出口信用保险公司这四家金融机构支持"一带一路"建设情况。具体来说，这些政策性金融机构及其业务开展的主要特征有：第一，特定主体，即具有国家信用特征的金融机构；第二，特定任务，为特定资金需求者提供中长期融资，推动自身业务的发展，推动市场主体的成长；第三，特定目标，贯彻国家政策，实现政府目标。

二、政策性金融的功能

根据上述对政策性金融、开发性金融和商业性金融的比较，以及对政策性金融的定义，可以将政策性金融及其主要功能界定为弥补市场失灵和政府失效、市场培育、促成市场与政府的良性互动。

（一）弥补市场失灵与政府失效

古典经济学认为，市场作为"看不见的手"能够实现资源的有效配置,但在不完全竞争、外部影响、公共物品与公共资源、信息不完全和信息不对称等情形下会产生"市场失灵"问题。为了弥补市场失灵,作为"看得见的手"的政府可以主动出手来配置资源。不过,政府配置资源中可能存在的市场价格扭曲、配置效率较低、公共服务供给不足等突出问题①。因此,在市场失灵情形下,通过适当的政府调节手段进行干预是必要的,但过度的政府干预会引起政府失效,因而必须界定政府介入的边界和力度。金融市场上也是如此,如何通过适当的政府介入来配置金融资源以降低市场失灵,同时又不引起政府失效也成为重要问题。具体来说,一些建设周期长、资金需求量大、风险水平较高,因而是一般商业性金融机构不愿意进入的领域;不过若这些领域关系国计民生或者符合国家长期战略目标,那么政府资金进入这些领域便显得十分必要,但政府进入又往往会受到资金数量不足和配置效率有限的约束。在此情形下,政策性金融进入这些领域并开展相关业务不仅有利于支持具体项目的建设,还有利于服务特定的经济和社会发展目标。

(二) 市场培育

现实经济中,产品的开发、技术的突破、经济主体的成长、产业的演进、制度的变迁均不是一蹴而就的,而往往是一个长期且充满风险的过程,该过程也离不开政府的引导与培育。具体来说,在早期阶段,尽管企业希望进入成本低、具有比较优势的新产业,但发展这类新产业所需要的基础设施建设具有投资周期长、风险高、资金需求量大等特征,因而不容易吸引社会资本的投入,相关企业也因软硬基础设施的制约而不得不承担高企的交易成本、甚至亏损的风险。另外,发展中国家的市场经济发育程度还比较有限,加之政策波动性较高的影响,最终可能导致投资新行业的风险被成倍地放大。在此情形下,若政策性金融先行投资建设具体行业进入所需要的工业园区、港口等基础设施,那么不仅有助于吸引社会资本的进入、帮助化解政策风险和树立市场信心,还能够在与企业深度合作过程中培育起具有竞争力的市场主体。可以看出,市场培育与市场失灵具有较大区别,后者意味着市场发育比较完善但缺乏效率,而前者强调从无到有的市场形成过程,而政策性金融的关键作用就是推动尚不存在的市场形成。

---

① 中共中央办公厅国务院办公厅印发《关于创新政府配置资源方式的指导意见》[EB/OL]. 中国政府网. http://www.gov.cn/zhengce/2017-01/11/content_5159007.htm.

（三）促成政府与市场的良性互动

尽管大多数发展中国家一般具有政府组织化程度比较高的优势，但在市场发展早期阶段往往存在信用缺损的瓶颈，而商业性金融一般会因对话平台不足、担心高风险等原因而难以直接对接具体项目和投资。在此情形下，由于政策性金融以政府信用为基础，一方面，可以支持具体项目建设、解决政府的融资难题；另一方面，可以利用政府的组织协调功能，明确目标、落实责任、敦促还款、防范金融风险。可以看出，政策性金融可以通过对接地方政府、相关政府部门以及企业集团共同建设投融资平台，将借款人培育成规范的市场主体，推动实现以政府信用孵化市场信用的目的，是促进政府与市场良性互动的关键"媒介"（陈元，2009）。

三、"一带一路"建设中政策性金融的主要优势

基于对政策性金融、开发性金融和商业性金融的比较，以及对政策性金融主要功能的认识，结合"一带一路"倡议的基本情况，此处进一步厘清政策性金融支持"一带一路"建设的主要优势。

（一）政策性金融的资金特征契合"一带一路"建设需要

可以预计，"一带一路"建设初期所需要的资金具有数量大、周期长、收益率低、沿线经济体配套商业环境不成熟等基本特征。鉴于这些特征，以追求流动性、安全性、营利性为主要目标的商业性金融，显然一般不愿意过多参与和介入这些项目。不过，从政策性金融的产生、成长逻辑及基本定位来看，服务国家战略、贯彻落实国家政策是其根本宗旨，坚持保本微利，仅保持合理收益水平而不过分追求利润是其基本经营规则，有效协调政府与市场机制、促成政府与市场的良性互动是其关键功能，能够为"一带一路"建设提供数量大、周期长、低成本的资金供给，而这些特征恰恰契合"一带一路"建设需要，能够在金融支持"一带一路"建设中起到开拓与引导的重要作用。

（二）政策性金融的经营方式有利于防范金融风险

政策性金融以国家信用为基础，通过市场化发债、国家债信支持等方式来筹集所需要的资金，有利于形成低成本、长期和稳定的资金供给渠

道,从而能够为"一带一路"建设提供可持续的资金供给。另外,政策性金融坚持"规划先行"的基本运营规则,能够有效结合专业人士与行业专家的智慧,为具体项目、业务的开展提供目标明确、具有前瞻性的判断,因而有助于科学选择、培育和管理项目,较好实现所支持项目的风险防控与可持续发展。再者,政策性金融支持"一带一路"建设中往往面临一些市场空白领域,其市场培育功能强调孵化市场主体、培育市场主体的"造血"功能、激活市场主体的活力,因而能够灵活应对"一带一路"沿线经济体市场发育程度有限等问题,有助于从根本上防控金融风险。

(三) 政策性金融的运营特征有助于整合内外资源

从整合外部资源来看,我国的政策性金融机构一直重视推动建设多边金融合作机制,不仅参与多边金融合作平台,还主导设立了多个多边金融平台,该过程显然有助于实现与多边金融平台的良性竞争和优势互补。再者,就整合国内资源而言,"愿景与行动"对国内各省区作了清晰的比较优势分析和功能定位,而政策性金融机构及其子机构在实际工作开展中又与国内政府相关部门进行了深入对接,形成了各省(区、市)助力"一带一路"建设的顶层设计,也落实了一批项目,最终可利用自身的资源积累,组织协调国内设计单位、施工单位、材料供应单位和物流企业等搭建合作平台,抱团出海,合作助力"一带一路"建设。

综上,政策性金融具有弥补市场失灵和政府失效、市场培育、促成政府与市场良性互动等关键功能,资金属性契合企业"一带一路"建设需求、具有防范金融风险和整合内外部资源的关键优势,势必是"一带一路"建设中重要的资金供给主体,也必将在"一带一路"建设中起到重要作用。

第二节　中国政策性金融支持"一带一路"建设的基本情况

"一带一路"倡议提出之后,国家开发银行、中国进出口银行、中国农业发展银行和中国出口信用保险公司四家政策性金融机构,均从服务国家需要的高度积极参与了"一带一路"建设,本节就各机构及其参与"一带一路"建设情况作相应整理与描述。

一、国家开发银行及其对"一带一路"建设的支持

(一) 国家开发银行的基本情况

与其他三家政策性金融机构不同的是,尽管国家开发银行在成立之初的定位是政策性银行,但随着经济社会发展和自身体制改革的深入,2015年,国家开发银行正式定位为开发性银行,从而实现了自身业务的重塑。综合来看,1997~2017年期间国家开发银行的不良贷款率情况如图4-1所示。

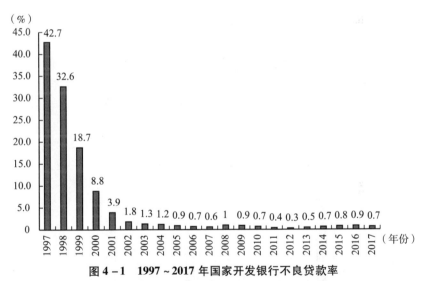

图4-1　1997~2017年国家开发银行不良贷款率

资料来源:1997~2012年的相关数据来源于《国家开发银行史(1994~2012)》;2013~2017年的数据来源于《国家开发银行2017年年度报告》。

如图4-1所示,1997年国家开发银行的不良贷款率达到了42.7%,根据《巴塞尔协议Ⅲ》的相关要求,该不良贷款率无疑可以让一家银行破产好几次。但就在这样的起点上,国家开发银行不断深化改革,顺利挺过了20世纪90年代末的亚洲"金融风暴"、2008年前后的全球性"金融海啸",于2005年使不良贷款率首次降到1%以下,自此之后该指标一直在1%以下,从而实现了自身可持续性的重塑。除不良贷款率之外,国家开发银行的其他相关财务指标如图4-2所示。

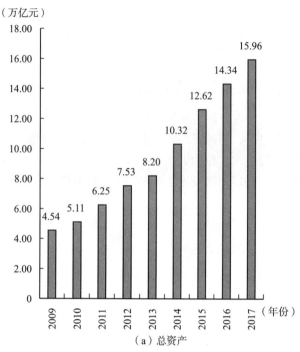

（a）总资产

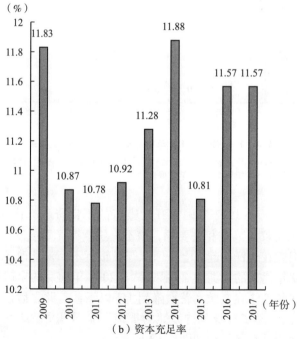

（b）资本充足率

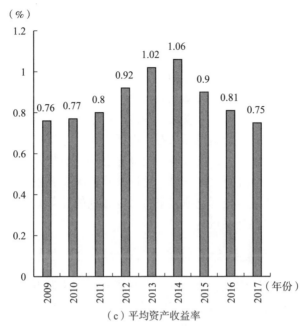

（c）平均资产收益率

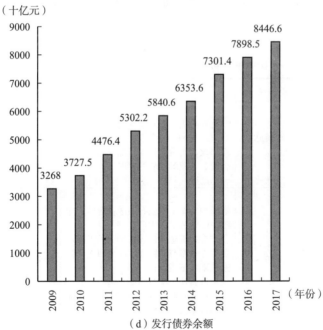

（d）发行债券余额

图 4 – 2 2009～2017 年国家开发银行相关财务指标

资料来源：各年份国家开发银行年度报告。

如图 4-2 所示的 2009~2017 年国家开发银行的相关财务指标,从总资产来看,国家开发银行的总资产一直呈平稳上升态势,成为全球最大的开发性金融机构;从资本充足率来看,国家开发银行的该指标也一直在《巴塞尔协议Ⅲ》所要求的 8% 以上;从平均资产收益率来看,2009~2017 年大多数年份,国家开发银行的该指标位于 1% 以下,与同期商业银行该指标相比较而言,国家开发银行的该收益率较低,体现了保本微利的经营原则;从发行债券余额指标来看,由于相关财务指标所表现出的更加健康和可持续的经营态势,投资者也更加愿意持有国家开发银行所发行的债券,因而该指标一直呈上涨态势。总体来看,国家开发银行具有较强的资产实力,有着良好的经营业绩,坚持保本微利的经营原则,是支持"一带一路"建设的重要金融机构。

(二) 国家开发银行支持"一带一路"建设情况

自"一带一路"倡议提出以来,"一带一路"建设也逐步实现了从点到面的推进,该过程中国家开发银行发挥了独特的作用。从时间视角来看,2013~2018 年五年间国家开发银行支持"一带一路"建设的主要情况可表示为表 4-3。

表 4-3　　　　国家开发银行支持"一带一路"建设情况

年份	相关贷款额度	标志性事件	关键启示
2013	外币贷款余额达到 2505 亿美元	◇支持周边地区互联互通; ◇累计与 81 个国家签订了 243 个合作协议,支持合作国基础设施、中小企业、农业等领域的发展	支持"一带一路"建设具有先行优势
2014	累计向"一带一路"国家贷款余额 908 亿美元	◇成功实施了中俄石油融资合作、中哈原油管道等重大项目; ◇支持中资企业以设备出口、工程承包等方式参与印度、印度尼西亚等国家基础设施建设; ◇支持高铁、核电"走出去"; ◇参与发起丝路基金,配合筹建亚洲基础设施投资银行	深化与各国政府、企业和金融机构在重点领域的项目合作

年份	相关贷款额度	标志性事件	关键启示
2015	全年发放贷款共计149亿美元	◇配合新亚欧大陆桥、中蒙俄等6大国际经济走廊建设； ◇正式成立伦敦代表处，与104个国家和地区的747家银行建立代理行关系； ◇与上合银联体、中国—东盟银联体、金砖国家银行等多边金融建立合作机制	推动国际业务管理体制改革
2016	全年发放贷款共计126亿美元	◇编制国内首部《"一带一路"国家法律风险报告》； ◇设立老挝万象代表处，完善境外服务网络布局； ◇开展中蒙俄、中巴等经济走廊规划； ◇与"一带一路"沿线170多家银行建立代理行关系，保证资金汇路	有效防控金融风险，促进投融资长期可持续发展
2017	全年发放贷款共计176亿美元	◇发起成立中国—中东欧银联体； ◇在中国香港发行3.5亿美元"一带一路"专项债； ◇编写《"一带一路"经济发展报告》《"一带一路"贸易投资指数报告》等	"融资 + 规划 + 智库"三轮驱动
2018	专项累计承诺4665亿元人民币；累计合同签约2359亿元	◇向"乌力吉—查干德勒乌拉"口岸承诺贷款4.8亿元人民币，首笔发放8400万元； ◇推动"一带一路"专项多边交流培训和专项奖学金成果落地	助力凝聚共建"一带一路"的人心和共识

资料来源：2013～2017年资料，根据2013～2017年国家开发银行年度报告、可持续发展报告整理所得；2018年资料，根据国家开发银行官网整理所得。

如表4-3所示，国家开发银行支持"一带一路"建设呈现以下主要特征：第一，国家开发银行在支持重大基础设施建设和国际合作方面有着丰富经验，因而"一带一路"倡议一经提出，国家开发银行就能够快速响应与启动相关业务；第二，在"一带一路"倡议推进中，国家开发银行在"五通"中均开展了相应的工作，也取得了可观成果；第三，国家开发银行在支持"一带一路"建设中，秉持开发性金融不追求利润最大化、保本微利的经营原则，注重所投资项目的风险防控，建立和运用项目所在地政府的组织协调机制来预防风险，着力实现支持"一带一路"建设的可持续性。

二、中国进出口银行及其对"一带一路"建设的支持

（一）中国进出口银行的基本情况

中国进出口银行成立于 1994 年 4 月 26 日，是由国家发起设立的用于支持中国对外经济贸易投资发展与国际经济合作的政策性银行。2009 ~ 2017 年，中国进出口银行的总资产和净利润情况如图 4 - 3 所示。

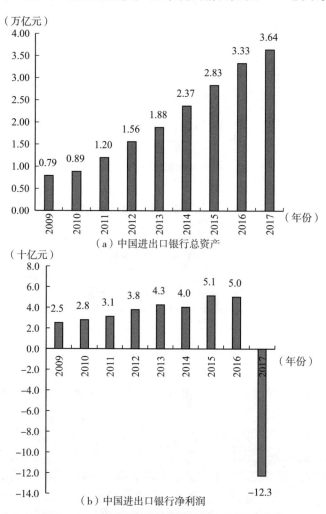

（a）中国进出口银行总资产

（b）中国进出口银行净利润

图 4 - 3　中国进出口银行总资产及净利润情况

资料来源：中国进出口银行各年份年度报告。

如图 4 - 3 所示的 2009 ~ 2017 年中国进出口银行的总资产及净利润等财务指标，从总资产指标来看，2017 年中国进出口银行总资产约 3. 64 万亿元人民币；与图 4 - 2 所示的同期国家开发银行 15. 96 万亿元人民币的总资产相比，中国进出口银行的总资产大约是国家开发银行的 25%。从净利润指标来看，2017 年受人民币兑美元升值等因素的影响，中国进出口银行的净利润为负，但银行的正常经营无实质性变化，剔除该异常因素和异常年份、选择 2016 年的净利润数据作比较，2016 年国家开发银行的净利润为 1097 亿元人民币，而同期中国进出口银行的净利润是国家开发银行的 4.6%。总体来看，尽管中国进出口银行的财务指标与国家开发银行相比较还有一定差距，但其支持中国对外经济贸易投资发展与国际经济合作的基本定位，其运营 20 余年以来在支持我国对外经贸发展和国际合作方面所搭建的平台和积累的经验，决定了中国进出口银行在支持"一带一路"建设中必将起到重要作用。

（二）中国进出口银行支持"一带一路"建设情况

中国进出口银行以国家信用为依托，基本定位是支持我国对外经济贸易投资发展与国际经济合作，在支持我国外贸发展、实施"走出去"战略方面具有重要作用。中国进出口银行的基本定位与"一带一路"倡议具有高度相关性，这也就决定了中国进出口银行是支持"一带一路"建设的重要金融机构。总体来看，自"一带一路"倡议提出以来，2014 ~ 2017 年，中国进出口银行相关业务的开展情况如表 4 - 4 所示。

表 4 - 4　　　　2014 ~ 2017 年中国进出口银行主要业务开展情况

单位：亿元人民币

年份	对外贸易贷款余额	对外投资贷款余额	对外合作贷款余额	境内对外开放支持贷款余额
2014	8012. 94	1678. 14	4659	3628. 63
2015	8913. 87	2063. 49	5719. 19	4785. 22
2016	9944. 28	2356. 61	6815. 5	6024. 83
2017	9638. 51	2521. 24	7567. 49	9040. 88

资料来源：根据相关年份中国进出口银行年度报告整理所得。

从表 4-4 的相关数据可以看出，中国进出口银行实现其基本定位并起作用的主要方式是：第一，为客户在我国境内与境外国家或地区之间进行商品、劳务和技术的交换活动提供贷款；第二，向境内外合法注册登记的中资及中资控股企业提供用于境外投资活动提供贷款；第三，向我国与境外国家或地区的政府、金融机构或主权担保企业开展合作提供贷款，向我国企业承包境外建设工程项目提供贷款；第四，向境内客户提供用于支持我国经济发展的贷款。总体来看，这些业务的开展与实施，对我国对外经济贸易投资发展与国际经济合作能够起到关键的支撑作用。

在表 4-4 所示的中国进出口银行总体业务开展情况的基础上，本书拟进一步分析相关业务开展的结构情况。需要说明的是，"一带一路"倡议于 2013 年发起，中国进出口银行也快速响应，但由于 2015 年中国进出口银行业务开展情况相关数据的统计方式更新，2017 年部分指标的统计口径又有所变化，因而试图将相关年份的有关指标列示在一起分析并不具备完全的可比性。基于上述考虑，本书仅收集了 2017 年中国进出口银行相关业务的开展情况，具体情况如表 4-5 所示。

表 4-5 　　　　　　　2017 年中国进出口银行相关业务发生情况

项目	余额（亿元）	增幅（%）	项目	余额（亿元）	增幅（%）
货物贸易贷款	9465.83	0.64	对外承包工程贷款	6380.03	13.37
出口货物贷款	4175.63	9.44	国际主权合作贷款	450.23	0.87
出口买方信贷	2504.31	6.66	金融机构合作贷款	535.10	-13.49
出口买方信贷	949.80	16.30	转贷款	63.00	-0.02
贸易融资	721.53	10.89	其他贷款	139.13	132.58
进口货物贷款	5290.20	-5.37	对外合作贷款	7567.49	11.03
服务贸易贷款	172.68	4.25	转型升级贷款	3412.22	14.69
出口服务贷款	108.05	5.60	节能环保贷款	444.12	105.84
出口卖方信贷	75.12	41.79	农业产业化发展贷款	217.56	15.47
出口卖方信贷	—		基础设施贷款	2855.06	50.96
贸易融资	32.94	-33.25	其他	2111.91	87.41
进口服务贷款	64.63	2.06	境内对外开放支持贷款	9040.88	41.32

项目	余额 （亿元）	增幅 （%）	项目	余额 （亿元）	增幅 （%）
对外贸易贷款	9638.51	0.70			
间接投资贷款	194.62	62.14			
直接投资贷款	2326.62	4.03			
绿地投资贷款	1011.01	4.99			
褐地投资贷款	1315.61	3.30			
对外投资贷款	2521.24	6.99			

资料来源：根据《中国进出口银行 2017 年年度报告》整理所得。

如表 4 - 5 中，2017 年中国进出口银行相关业务开展情况的基本数据所示，其相关业务的主要特征有：第一，从对外贸易贷款及其结构来看，货物贸易贷款占对外贸易贷款的比重达到 98.20%，出口货物贷款与出口服务贷款所组成的出口贷款占对外贸易的比重达到 44.44%；第二，对外投资贷款结构中，直接投资贷款占对外投资贷款的比重最高，并达到 92.28%；第三，从对外合作贷款的结构来看，对外承包工程贷款占对外合作贷款的比重最高，并达到 84.31%；第四，从境内对外开放支持贷款的结构来看，对转型升级贷款和基础设施贷款的占比较高，分别达到 37.74% 和 31.58%；第五，从总体结构来看，2017 年中国进出口银行所有贷款中，贷款额度由高到低的次序为对外贸易贷款、境内对外开放支持贷款、对外合作贷款和对外投资贷款，所占四类贷款总额的比重分别为 33.50%、31.43%、26.31% 和 8.76%。综合以上数据可以看出，中国进出口银行从国内与国际两方面入手，从整体上支持我国外贸、"走出去"、对外合作和开放型经济建设；另外，在对"一带一路"建设的支持方面，通过重点支持电力、电信、交通、水利等基础设施建设和大型成套设备出口，在"一带一路"沿线经济体投资环境改善、服务当地民生、加强互联互通和提高经济自主发展能力等方面起到了重要作用。

三、中国农业发展银行及其对"一带一路"建设的支持

中国农业发展银行于 1994 年 11 月挂牌成立，其主要定位是以国家信

用为基础筹集资金、承担农业政策性金融业务、支持"三农"事业发展的政策性银行。经过 20 余年的发展,2009～2017 年中国农业发展银行的总资产及净利润情况如图 4-4 所示。

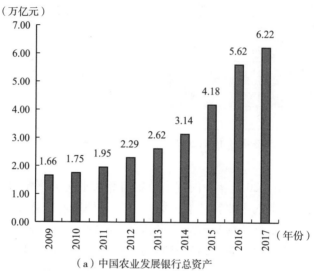

(a)中国农业发展银行总资产

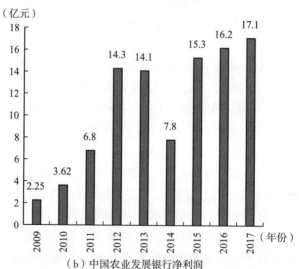

(b)中国农业发展银行净利润

图 4-4　中国农业发展银行相关财务指标

资料来源:2009～2017 年中国农业发展银行年度报告。

如图 4-4 所示的 2009～2017 年中国农业发展银行的总资产及净利润

指标，从总资产指标来看，2017 年国家开发银行的总资产为 15.96 万亿元人民币，而中国农业发展银行的总资产为 6.22 万亿元人民币，大约是国家开发银行总资产的 40%。从净利润指标来看，2017 年中国农业发展银行的净利润为 17.1 亿元人民币，而同期国家开发银行的净利润为 1136 亿元人民币，从而前者约为后者的 15%。总体来看，尽管中国农业发展银行的财务指标与国家开发银行相比较还有一定差距，但其在"三农"发展方面所提供的政策性金融支持对具体领域的发展具有重要作用，这决定了其在"一带一路"背景下支持农业基础设施建设和涉农企业"走出去"等方面将发挥重要作用。

尽管中国农业发展银行的基本定位是支持"三农"事业发展的农业政策性银行，不过"一带一路"建设中也涉及农业领域，中国农业发展银行便对有关"三农"领域提供了支持，从而也成为助力"一带一路"建设的政策性金融机构之一。总体来看，中国农业发展银行相关年份支持"一带一路"建设的基本情况如表 4-6 所示。

表 4-6　　　　中国农业发展银行支持"一带一路"建设情况

年份	相关贷款额度	标志性事件	关键启示
2015	—	◇采取"内保外贷"、外汇贷款等多种方式支持企业"走出去"； ◇新疆利华棉业股份有限公司成功办理系统内首笔"走出去"项下的内保外贷业务，支持企业利用"两个市场、两种资源"参与国际竞争； ◇提供 25 亿元贷款支持建设宁波梅山"港口经济圈"； ◇提供 22 亿支持西安国际港务区建设项目	助力国内平台建设
2016	"一带一路"涉及省份发放贷款 4060 亿元	◇以设施联通为重点，有限支持纳入国家和地方政策"一带一路"规划的涉农建设项目； ◇厦门市分行向国际东南航运中心项目投放农村流通体系建设贷款 10 亿元； ◇作为常务理事单位加入中国国际商会	以关键项目为抓手，助力企业"走出去"
2017	累计支持金额 1.06 亿美元	◇以外汇贷款及融资性保函的方式支持企业"走出去"； ◇加大研究力度，完成《关于我国农业"走出去"和农产品国际贸易政策》《"一带一路"与农业发展银行》专题报告； ◇通过融资性保函业务累计支持 4 家企业在"一带一路"沿线经济体开展境外融资	融资与融智相结合

年份	相关贷款额度	标志性事件	关键启示
2018	—	◇2013 年以来，累计向西安国际港务区投放各类贷款累计 42.4 亿元，为陕西践行国家"一带一路"倡议提供抓手和支撑； ◇在境外市场发行首单绿色债券； ◇面向全球投资者成功发行 30 亿元"债券通"绿色金融债券	支持高质量发展

资料来源：2013～2017 年资料，根据 2013～2017 年中国农业开发银行年度报告、社会责任报告整理所得；2018 年资料，根据中国农业开发银行官网整理所得。

如表 4－6 所示，2013～2017 年中国农业发展银行支持"一带一路"建设主要体现出以下特征：第一，该行以涉农业务、涉农企业和涉农基础设施建设等项目为基础，主要为"一带一路"建设涉农领域提供金融支持。第二，融资与投资相结合，通过前瞻性研究等方式推动投资项目风险的管控。第三，中国农业发展银行对"一带一路"建设的支持，逐步通过"绿色债券"等方式，支持高质量发展和建设绿色"一带一路"的趋势。总体来看，中国农业发展银行对涉农领域所提供的相关支持，无论对我国还是对"一带一路"沿线经济体均具有重要意义，这也使得中国农业发展银行成为支持"一带一路"建设不可或缺的金融机构。

四、中国出口信用保险公司及其对"一带一路"建设的支持

（一）中国出口信用保险公司的基本情况

中国出口信用保险公司是由国家出资设立，于 2001 年 12 月 18 日正式挂牌运营，重点支持中国对外经济贸易发展与合作的国有政策性保险公司。中国出口信用保险公司的基本定位是：通过为对外贸易和对外投资合作提供保险等服务，支持中国对外经济贸易发展与合作，促进对外经济贸易发展。中国信用保险公司的主要产品及服务有：中长期出口信用保险、海外投资保险、短期出口信用保险、国内信用保险、与出口信用保险相关的信用担保和再保险、应收账款管理、商账追收、信息咨询等出口信用保险服务。相关资料显示[①]，截至 2018 年，中国出口信用保险公司累计支持

---

① 中国出口信用保险公司官网：http：//www. sino－credit. com/gywm/gsjj/gsjj. shtml.

的国内外贸易和投资规模已超过 4 万亿美元，为超过 11 万家的企业提供了信用保险及相关服务，累计向企业支付赔款 127.9 亿美元，累计带动 200 多家银行为出口企业融资超过 3.3 万亿元人民币。根据国际伯尔尼协会的统计，2015~2018 年，中国出口信用保险公司的业务总规模连续在全球同业机构中排名第一。

（二）中国出口信用保险公司支持"一带一路"建设情况

"一带一路"建设所涉及的国家众多、文化多元、制度差异明显，从而在贸易与投资等交往中不得不面临政治风险、商业风险、市场风险、税务风险、法律风险、汇率风险、安全风险等多种不同形式的风险，因而分摊意外事故损失的保险将起到十分重要的作用。事实上，自"一带一路"倡议提出以来，国家和各级政府部门都将出口信用保险作为推进"一带一路"建设的重要措施。截至 2018 年 8 月①，中国出口信用保险公司支持我国企业向"一带一路"沿线经济体出口和投资累计 6432.3 亿美元，业务覆盖所有沿线经济体、承保项目 1900 多个，主要业务领域涉及基础设施建设、国际产能合作、国际经贸合作园区建设等。具体来看，2013~2017 年，中国出口信用保险公司支持"一带一路"建设承保金额情况如图 4-5 所示。

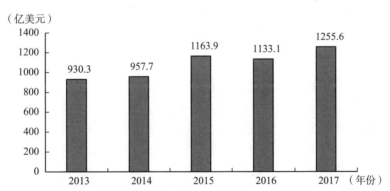

图 4-5　中国出口信用保险公司支持"一带一路"建设承保金额情况
资料来源：中国出口信用保险公司官网。

如图 4-5 所示的中国出口信用保险公司支持"一带一路"建设承保

---

① 中国出口信用保险公司官网：http://www.sinosure.com.cn/gywm/shzr/ydyl/index.shtml.

金额的变化情况，可以看出，中国出口信用保险公司所承保的金额巨大，并从总体上呈现出稳中有增的态势。结合相关资料，中国出口信用保险公司所提供的业务以及这些业务所撬动其他形式资金的参与，必然对我国和"一带一路"沿线相关经济体产生重要意义：第一，对我国的影响而言，中国出口信用保险公司承保了印度尼西亚整合媒体光纤电信项目，预期会对中国电信设备供应商拓展印度尼西亚及周边国家相关业务起到积极作用；所承保的土耳其安伊（安卡拉—伊斯坦布尔）高铁二期项目，成为我国企业在欧洲的第一笔高铁订单；所承保的阿曼萨拉拉燃气电站和海水淡化项目，对带动国内产业升级和电力行业"走出去"具有重要意义。第二，对"一带一路"沿线经济体的影响而言，中国出口信用保险公司所承保的巴基斯坦开伯尔—普什图赫瓦省 Suki Kinari 水电站项目，预期会对巴基斯坦的经济社会发展起到重要作用；所承保的内马（内罗毕—马拉巴）标准轨道铁路项目，预期对推动肯尼亚交通现代化和沿线区域经济增长起到重要作用。第三，总体来看，中国信用保险公司的相关业务，在提供信用支持、防范信用风险、促进项目融资、推动产能合作、拓展合作空间等方面均具有重要作用，对推进我国与"一带一路"沿线经济体各领域的沟通具有重要作用。

第三节　政策性金融支持"一带一路"建设的经验、挑战与建议

自"一带一路"倡议提出以来，我国的国家开发银行、中国进出口银行、中国农业发展银行和中国出口信用保险公司四家政策性金融机构，快速响应国家政策需要，并通过提供金融服务在加强政策沟通、促进设施联通、助力贸易畅通、便利资金融通、服务民心相通方面均取得了积极成果。本节将进一步总结各政策性金融机构在支持"一带一路"建设中所积累的重要经验，分析其所面临的挑战，进而从总体上给出进一步优化政策性金融服务"一带一路"建设的政策建议。

一、政策性金融支持"一带一路"建设的主要经验

"一带一路"倡议提出五年多以来，我国四家政策性金融机构提供了

形式多样、富有成效的金融支持，体现出起步良好、各具特点的金融支持开端，从总体上积累了重要经验。

（一）政策性金融理论是理论基础

如前文所述，政策性金融机构是伴随着我国建立社会主义市场经济体制而成立的，并且与财政资金、商业性金融有着明显区别。有关政策性金融的相关理论认为，政策性金融以国家信用为基础，通过市场化方式融资，在解决市场失灵和政府失效、培育市场主体、促进政府与市场有机互动之间具有重要作用。在"一带一路"建设中，由于沿线经济体主要是发展中国家或新兴经济体，并且大多数经济体处于工业化的起步期或快速成长期，因而对交通、能源、通信等基础设施的需求量巨大。不过，这些基础设施建设一般都具有建设工期长、技术要求高、前期资金回报率低、建设条件复杂、跨境协调难度大等特征，加之沿线经济体政策、法律、文化差异较大，这些因素共同决定了商业性资金进入这些国家和领域的意愿比较低，或者根本不愿意进入。在此情形下，考虑到建设"一带一路"是我国"走出去"和推动人类命运共同体建设的现实需求，因此就需要以"服务国家战略、依托信用支持、市场运作、保本微利"为主要特征的政策性金融进入这些领域，打通这些基础设施建设的渠道，破解相关制约瓶颈，进而为社会资金的进入"铺路搭桥"。总体来看，我国政策性金融的这些定位与理论基础，推动实现了中巴石油、蒙内铁路、内马标准轨道铁路等一系列成功的模式，当然，随着"一带一路"建设的进一步深入，还需不断探索与完善政策性金融有关国际业务开展模式的理论探讨。

（二）融资与融智相结合是关键保证

从我国四家政策性金融机构支持"一带一路"建设的业务开展情况来看，这些机构在提供投融资服务的同时，一直重视规划先行和可行性论证等相关智力支持工作，如国家开发银行主持编写了《"一带一路"国家法律风险报告》《"一带一路"经济发展报告》《"一带一路"贸易投资指数报告》等；中国进出口银行编写了《非洲25国国别分析报告》《欧非70国国别分析报告》等；中国农业发展银行编写了《关于我国农业"走出去"和农产品国际贸易政策》《"一带一路"与农业发展银行》专题报告；中国出口信用保险公司编写了《中国出口信用保险公司政策性职能履行评估报告》等。这些基础性研究与报告，在相关项目开始之时，有助于搜集项目涉及经济体在政治、经济、产业、文化、社会等方方面面的基本情况，是一个贴近市场、贴近客户的过程，有助于寻找合作机会、开发合作项目。另外，在项目执行过程中，四家政策性金融机构均先行与项目牵涉经济体达成长远合作规划，并且以规划凝聚共识，随后进一步有针对性地发掘项目，甚至设计合适的金融产品与金融工具。总体来看，开展前期基础研究和针对合作的长远规划，不仅是前期设计和论证具体项目的过程，更是调动项目多方参与主体共同搭建合作平台、理顺工作机制的过程，有助于凝聚各方主体的共识，最终有助于推动项目的顺利实施。

（三）创新发展是动力来源

正如对"一带一路"建设以及对沿线经济体基本情况的判断，由于各国国情不尽相同、具体项目千差万别，导致支持"一带一路"建设的金融服务在借款主体、还款方式、信贷合同、融资结构、法律保障等方面均具有一定的特殊性。在此情形下，若固守基本业务规则与业务模式，势必会影响业务的开展和金融服务的效果。鉴于此，国家开发银行发起设立了中非基金、推动成立了上海合作组织银联体、发起设立了中葡基金、牵头成立了中国—东盟国家银联体等，这些举措将成为我国参与区域合作的重要平台。与此同时，中国进出口银行尝试开展政策性融资与配套贷款相结合、信贷业务与贸易金融业务相结合、投资业务与信贷业务相结合，通过发起设立多个投资合作基金，有效利用政策性金融整合和撬动了更多社会资本的参与，同时也吸纳了多边机构和国际资金，这些措施均为有效拓展"一带一路"建设资金的来源渠道，推动形成了金融支持"一带一路"建设的合力。中国出口信用保险公司则通过产品创新，通过主险和附加险来满足不同项目的个性化需求，还通过资信评估业务等服务，满足企业海外买家的风险评估、资信评估、投资咨询、信用管理培训等需求，为"走出去"企业提供辅助服务作用。总体来看，我国四家政策性金融机构均具有综合金融服务的优势，在具体项目开展中重视产品与服务创新，扩大了金融服务的范围，开创了投融资合作的新模式，更好地满足了"一带一路"项目的融资需求，进而使创新成为服务提供、业务拓展和自身可持续经营的基础。

（四）防范风险是"底线"要求

可以预见，共建"一带一路"倡议绝非一路坦途，该进程中必然会遇到各式各样的风险。从宏观层面来看，有来自东道国的政策风险、环境保护要求风险、知识产权法律风险、劳动权益法律风险等，还可能有来自我国政府与东道国双边或多边关系的影响；从微观层面来看，有涉及具体项目的技术风险、商业及财务风险、合作方信用风险等。对相关风险的有效防范与管控是合作项目顺利推进的前提，也成为"一带一路"倡议顺利实施的基础。从我国四家政策性金融机构在"一带一路"建设中风险防范的实践来看，一是从服务国家战略的理念出发，坚持算战略账、算大账，在业务推进与风险防范中取得平衡；二是在具体业务开展中，前期已开展了规划、可行性论证等多方调研、论证、审核，在一定程度上对项目所涉及风险已有所掌握并设置了防范措施；三是在工作实践中，不断探索风险管控模式，如国家开发银行探索出了"监控还款现金流制度"和"风险准备金制度"等主权融资模式，中国进出口银行实施"国别风险监测预警管理制度"等，中国出口信用保险公司每年发布《国家风险报告》《国家贸易风险指数》等为相关工作的推进提供指导；四是我国银行类机构和保险类机构之间、我国金融机构与国外金融机构之间能够开展合作，有助于实现风险共担和收益共享。总体来看，我国四家政策性金融机构服务"一带一路"建设五年多来，在保持相关业务快速增长的同时，资产质量始终保持优良，国际相关评级机构能够给予优良的信用评级等级，均在一定程度上说明我国四家政策性金融机构在风险管控机制的有效性。

二、政策性金融支持"一带一路"建设中面临的关键挑战

尽管我国四家政策性金融机构在服务"一带一路"建设中探索出了行之有效的业务模式，与此同时，也取得了明显的成效，也积累了重要经验。毋庸讳言，政策性金融支持"一带一路"建设中依然面临诸多关键挑战。

(一)金融机构之间的整体联动性需进一步提升

"一带一路"作为我国所发起的顶层国家级倡议，所涉及经济体众多、涉及的国内部门广泛，这就决定了支持"一带一路"建设的金融机构也需要多元，既要有政策性金融机构的先行探索和铺路搭桥，还要有商业性金融机构和社会性资本的跟进以提供数量可观、市场化运作机制成熟的金融支持，同时还要有证券、保险、银行具有不同功能的金融机构跟进以分散

风险。但从目前金融支持"一带一路"建设的基本情况来看,尽管政策性金融机构已作了大量探索,但相关商业性金融机构、社会资本的跟进尚未形成规模,银行、证券、保险类机构之间配合还有待进一步提升,我国与相关多边性及其他经济体金融机构之间的合作还需进一步密切。总之,与欧美国家所主张的统一完善合作框架相比,国内、国际各金融机构之间紧密合作以为"一带一路"建设提供强有力金融支持的格局尚未形成,各形态金融机构功能发挥的程度还需进一步提升。

(二)重大项目投融资瓶颈亟须突破

在"一带一路"倡议的推进中,仅政策性金融机构所提供的资金显然难以满足需求,而资金不足和融资瓶颈依然是"一带一路"深入推进的关键性约束因素。具体而言,设施联通是"一带一路"建设的重点领域,但基础设施却具有投资规模大、建设周期长、初期经济效益差等特征,加之基础设施建设所涉及的拆迁、环保、非自愿移民等因素,导致社会资金参与到这些领域的积极性不高。基于这些背景,为"一带一路"建设中所涉及的重大项目提供大额、长期、低成本的资金成为基本要求,但中资银行外汇资金主要源于境内,而境外发债筹集资金的额度有限,只能作为补充。与此相对应,世界银行、亚洲开发银行等多边性金融机构因享受"AAA"评级,从而十年期发债成本较我国国家开发银行、中国进出口银行等政策性金融机构低出近100个基点。因此,低成本资金来源的有限和有实力投融资主体的缺乏,延缓了一些重大项目的落地,也成为目前政策性金融支持"一带一路"建设中的关键约束。

(三)需要正视部分国家的债务问题

国际货币基金组织(IMF)所提供的相关统计数据显示,在"一带一路"沿线经济体中,蒙古国、格鲁吉亚、乌克兰、吉尔吉斯斯坦、哈萨克斯坦、不丹、亚美尼亚、老挝、摩尔多瓦9个国家的总负债占其GDP的比重超过80%;保加利亚、白俄罗斯、约旦、马其顿、阿尔巴尼亚、马来西亚、黎巴嫩、波黑等国家总负债占GDP的比重在60%以上。在此情形下,结合我国所发起的"一带一路"倡议,一些西方媒体和机构借机指责"一带一路"倡议加大了一些经济体的债务问题,质疑债务的可持续性等。客观地讲,沿线部分经济体的债务问题与其自身经济发展特征高度有关,与一些经济体所推行的长期战略融资相关,从而不能将这些经济体债务的变动简单归因于"一带一路"倡议及其推进。不过，部分沿线经济体居高不下的对外债务，确实加大了"一带一路"建设的风险，我国政策性金融机构不得不正视由此而引发的相关问题。

（四）风险管控能力仍需进一步提升

在"一带一路"建设中，尽管政策性金融一直十分重视风险管控，并积累了有益经验，但也不能因此而忽视对风险的管控。具体来说，"一带一路"所涉及的经济体众多，并且主要是发展中经济体和新兴经济体，从而在跨境投资中受东道国政治、经济、社会、文化等方方面面的影响较大，加之复杂的地缘政治博弈、部分国家局势动荡、长期的投资环境尚未形成等原因，相关跨境投资所承担的风险不可谓不大。另外，"一带一路"倡议是一项长期性工程，该进程中所面临的一些风险具有难以预测、突发性强和影响范围大等特征，这就要求无论是政策性金融机构还是项目实施企业不仅需要管控好相关商业风险，还要有效应对主权信用风险和政治风险，从而所面临风险的复杂性也对政策性金融机构风险管理能力提出了更高的要求。

三、政策性金融支持"一带一路"建设的对策与建议

总体来看，政策性金融支持"一带一路"建设是其服务国家战略使命的要求，也是实现自身可持续发展的内生需求，应从以下几方面入手来提升政策性金融服务"一带一路"的能力和水平。

（一）完善"一带一路"倡议金融机构协作机制

"一带一路"倡议下金融机构之间协作机制的建设，涉及国内机构之间的协作机制和国际机构之间协作机制建设两部分。从国内机构之间协作机制的完善来看，我国三家政策性银行和中国出口信用保险公司之间需建立信贷和信用保险之间的协作机制，不仅要建立在同一国别内配置资源的机制以避免无序叠加，还要从协调信贷、建设、保险、追偿等方面建立统一的对外工作机制以共同维护中方利益，进而从更高层次来协调和提升政策性金融资源的效率；政策性金融机构应进一步发挥市场培育功能，在防范风险的前提下探索区域金融合作创新的机制，为商业性金融和其他社会资本的进入探索路径。从国际机构之间协作机制的建设来看，我国的四家

政策性金融机构应进一步利用外交等平台加强与沿线经济体政府的对接；我国四家政策性金融机构应进一步发挥开拓与引导功能，继续加强与世界银行、亚洲开发银行等多边性金融机构之间的交流与合作，加强与丝路基金、亚洲基础设施投资银行之间的协作配合，进而为"一带一路"建设提供高效的资金融通支持。

（二）推动解决"一带一路"建设项目融资问题

对于"一带一路"倡议下基础设施建设等项目的融资瓶颈，政策性金融在相关项目推进中必须结合自身定位、重视协调调动各方力量参与，一起构建长期、稳定、风险可控、可持续的资金供给体系。具体思路为：第一，有效利用以国家信用为基础的特征，主动对接政府相关部门，通过参与政府部门之间的沟通来调动沿线经济体政策性金融和相关金融机构支持"一带一路"建设的积极性和主动性，共同搭建开放性国际金融合作平台。第二，在一些具有长期和可持续经济社会效益的项目上，要不断探索和完善股权融资、融资租赁、公私合营（PPP）等融资模式，调动社会资本参与"一带一路"建设的积极性，将财政资金、政策性金融资金和民间资本等多种渠道的资金有机结合起来，进而为建立"利益共享、风险共担"的长期融资合作机制作前期探索。第三，综合使用债券融资、贷款融资、拓展投资等多种融资方式，综合统筹和考虑具体项目在不同建设阶段的资金需求特征，设计风险与收益相匹配，具有灵活性和针对性的综合金融解决方案。

（三）正视"一带一路"沿线部分经济体的债务问题

部分"一带一路"沿线经济体高企的债务问题是客观现实，不得不引起我国先行先试的四家政策性金融机构的高度重视。从解决和规避对策来看，我国的四家政策性金融机构可协商牵头组织相关资源，参考国际货币基金组织、世界银行的国家主权债务可持续体系，在考虑这些国家基本国情、发展模式、治理机制等因素的基础上，建立一套与现有国际债务可持续体系相互补充，能够辅助评估相关国家债务规模、经济成长性、债务承受能力、融资风险等关键性因素的债务评价体系。在指标体系和评价结果的基础上，应按照需要或一定的规则追踪研究并及时更新结果。该债务体系，一是为政策性金融是否进入相关经济体并开展业务提供科学、可靠的决策依据；二是为我国相关商业资本、企业等主体对是否进入和开展业务提供有价值的参考信息；三是为相关国际组织和第三方主体提供援助性贷款、投融资风险评估提供决策参考；四是协助这些经济体按照评价指标体系进行调整与改革，以便获得来自各方的资金支持。

（四）进一步做好风险的防范和管控

在"一带一路"倡议推进中，政策性金融作为"先锋"，所支持建设项目的质量与效益关系到自身投入资金的安全性，更因在复杂的国际政治经济环境下影响了"一带一路"倡议的整体形象和建设的可持续性。有鉴于此，政策性金融支持"一带一路"建设中应以高度负责和谨慎的态度开展业务，不能搞"一刀切"、更不能搞"大干快上"，要突出专业，要理顺项目推进的每一个环节，排除每一个风险，并且对不得不面对的具体风险要有预警和管控方案。具体而言，一是要加强对沿线经济体风险因素的搜集和整理，积极与相关政府部门、金融机构和企业互通信息；二是要积极推动"投建营一体化"实施，鼓励企业参与项目全过程，避免因后期风险难以回收现金的问题；三是要加强对企业资质、能力的审查，加强对相关企业财务状况以及项目进展情况的跟踪与监督，避免企业过度融资等行为导致风险的膨胀；四是要加强自身风险管理制度建设，完善并落实好风险管理制度。

综上所述，"一带一路"建设是构建人类命运共同体的伟大事业，政策性金融支持"一带一路"建设不仅是服务国家战略的要求，而且也是实现自身可持续发展的内生需求，我国四家政策性金融机构已结合自身领域开展了重要探索，也积累了一定的经验，但仍需进一步拓展以形成机构多元、形式多样、功能互动、内外联动的"一带一路"建设金融支持体系。

第五章

多边性金融支持"一带一路"建设研究

"一带一路"倡议涉及多个经济体，从所涉及经济体众多的视角来看，多边性金融为共建"一带一路"倡议提供金融支持也是应有之义。中国在发起共建"一带一路"倡议的同时，提出筹建以支持亚洲地区基础设施建设为主要业务领域的"亚投行"，亚投行与"一带一路"建设同属于世界但均源于中国，因而亚投行成为支持"一带一路"建设的重要多边性金融机构。本章便以亚投行为主体机构，在分析亚投行支持"一带一路"建设情况的基础上，进一步比较亚投行与其他相关多边性金融机构的运营机制，进一步提出亚投行协同其他多边性金融机构为"一带一路"建设提供支持的方式与路径。

第一节 "亚投行"支持"一带一路"建设研究

亚洲基础设施投资银行（Asian Infrastructure Investment Bank，AIIB，简称"亚投行"），是首个由中国倡导设立的多边性开发银行。2013 年 10 月，习近平主席首次倡议筹建亚投行；2014 年 10 月 24 日，中国与孟加拉国、文莱、印度、新加坡、马来西亚等 21 个国家（地区）在北京正式签署《筹建亚投行备忘录》，共同决定成立亚投行；2015 年 6 月，亚投行意向创始成员方在北京正式签署《亚洲基础设施投资银行协定》；2015 年 12 月，《亚洲基础设施投资银行协定》正式生效；2016 年 2 月，亚投行正式开业。亚投行是支持"一带一路"建设的重要多边性金融机构。

一、亚投行的成立

从经济层面来看，亚洲基础设施建设领域突出的资金供求矛盾是亚投行成立的最重要现实基础，但从现实影响来看，亚投行在多领域具有重要而深刻的意义。

(一) 亚洲基础设施建设资金供求矛盾

基础设施是一个国家（地区）发展的基础，也是保证经济社会活动正常运转的公共服务系统，基础设施的完善情况也成为衡量这个国家（地区）经济能否长期持续稳定发展的重要标志。具体来说，相关机构所测算的亚洲基础设施投资需求情况如表 5 – 1 所示。

表 5 – 1　　　　2010 ~ 2020 年亚洲国家（地区）基础设施投资需求 单位：百万美元

部门	新增能力	维护和更新	总计
能源（电力）	3176437	912202	4088639
电信	325353	730304	1055657
移动电话	181763	509151	690914
固定电话	143590	221153	364743
运输	1761666	704457	2466123
机场	6533	4728	11260
港口	50275	25416	75691
铁路	2692	35947	38639
公路	1702166	638366	2340532
供水和环卫设备	155493	225797	381290
环卫设备	107925	119573	227498
供水设备	47568	106224	153792
总计	5418949	2572760	7991709

资料来源：根据亚洲开发银行研究院主编的《亚洲基础设施建设》整理所得。

如表 5 – 1 所示，据亚洲开发银行通过对能源、电信、运输、供水和环卫设备等细分领域基础设施建设的测算和加总，预计 2010 ~ 2020 年亚洲国家（地区）基础设施投资的资金需求规模达到近7991709百万美元。具体到相关国家（地区），主要亚洲国家（地区）2010～2020年基础设施投资的资金需求如表5-2所示。

表5-2　　2010～2020年亚洲部分国家（地区）基础设施建设资金
需求占预估GDP的比例　　　　　　单位：%

国家（地区）	交通	电力	运输	供水和卫生	总计
马来西亚	1.94	4.42	0.27	0.04	6.68
缅甸	2.70	0.00	1.46	1.88	6.04
菲律宾	2.30	1.87	1.22	0.65	6.04
柬埔寨	4.43	0.95	2.97	0.36	8.71
不丹	2.84	0.00	0.87	0.36	4.07
阿富汗	6.21	0.00	4.82	0.89	11.92
孟加拉国	4.92	1.24	4.22	1.19	11.56
蒙古国	12.04	0.00	1.21	0.21	13.45
格鲁吉亚	1.20	1.06	0.69	0.19	3.14
阿塞拜疆	0.60	3.82	0.44	0.11	4.97
泰国	0.58	3.69	0.45	0.19	4.91
印度	5.67	3.23	1.87	0.34	11.12
中国	1.39	3.42	0.44	0.13	5.39
亚美尼亚	1.20	1.01	0.98	0.27	3.46
巴基斯坦	2.65	2.68	2.22	0.73	8.27
印度尼西亚	3.88	0.98	0.97	0.35	6.18
尼泊尔	1.65	0.58	5.14	1.10	8.48
老挝	10.62	0.00	2.40	0.60	13.61
越南	2.07	3.12	2.38	0.54	8.12
东亚和东南亚	1.61	3.22	0.53	0.17	5.54
中亚	1.86	2.97	1.40	0.42	6.64
南亚	5.55	3.03	2.02	0.39	11.00

资料来源：根据亚洲开发银行研究院主编的《亚洲基础设施建设》整理所得。

　　结合表5－1、表5－2来看，2010～2020年，亚洲各国对基础设施投资的资金需求规模达到了约7991709百万美元，其中新增能力与维修和更新所需资金的比例为68%和32%；从地区分布来看，南亚基础设施建设资金需求占GDP的比重最大，其次是中亚，占比最小的是东亚与东南亚，分别为11.00%、6.64%和5.54%。对于亚洲国家基础设施建设巨大的资金需求量，财政资金是基础设施建设和公共服务提供的重要资金来源，那么这些国家的财政资金能否支持这些基础设施建设的资金需求呢？根据世界银行WDI数据库所提供的相关数据，2017年亚洲部分经济体政府债务占GDP比重情况如图5－1所示。

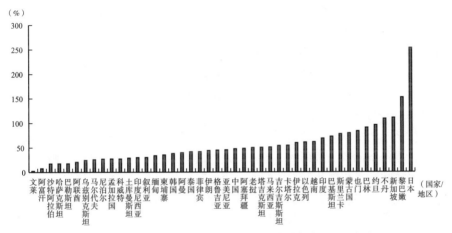

图5－1　2017年亚洲国家（地区）政府债务占GDP比重

资料来源：根据世界银行WDI数据库提供的数据计算所得（https://zh.tradingeconom-ics.com/）。

　　如表5－1、表5－2和图5－1所示，可以看出，一方面情形是部分亚洲经济体在基础设施建设方面的资金需求规模巨大，另一方面情形是这些经济体政府债务与GDP之比较高，使得财政资金满足基础设施建设资金需求的能力比较有限，因而相关亚洲国家（地区）基础设施建设资金需求与资金供给之间存在比较明显的缺口。基于亚洲国家（地区）基础设施建设资金供求严重不匹配的现实，我国倡导并建立定位于"通过在基础设施及其他生产性领域的投资，促进亚洲经济可持续发展、创造财富并改善基础设施互联互通；与其他多边和双边开发机构紧密合作，推进区域合作和伙伴关系，应对发展挑战"① 的亚投行便显得十分必要。

（二）成立亚投行的主要意义

在亚洲地区基础设施建设资金供求矛盾突出的现实背景下，亚投行的成立具有尤为重要的意义，主要体现在：第一，亚洲国家（地区）基础设施建设的资金需求规模巨大，但资金供给严重不足，从而成立定位于改善基础设施互联互通的亚投行，必将对构筑亚洲基础设施建设的"资金池"具有重要意义。第二，亚投行的基本定位是为亚洲地区基础设施建设提供资金支持的多边性开发银行，因而能够协同亚洲开发银行、世界银行等一些在亚洲地区开展金融服务的多边性金融机构，一道来缓解亚洲地区基础设施建设中资金不足的矛盾，进而助力推动亚洲地区基础设施的完善和经济发展。第三，从亚投行的进展来看，由于近些年欧洲经济增长速度一直在低位徘徊、亚洲地区被视为增长较快的区域，而英国、德国、法国等欧洲发达经济体也与中国及相关亚洲经济体一道成为亚投行的成员经济体，这也在一定程度上说明这些成员经济体之间找到了共同的利益；在此基础上，有利于亚投行结合欧洲相关经济体在技术、设备等方面的优势和亚洲经济体劳动力成本较低的优势，通过优势互补、互利共赢来推动亚洲、欧洲乃至世界经济的增长。第四，亚投行是中国倡导建立的首个多边机构，同时也是经济体利益再聚集和再分配的过程，其实质上是新型的经济崛起和成果分享机制，而建设亚投行也是中国从全球化的参与者转向全球化倡导者的尝试，加之部分欧洲国家参与亚投行，使得全球政治经济的天平更加平衡，从而亚投行在一定意义上也成为纠正国际政治经济秩序失衡的一个尝试。

二、亚投行的基本情况

"先域内、后域外"和"开放的区域主义"是亚投行筹建与磋商中所坚持的两项基本原则。从筹备和运营的实际情况来看，亚投行得到了全球广泛的响应。

（一）亚投行的参与国家（地区）

截至 2019 年 4 月，亚投行共有成员国（地区）97 个，其中创始成员

---

① 亚洲基础设施投资银行协定［EB/OL］. 财政部官网. http：//www. mof. gov. cn/zhengwux-inxi/caizhengxinwen/201506/P020150629360882378045. pdf.

国（地区）共有57个（域内国家（地区）37个、域外国家（地区）20个），亚投行成员及其发展情况如表5-3所示。

表5-3 亚投行成员经济体情况

时间	所加入的经济体		成员的经济体总数
	域内	域外	
2014年10月24日	中国、孟加拉国、文莱、柬埔寨、印度、哈萨克斯坦、科威特、老挝、马来西亚、蒙古国、缅甸、尼泊尔、阿曼、巴基斯坦、菲律宾、卡塔尔、新加坡、斯里兰卡、泰国、乌兹别克斯坦、越南	—	21
2014年11月25日	印度尼西亚	—	22
2014年12月31日	马尔代夫	—	23
2015年1月	沙特阿拉伯、塔吉克斯坦、新西兰	—	26
2015年2月7日	约旦	—	27
2015年3月12日	—	英国	28
2015年3月	伊朗、阿联酋、吉尔吉斯斯坦、土耳其、韩国、格鲁吉亚、俄罗斯、以色列、阿塞拜疆、澳大利亚	法国、意大利、德国、卢森堡、瑞士、西班牙、奥地利、荷兰、巴西、芬兰、丹麦、挪威、南非、瑞典、冰岛、葡萄牙、波兰、马耳他、埃及	57
2017年3月23日	中国香港特区、阿富汗、亚美尼亚、斐济、东帝汶	比利时、加拿大、埃塞俄比亚、匈牙利、爱尔兰、秘鲁、苏丹、委内瑞拉	70
2017年5月13日	巴林、塞浦路斯、萨摩亚	玻利维亚、智利、希腊、罗马尼亚	77
2017年6月16日	马达加斯加、阿根廷	汤加	80
2017年12月19日	库克群岛、瓦努阿图	白俄罗斯、厄瓜多尔	84
2018年5月2日	巴布亚新几内亚	肯尼亚	86
2018年6月26日	—	黎巴嫩	87

续表

时间	所加入的经济体		成员的经济体总数
	域内	域外	
2018 年 12 月 19 日	—	阿尔及利亚、加纳、利比亚、摩洛哥、塞尔维亚、多哥	93
2019 年 4 月 22 日	—	科特迪瓦、几内亚、突尼斯、乌拉圭	97

资料来源：根据亚投行官网、一带一路网整理所得。

如表 5 - 3 所示，截至 2019 年 4 月，亚投行成员国（地区）的数量达到 97 个，超过了亚洲开发银行 67 个成员国（地区），这在一定程度上说明亚投行的成立必然是全球经济社会发展中最重要的事件之一，也必将产生显著而广泛的外溢效应。

（二）亚投行股本认缴情况

与微观企业一样，认缴股本情况对亚投行对外信用评级状况、对内的治理情况有着重要影响。截至 2019 年 4 月，亚投行 97 个成员国（地区）认缴股本及投票权情况如表 5 - 4 所示。

表 5 - 4　　　　　　　　亚投行成员经济体股本认缴情况

序号	国家/地区	认缴股本（百万美元）	股份所占比重（%）	投票权（票数）	序号	国家/地区	认缴股本（百万美元）	股份所占比重（%）	投票权（票数）
1	中国内地	29780.40	30.34	300398	8	印度尼西亚	3360.70	3.42	36248
2	印度	8367.30	8.52	86267	9	英国	3054.70	3.11	33188
3	俄罗斯	6536.20	6.66	67956	10	土耳其	2609.90	2.66	28740
4	德国	4484.20	4.57	47483	11	意大利	2571.80	2.62	28359
5	韩国	3738.70	3.81	40028	12	沙特阿拉伯	2544.60	2.59	28087
6	澳大利亚	3691.20	3.76	39553	13	西班牙	1761.50	1.79	20256
7	法国	3375.60	3.44	36397	14	伊朗	1580.80	1.61	18449

序号	国家/地区	认缴股本（百万美元）	股份所占比重（%）	投票权（票数）	序号	国家/地区	认缴股本（百万美元）	股份所占比重（%）	投票权（票数）
15	泰国	1427.50	1.45	16916	37	芬兰	310.3	0.32	6151
16	阿联酋	1185.70	1.21	14498	38	斯里兰卡	269	0.27	5738
17	巴基斯坦	1034.10	1.05	12982	39	缅甸	264.5	0.27	5693
18	荷兰	1031.30	1.05	12954	40	阿曼	259.2	30.34	5640
19	加拿大	995.4	1.01	11995	41	阿塞拜疆	254.1	0.26	5589
20	菲律宾	979.1	1.00	12432	42	新加坡	250	0.25	5548
21	波兰	831.8	0.85	10969	43	乌兹别克斯坦	219.8	0.22	5246
22	中国香港特区	765.1	0.78	9702	44	委内瑞拉	209	0.21	3740
23	以色列	749.9	0.76	10150	45	秘鲁	154.6	0.16	3196
24	哈萨克斯坦	729.3	0.74	9944	46	罗马尼亚	153	0.16	3498
25	瑞士	706.4	0.72	9715	47	爱尔兰	131.3	0.13	3579
26	越南	663.3	0.68	9575	48	约旦	119.2	0.12	4240
27	孟加拉国	660.5	0.67	9547	49	马来西亚	109.5	0.11	4102
28	埃及	650.5	0.66	9447	50	巴林	103.6	0.11	3030
29	瑞典	630	0.64	9242	51	匈牙利	100	0.10	3342
30	卡塔尔	604.4	0.62	9092	52	阿富汗	86.6	0.09	2907
31	南非	590.5	0.60	—	53	尼泊尔	80.9	0.08	3857
32	挪威	550.6	0.56	8554	54	卢森堡	69.7	0.07	3745
33	科威特	536	0.55	—	55	葡萄牙	65	0.07	3698
34	奥地利	500.8	0.51	8056	56	柬埔寨	62.3	0.06	3671
35	新西兰	461.5	0.47	7663	57	苏丹	59	0.06	2584
36	丹麦	369.5	0.38	6346	58	格鲁吉亚	53.9	0.05	3587

续表

序号	国家/地区	认缴股本（百万美元）	股份所占比重（%）	投票权（票数）	序号	国家/地区	认缴股本（百万美元）	股份所占比重（%）	投票权（票数）
59	文莱	52.4	0.05	3572	70	斐济	12.5	0.01	2176
60	埃塞俄比亚	45.8	0.05	2509	71	智利	10	0.01	1750
61	老挝	43	0.04	3478	72	马尔代夫	7.2	0.01	3120
62	蒙古国	41.1	0.04	3353	73	巴西	5	0.01	2300
63	塔吉克斯坦	30.9	0.03	3251	74	阿根廷	5	0.01	1700
64	吉尔吉斯斯坦	26.8	0.03	3210	75	厄瓜多尔	5	0.01	1700
65	玻利维亚	26.1	0.03	1911	76	马达加斯加	5	0.01	2101
66	塞浦路斯	20	0.02	2251	77	萨摩亚	2.1	0.00	2072
67	冰岛	17.6	0.02	3224	78	瓦努阿图	0.5	0.00	2056
68	东帝汶	16	0.02	2211		未分配股份	1844.7	1.88	—
69	马耳他	13.6	0.01	3184		总数	100000	100	1148383

资料来源：根据《亚洲基础设施投资银行协定（附件一）》、一带一路网和亚投行官网整理所得。

如表 5－4 所示的亚投行股本认缴情况，主要具有以下特征：第一，亚投行的法定股本总额为 1000 亿美元，分为 100 万股，票面价值为 10 万美元/股，亚洲经济体认缴股本 75%、占有 75% 的投票权，非亚洲国家（地区）认缴股本 25%、占有 25% 的投票权，该结构一方面说明亚洲国家（地区）携手推动亚洲经济发展的决心，另一方面由于英国、德国及其他欧洲发达国家（地区）的加入则有利于借鉴经验、推动亚投行的发展。第二，亚投行的前五大股东分别为中国内地、印度、俄罗斯、德国和韩国，所认缴股本所占比重分别为 30.34%、8.52%、6.66%、4.57% 和 3.81%，从亚投行各成员经济体股本认缴情况可以看出，新兴经济体所认缴股本的比重普遍较高，在一定程度上显示了世界经济格局的变化，而各持股比例的多元化在一定程度上有利于亚投行取得更好的信用评级，进而有助于降低资金的成本。第三，投票权设计是亚投行治理机制设计中的核心议题，从最终结果来看，中国所认缴股本的数量最多，所获得的投票权比重也最高，但和亚投行成立之初 57 个成员经济体之间投票权的分配相比而言，随着所加入经济体的数量越来越多，中国的投票权所占比例已有所下降，这在一定程度上体现了"开放的区域主义"原则。

三、亚投行支持"一带一路"建设情况

亚投行和"一带一路"均是在中国的倡导下建立，均涉及了较多的经济体，亚投行必将对"一带一路"建设提供重要的支撑。

（一）亚投行对"一带一路"建设的支持作用

在"一带一路"建设中，亚洲地区是关键区域，但该区域基础设施建设水平普遍比较落后，需要数量巨大、价格优惠、周期较长的资金予以支持。亚投行将从以下方面对"一带一路"建设起到重要支撑作用：第一，亚投行可以作为"一带一路"建设的投融资平台，推动亚洲地区储蓄向投资的转换，推动在全球范围内进行融资与投资，进而在主要支持亚洲地区基础设施建设的同时改善沿线经济体的投资环境。第二，"一带一路"沿线经济体有大量的基础设施建设项目，但若单独依靠亚投行自身的力量显然难以完成，而亚投行资金在寻找项目的同时，已经在"一带一路"沿线经济体启动了一批重要合作项目，从而在一定程度上加强了亚洲相关经济体之间的合作。第三，中国相关企业是"一带一路"建设与投资中的主力军，这些企业在投资和项目承接中所发挥的作用有利于推动中国企业"走出去"，在为其他经济体经济建设做贡献的同时也有利于展现中国企业的实力、提升中国企业的国际形象。第四，"一带一路"建设也吸引了一些多边性金融机构的关注，而亚投行与这些"资深"金融机构一起提供金融支持，显然有助于亚投行与其他多边金融机构相互学习、促进共同成长。第五，亚投行和"一带一路"的对接，可以有序推进"一带一路"沿线经济体的产业转移，通过便利在更广阔区域内调整产业结构进而提升区域产业链并促进经济转型升级。第六，"一带一路"沿线主要是发展中经济体或欠发达经济体，这些经济体在环境保护、社会文化环境等方面的意识

还有待进一步开发,但亚投行在相关贷款项目评审中十分重视环保、立法、商业运营环境等方面的审查,因而一旦项目审核通过并得以推进实施,必将对东道国生态环境改善、社会文化环境优化等方面起到积极作用,进而具有以"设施联通"促进"民心相通"的功能。

(二)亚投行对"一带一路"沿线经济体的项目支持情况

具体项目是经济工作的重要抓手,也是"一带一路"倡议落实的关键着力点。自 2016 年亚投行正式开业到 2019 年 1 月 1 日,亚投行所核准的项目情况如表 5 - 5 所示。

表 5 - 5　　　　　　　2016 ~ 2018 年亚投行所核准的项目情况　　　　单位:百万美元

序号	项目名称	国家/地区	涉及领域	核准时间	项目金额	其他机构支持金额
1	国家贫民窟升级项目	印度尼西亚	交通	2016 年 6 月 24 日	216.5	1526.5
2	国家高速公路 M - 4 项目	巴基斯坦	交通	2016 年 6 月 24 日	100	163
3	配电系统升级扩建工程	孟加拉国	能源	2016 年 6 月 24 日	165	97.29
4	杜尚别—乌兹别克斯坦边境公路改善项目	塔吉克斯坦	交通	2016 年 6 月 24 日	27.5	78.4
5	明岩 225MW 联合循环燃气轮机(CCGT)功率缅甸工厂项目	缅甸	能源	2016 年 9 月 27 日	20	0
6	水电站扩建项目	巴基斯坦	能源	2016 年 9 月 27 日	300	523.5
7	天然气基础设施和效率改进项目	孟加拉国	能源	2017 年 3 月 22 日	60	393
8	大坝运行改善与安全项目	印度尼西亚	水	2017 年 3 月 22 日	125	175
9	区域基础设施发展基金项目	印度尼西亚	综合	2017 年 3 月 22 日	100	306

序号	项目名称	国家/地区	涉及领域	核准时间	项目金额	其他机构支持金额
10	跨安纳托利亚天然气管道工程	阿塞拜疆	能源	2017 年 3 月 22 日	600	8000
11	港口商业码头和作业区开发项目	阿曼	交通	2017 年 3 月 22 日	262	87.34
12	安得拉邦全天候供电	印度	能源	2017 年 5 月 2 日	160	411
13	努雷克水电站一期改造项目	塔吉克斯坦	能源	2017 年 6 月 15 日	60	290
14	印度基础设施基金	跨区域	综合	2017 年 6 月 15 日	150	600
15	巴统绕道工程	格鲁吉亚	交通	2017 年 6 月 15 日	114	315.2
16	古吉拉特邦农村公路（MMGSY）项目	印度	交通	2017 年 7 月 4 日	329	329
17	第二轮太阳能光伏上网电价计划	埃及	能源	2017 年 9 月 4 日	20	56
18	马尼拉地铁洪水管理项目	菲律宾	水	2017 年 9 月 27 日	207.6	292.4
19	国际金融公司新兴亚洲基金	跨区域	综合	2017 年 9 月 27 日	340	300
20	输电系统加固项目	印度	能源	2017 年 9 月 27 日	200	203.47
21	北京市空气质量改善与煤炭置换工程	中国	能源	2017 年 12 月 8 日	250	511.1
22	阿曼宽带基础设施项目	阿曼	通信	2017 年 12 月 8 日	239	228
23	班加罗尔地铁项目——R6 号线	印度	交通	2017 年 12 月 8 日	335	1450
24	孟加拉国电力工程项目	孟加拉国	能源	2018 年 2 月 9 日	60	211
25	中央邦农村连接项目	印度	交通	2018 年 4 月 11 日	140	362

续表

序号	项目名称	国家/地区	涉及领域	核准时间	项目金额	其他机构支持金额
26	战略灌溉现代化与紧急恢复工程	印度尼西亚	水	2018 年 6 月 24 日	250	328
27	土耳其天然气储存扩建项目	土耳其	能源	2018 年 6 月 24 日	600	2135
28	国家投资和基础设施基金第一期	印度	综合	2018 年 6 月 24 日	100	500
29	可持续能源和基础设施贷款	土耳其	其他	2018 年 9 月 28 日	200	0
30	可持续农村卫生服务计划	埃及	水	2018 年 9 月 28 日	300	394
31	安得拉邦农村公路项目	印度	交通	2018 年 9 月 28 日	455	211
32	安得拉邦城市供水与管理改善项目	印度	水	2018 年 12 月 7 日	400	170
33	曼达利卡城市和旅游业基础设施项目	印度尼西亚	综合	2018 年 12 月 7 日	248.39	68.11
34	亚洲 ESG 增强信用管理投资组合	跨区域	综合	2018 年 12 月 8 日	500	0

资料来源：根据亚投行官网相关资料整理所得。

如表 5-5 所示，根据亚投行官方网站所提供的相关资料，自 2016 年 2 月亚投行成立到 2019 年 1 月 1 日，亚投行共核准了 34 个项目，亚投行所提供的资金金额超过 760 亿美元。与"一带一路"所涉及的沿线经济体相比较可以发现，以上 34 个项目均在"一带一路"沿线经济体所开展，另外，这 34 个项目共需要资金超过 2000 亿美元，而亚投行所提供的资金占比超过 1/3、达到 36.85%。剔除阿塞拜疆跨安纳托利亚天然气管道工程巨大项目异常值，其余 33 个项目共需资金约为 1271.53 亿美元，而亚投行提供了大约 703.40 亿美元的支持，所支持比重达到 55.32%。由此可以看出，亚投行不仅成为这些项目所需资金的重要来源，同时亚投行支持项目均在"一带一路"沿线经济体，从而亚投行成为支持"一带一路"建设的重要多边性金融机构。

（三）亚投行支持"一带一路"建设的主要特征

根据 2016 年~2019 年 1 月亚投行所支持的 34 个项目情况，可从总体上分析亚投行支持"一带一路"建设的主要特征。

1. 亚投行重点支持基础设施建设。

亚投行为所支持建设的 34 个项目中，涉及了能源、交通、综合、水和通信五个领域，在这五个领域的累计投资情况如图 5-2 所示。

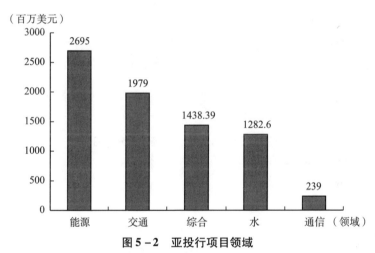

图 5-2　亚投行项目领域

资料来源：根据亚投行官网相关资料整理所得。

如图 5-2 所示的亚投行相关项目所涉及的领域情况，这 34 个项目分布在能源、交通、综合、水、通信五个领域，并且在这五个领域投资的占比分别为 35.30%、25.92%、18.84%、16.80% 和 3.13%，从而说明了亚投行在支持"一带一路"建设中"设施联通"方面的突出作用。需要指出的是，能源、交通、水和通信这四个领域均以具体项目的形式开展，而综合领域的投资是指印度基础设施基金、国际金融公司新兴亚洲基金、亚洲 ESG 增强信用管理投资组合，其性质为信用债投资基金，这些基金在不改变基础设施建设投资领域的前提下，对吸引、撬动和引导养老基金、保险机构等私营部门的投资具有重要作用。总体来看，亚投行投资领域分布情况，显示其聚焦基础设施建设领域和吸引社会资金进入等主要功能。

2. 亚投行所提供的金融支持在经济体之间具有差异。

2016 年~2019 年 1 月亚投行所提供的约 763.4 亿美元的资金支持中，具体经济体分布情况和相关经济体申请次数情况分别如图 5 - 3、图 5 - 4 所示。

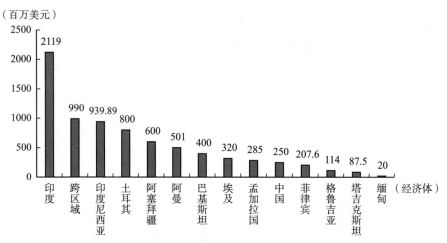

图 5 - 3　亚投行支持金额经济体分布图示

注：图中的中国表示中国大陆地区，不含港澳台地区。
资料来源：根据亚投行官网相关资料整理所得。

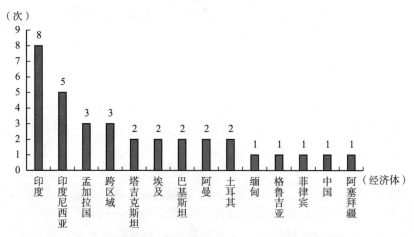

图 5 - 4　相关经济体获得亚投行资金支持次数的经济体分布

注：图中的中国表示中国大陆地区、不含港澳台地区。
资料来源：根据亚投行官网相关资料整理所得。

如图 5 - 3、图 5 - 4 所示，亚投行支持金额的经济体分布、相关经济体获得亚投行资金支持次数的经济体分布主要具有以下特征：第一，从支持金额来看，所支持的项目在印度、印度尼西亚 13 个经济体之间分布，其中印度所获得的支持金额最多，并达到约 211.9 亿美元，占到亚投行资金支持总额的 27.70%；第二，从获得亚投行资金支持次数的经济体分布来看，印度获得支持次数达到 8 次，是获得资助次数最多的国家；第三，从中国大陆地区所获得的支持情况来看，尽管中国倡议发起成立亚投行，但中国仅获得 25 亿美元的资助 1 次；第四，将经济体所获得的支持情况与表 5 - 4 所示的各国认缴资本情况相比较可以发现，相关经济体所获得的资助与其认缴资本并无严格的比例关系。从以上分析可以看出，截至 2019 年 1 月，亚投行所支持的具体项目，可以排除认缴资本、倡议发起国等因素的影响，从而也说明了项目审核机制的科学性。

3. 亚投行协同相关部门共同为"一带一路"建设提供资金支持。

亚投行在支持"一带一路"建设中，主要与相关政府部门、金融机构一起为相关项目提供资金支持。2016 年 ~ 2019 年 1 月，亚投行协同相关部门共同支持具体项目情况如图 5 - 5 所示。

如图 5 - 5 所示，在 2016 ~ 2019 年亚投行所提供支持的 34 个项目中，仅有亚洲 ESG 增强信用管理投资组合、土耳其可持续能源和基础设施贷款、缅甸明岩工厂项目这三个项目没有除亚投行之外机构的支持，其余 31 个项目均是亚投行协同相关政府部门和金融机构共同为具体项目提供支持。具体来说，从数量关系来看，亚投行独立支持的项目个数占总项目数的比重为 9.7%；亚投行独立支持项目的金额占其所支持项目总金额的比重为 9.43%。从这些基本对比可以看出，协同有关政府部门与金融机构共同为相关项目提供金融支持已成为亚投行的主要工作机制，一方面，能够缓解资金压力；另一方面，还因共同协作工作机制来审核、监督项目的执行进而降低运营成本，还有助于分散独立支持中可能面临的高风险。

综上，亚投行和"一带一路"均由中国发起倡议，并得到了国际社会的广泛响应。从现实效果来看，亚投行所投资的有关项目为"一带一路"沿线经济体的基础设施建设提供了重要支撑，也能够以设立基金等方式吸引社会资本的进入；另外，亚投行的支持在经济体之间具有一定差异，所支持项目可以排除认缴资本、倡议发起国等因素的影响；协同相关国家的政府、多边性金融机构等一起为具体项目提供支持，成为亚投行开展业务和分散风险的主要机制。

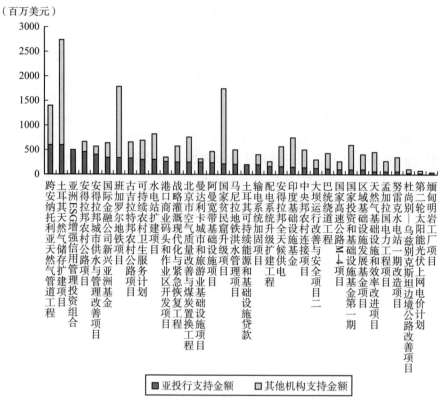

图 5 - 5　亚投行协同相关部门提供资金支持情况

资料来源：根据亚投行官网相关资料整理所得。

第二节　支持"一带一路"建设的其他多边性金融机构

除了亚投行之外，为"一带一路"建设提供金融支持的多边性金融机构，主要还有亚洲开发银行、世界银行及金砖国家新开发银行。不过，考虑到金砖国家新开发银行成立时间较短，所涉及的"一带一路"沿线经济体主要有中国与俄罗斯，因此本节主要关注亚投行、亚洲开发银行和世界银行三个多边性金融机构。本节将通过比较三个多边性金融机构，在基本情况、微观治理机制、资金来源与业务等方面的差异，以期获得进一步完善亚投行治理机制，更好协同支持"一带一路"建设的基本思路。

一、机构基本情况的比较分析

亚洲开发银行（Asian Development Bank，ADB，简称为"亚开行"），于 1966 年 12 月 19 日成立，是亚太地区政府之间的金融机构，其设立的主要目的是促进亚洲地区经济与社会的发展。世界银行（World Bank，WB，简称为"世行"），于 1944 年 7 月成立，是为发展中国家资本项目提供贷款的联合国系统国际金融机构。亚投行、亚开行、世行三家多边性金融机构的基本情况如表 5 - 6 所示。

表 5 - 6　　　　　　　　　亚投行、亚开行、世行的基本情况

比较项目	亚投行	亚开行	世行
成立时间	2016 年 2 月	1966 年 12 月	1944 年 7 月
发起国（投票权）	中国（26.06%）	日本（15%）	美国（15.85%）
总部所在地	中国北京	菲律宾马尼拉	美国华盛顿
成员国/地区	44 个域内方；29 个域外方；24 个签约方；共计 97 个成员	亚太地区 48 个；其他地区的 19 个；共计 67 个	189 个
成立初期认缴资本	1000 亿美元	1530.5 亿美元	100 亿美元
前三大股东国	中国、印度、俄罗斯	日本、美国、中国	美国、日本、中国
外设代表处	无	29 个代表处3 个办事处	全世界分布了 120 多个办事处
常驻董事会	无	有	有
机构繁简程度	精干	复杂	繁冗
服务重点	亚洲基础设施建设	亚太地区经济社会发展	消除贫困
目前投资领域	能源、交通、水、通信	能源、金融、交通、水、农业、教育、工业与贸易、信息与通信	气候变化、反贫困、教育、能源、贸易、反恐怖、公共管理
结算货币	美元	美元	美元
私营部门业务	无专设机构处理私营部门业务	有一个专门机构负责	有专门国际金融公司负责

资料来源：根据吉洁、国世平（2016）及亚投行、亚开行、世行官网相关资料整理所得。

如表5-6所示的亚投行、亚开行、世行的基本信息,可以看出,亚投行和亚开行的服务重点分别是亚洲基础设施建设和亚太地区经济社会发展,因而与"一带一路"倡议所关注的基础设施建设等领域具有较高的契合性。另外,尽管世行服务的重点是消除贫困,但亚洲地区及其他"一带一路"沿线经济体主要为欠发达和新兴经济体,从而也成为世行资金支持的主要区域。总体来看,亚投行、亚开行和世行三家多边性金融机构,均成为为"一带一路"沿线经济体提供支持的重要多边性金融机构。

二、微观治理机制的比较分析

微观治理机制是机构运营和相关业务开展的关键基础。具体来说,机构的设置情况、投票权与投票规则、多数票表决制度等,是多边性金融机构微观治理的重点。

(一) 机构设置情况

亚投行、亚开行、世行三家多边性金融机构的机构设置情况如表5-7所示。

表5-7　　　　　亚投行、亚开行、世行机构设置情况

比较项目	亚投行	亚开行	世行
机构组成	单一银行机构	单一银行机构	狭义:国际复兴开发银行、国际开发协会; 广义:国际复兴开发银行、国际开发协会、国际金融公司、多边投资担保机构、国际投资争端解决中心等
理事会	最高权力机构	最高权力机构	最高权力机构
董事会	日常决策机构(无实体董事会); 12名董事:域内9名、域外3名; 新增董事:理事2/3、投票权3/4超级多数票	日常决策机构; 12名董事:域内8名、域外4名; 新增董事:理事1/2以上、投票权2/3特别多数票	日常决策机构; 25名执行董事; 新增董事:80%特别多数票
行长	理事会选举; 理事2/3、投票权3/4超级多数票	理事会选举; 理事1/2、投票权1/2以上简单多数票	董事会选举; 投票权1/2以上简单多数票

资料来源:由亚投行、亚开行、世行官网资料整理所得。

　　如表 5 - 7 所示，亚投行、亚开行、世行三家多边性金融机构均采取了理事会、董事会、行长三层管理体制，其中，理事会均是最高权力机构，董事会是日常决策机构，行长是机构的法人代表和管理层的行政首脑。亚投行与亚开行、世行的主要不同之处在于：第一，亚投行无实体董事会，该设置的优点是能够提高管理层的独立性和自主性，提高决策效率；可能的弊端在于管理层需对董事会负责，但无实体董事会的情形下，如何监督管理层的工作将是需要关注的微观治理问题。第二，对于董事数量的差异，多边性金融机构董事的数量一般与成员方的数量具有比例关系，因而亚投行与亚开行的董事均为 12 名，世行的董事为 25 名。第三，在新增董事决策机制方面，世行的决策机制最简单，仅由资本投票所决定；亚开行则兼顾资本实力与主权平等、采取"资本 + 人头"的方式决定；亚投行主要借鉴了亚开行新增董事的决策机制，但亚投行的投票标准要高于亚开行，在一定程度上突出了大股东的影响。第四，在行长的选举方面，世行的行长由董事会选择，但董事会选举的代表性不及理事会，并且体现了更多的资本话语权；亚投行和亚开行的行长均由理事会选举，从而代表性较董事会广泛；亚投行行长选举的规则较亚开行更严格，从而在一定程度上也突出了大股东的影响。

（二）投票权与投票规则

　　投票权与投票规则是多边性金融机构微观治理的核心，亚投行、亚开行和世行的投票权与投票规则情况如表 5 - 8 所示。

表 5 - 8　　　　　　亚投行、亚开行、世行投票权与投票规则情况

投票机制	比较项目	亚投行	亚开行	世行
加权投票制	资本份额	GDP（按照市场汇率 40% 和购买力平价汇率 60% 加权计算）域内、域外成员出资比例为 75：25；域内成员最低不得低于 70%	域内、域外成员出资比例为 60：40	75% GDP（按照市场汇率 40% 和购买力平价汇率 60% 加权计算）、20% 对国际开发协会的财政贡献、5% 对实现世行集团目标的贡献加权计算
	一票否决权	中国	—	美国
	加权票	股份投票权占总投票权的 85%	比例投票权占总投票权的 80%	加权投票权占总投票权的 94.5%

续表

投票机制	比较项目	亚投行	亚开行	世行
加权投票制	基本票	占总投票权的12%	占总投票权的20%	占总投票权的5.5%
	创始成员方票	每个成员方600票,占总投票权的3%	—	—
多数表决制	简单多数	1/2以上投票权	1/2以上投票权	1/2以上投票权
	特别多数	理事1/2以上;投票权1/2	理事2/3;投票权3/4(含协定修订)	2/3、3/4、3/5、4/5、70%、85%投票权;协定修订:理事3/5、投票权85%
	超级多数	理事2/3,投票权3/4(含协定修订)	—	—
	协商一致	协商一致	协商一致	协商一致

资料来源:根据邝梅、谢超(2017)整理所得。

如表5-8所示的亚投行、亚开行和世行投票权与投票规则,可以发现,这三家多边性金融机构投票权与投票规则的主要特点有:第一,三家机构均采取了加权投票制,由于基本票在每个成员之间一致,因而加权票便成为影响各成员方投票权的主要因素。第二,在加权投票制中,加权票主要由资本份额决定,而亚投行的资本份额由GDP和出资情况加权而成,由于各国(地区)之间GDP的差异较大,从而GDP成为影响投票权的关键因素,该机制设计有利于维护新兴市场及发展中国家(地区)的利益。第三,与亚开行和世行存在区别的是亚投行设置了创始成员方票,有利于吸引有关国家(地区)积极加入亚投行,但基本票与创始成员方票相加之后的比例为15%,仍低于亚开行的基本票比例,因而亚投行加权投票机制的设计中如何更好体现发展中小国(地区)的话语权是需完善之处。第四,在多数表决权中,三家机构的一般事项均由简单多数表决通过,在特别多数和超级多数表决上均使用了"人头+资本"的规则,但所规定的具体比例有所差异;具体来说,亚投行在吸纳新成员、成立附属机构、开展协定规定之外的融资方式等重要事项,需经理事1/2以上、投票权1/2通过即可;亚投行在修订协定、增加股本等重大事项上,需经理事2/3、投票权3/4通过,从而表明了亚投行在重大事项决策上更慎重。第五,亚投行协定中规定了一票否决权和协商一致规则,中国有一票否决权,但同时表示不轻易使用该权力,在域内经济体较多、文化差异较大的情形下,在重大事项上使用协商一致原则并达成结果的难度比较大。

三、资金来源与业务的比较分析

亚投行、亚开行及世行的资金来源及业务开展情况如表 5 - 9 所示。

表 5 - 9   亚投行、亚开行、世行资本金与业务情况

业务类型	亚投行	亚开行	世行
普通资金业务	◇股本 ◇借款 ◇普通准备金 ◇特别准备金 ◇净收益	◇股本 ◇借款 ◇普通准备金 ◇特别准备金 ◇净收益 ◇预交股本	◇股本 ◇世界银行债券 ◇贷款的利息与收费 ◇流动资产投资收入及储备
特别基金业务	◇中国—东盟开发基金 ◇技术援助与开发援助特别基金 ◇中国特别基金 ◇联合融资	◇亚洲开发基金 ◇技术援助特别基金 ◇日本特别基金	◇捐助基金 ◇信托基金
常规业务	◇贷款 ◇技术援助 ◇联合融资或参与贷款 ◇参与机构或企业的股权资本投资 ◇提供担保 ◇根据特别基金使用协定、配置特别基金的资源	◇贷款 ◇技术援助 ◇联合融资 ◇股本投资 ◇提供担保	◇金融产品与服务:低息贷款、无息贷款、对冲交易、掉期交易等 ◇创新型知识分享:分析与咨询服务、数据资料及知识交流平台 ◇非贷款援助:捐赠、紧急援助等

资料来源:根据亚投行、亚开行、世行协定整理所得。

如表 5 - 9 所示,需要对亚投行、亚开行和世行三家机构资金来源和业务开展情况进行说明的是:第一,亚投行的股本价值为 10000 亿美元,共分为 100 万股,每股价值 10 万美元,只能由成员认购;在具体认购中,法定股本分为代缴股本与实缴股本两部分,具体比例为 8∶2;在认缴初始法定股本时,代缴股本与实缴股本之间的比例也应该是 8∶2,新加入成员需要认缴股本,但具体比例由理事会决定。第二,亚开行的法定股本为 10

亿美元，共有 10 万股，每股价值 1 万美元，并且亚开行的股本也只能由成员认购，新加入成员认购股本比例由理事会决定。第三，世界银行旗下的国际复兴开发银行最早建立，成立之初法定股本也是 100 亿美元，分为 10 万股，每股价值 10 万美元。第四，从具体业务来看，与世行所开展的多元化业务相比，亚投行所开展的业务依然显得比较基础。

四、主要结论与政策启示

根据以上对亚投行、亚开行、世行三家多边性金融机构的基本情况、微观治理机制、资金来源与业务的比较分析，可以得到以下主要结论与政策启示。

第一，在亚投行机构设置方面，无实体董事会有利于精简机构设置、提高机构的运行效率，但在这样的架构设置下，一方面，应进一步制定针对董事和高管的考核和问责制度，避免监管的缺位；另一方面，还要尤其重视亚投行项目的审查、风险控制的程序化运作。

第二，在亚投行的微观治理机制方面，由于中国是最大股东，并且拥有最大投票权与一票否决权，因而要妥善处理中国对亚投行的主导权与维护其他成员方话语权之间的关系以获得更广泛的支持。另外，为了克服资本份额公式中以单一 GDP 作为衡量标准的缺陷，可尝试从人均 GDP、人均资源消耗等方面构建资本份额公式。

第三，亚投行、亚开行、世行三家重要的多边性金融机构均在"一带一路"沿线经济体开展业务，从而都能够为"一带一路"建设提供重要资金支持。在此情形下，由于世行定位于帮助发展中国家摆脱贫困、推动发展中国家（地区）的经济发展，而亚开行定位于帮助亚太地区脱离贫困，因而亚投行要进一步明确自身在亚洲地区基础设施建设方面的资金支持，促进基础设施的互联互通，推动区域经济发展。但与此同时，亚投行在相关业务开展还必须具备一定的灵活性，对于一些业务要继续协同亚开行、世行一起提供资金支持，以便在协同作业中积累经验、提高运行效率、分散运作风险。

总体来看，从对亚投行、亚开行和世行三家多边性金融机构，在基本情况、微观治理机制、资金来源与业务开展情况等方面的比较发现，亚投行在机构设置、运营模式方面吸收、借鉴并调和了亚开行与世行的相关设计，并不是单纯的标新立异，这也成为三家多边性金融机构开展合作、共同支持"一带一路"建设的机制基础。

第三节　多边性金融协同支持"一带一路"
建设机制的构建

尽管亚投行是支持"一带一路"建设的重要多边性金融机构,但"一带一路"倡议是一项宏伟的世纪工程,所涉及的经济体众多,建立亚投行与其他多边性金融机构协同支持机制显得十分必要。就目前金融支持"一带一路"建设的基本情况来看,多边性金融协同支持"一带一路"建设已有一定的现实基础,但还应强化对接,进一步完善与优化该协同支持机制。

一、多边性金融协同支持"一带一路"建设的必要性

总体来看,亚投行协同其他多边性金融机构共同支持"一带一路"建设,是满足巨大资金需求、化解金融风险和实现互利共赢的现实需要。

(一)满足资金供给的需要

亚投行的主要投资领域是基础设施,主要投资地区是亚洲地区和其他"一带一路"沿线经济体,但"一带一路"沿线经济体的基础设施建设存在明显的不平衡现象。以铁路建设情况为例,部分"一带一路"沿线经济体和欧盟、美国铁路总里程及人均铁路里程情况如表 5 – 10 所示。

表 5 – 10　　2017 年部分"一带一路"沿线经济体和美国、欧盟铁路建设情况

经济体	铁路总里程(千米)	铁路人均里程(米/人)
蒙古国	1818.00	0.62
沙特阿拉伯	1412.00	0.05
格鲁吉亚	1578.00	0.35
孟加拉国	2835.00	0.02
乌兹别克斯坦	4192.00	0.14
泰国	5327.00	0.08
匈牙利	7892.00	0.80
土耳其	10087.00	0.13

续表

经济体	铁路总里程（千米）	铁路人均里程（米/人）
哈萨克斯坦	14329.00	0.83
波兰	18942.00	0.5
日本	19470.00	0.15
乌克兰	21538.00	0.47
印度	65808.00	0.05
中国	66989.00	0.05
俄罗斯	85266.00	0.59
欧洲联盟	211462.00	0.62
美国	228218.00	0.72

资料来源：根据世界银行 WDI 数据库相关数据整理所得。

如表 5 - 10 所示的部分"一带一路"沿线经济体与欧盟、美国铁路总里程及人均铁路里程的数据，可以看出，"一带一路"沿线经济体人均铁路里程总体水平仍然比较低，与欧盟、美国等发达经济体之间还有较大差距，这在一定程度上影响了"一带一路"沿线经济体之间的经济合作与交流，并且对经济发展水平与发展质量也形成了重要制约。在此现实情形下，结合表 5 - 1、表 5 - 2 所示的亚洲国家近 8 万亿美元的巨额基础设施建设资金需求，而"一带一路"沿线经济体中还有一些国家不属于亚洲地区，股本为 1000 亿美元的亚投行支持亚洲国家基础设施建设中的资金需求尚且还有巨大缺口，满足"一带一路"沿线经济体相关资金需求的难度便可想而知。有鉴于此，协同亚开行、世行等多边性金融机构，一起为亚洲国家及亚洲之外的"一带一路"沿线经济体在基础设施建设等领域提供资金支持，便成为更好实现"一带一路"建设目标的现实选择。

（二）分散金融风险的需要

"一带一路"沿线有 60 多个国家，人口众多，文化差异明显，经济发展水平不一致，而这些差异也成为"一带一路"建设中引起投资风险的关键因素。具体来说，根据中国社科院所发布的《2018 年中国海外投资国家风险评级》报告，该报告中涉及了 35 个"一带一路"沿线经济体的风险评价状况，具体评价结果如表 5 - 11 所示。

表 5 - 11　　　　　2018 年部分"一带一路"沿线经济体风险评级结果

经济体	评级结果	经济体	评级结果	经济体	评级结果	经济体	评级结果
新加坡	AA	沙特阿拉伯	BBB	老挝	BBB	伊朗	BBB
阿联酋	A	哈萨克斯坦	BBB	塔吉克斯坦	BBB	孟加拉国	BB
以色列	A	菲律宾	BBB	乌兹别克斯坦	BBB	蒙古国	BB
波兰	A	俄罗斯	BBB	印度	BBB	乌克兰	BB
匈牙利	A	印度尼西亚	BBB	希腊	BBB	白俄罗斯	BB
捷克	A	泰国	BBB	柬埔寨	BBB	吉尔吉斯斯坦	BB
马来西亚	A	土耳其	BBB	斯里兰卡	BBB	埃及	BB
罗马尼亚	A	土库曼斯坦	BBB	越南	BBB	伊拉克	B
保加利亚	A	巴基斯坦	BBB	缅甸	BBB		

资料来源：中国金融信息网（http://rmb.xinhua08.com/a/20180115/1745101.shtml）。

如表 5 - 11 所示，在中国社科院所报告的 35 个"一带一路"沿线经济体中，根据风险报告规则，AAA、AA 为低风险，A、BBB 为中等风险，BB、B 为高风险。从评价结果来看，仅有新加坡一个经济体的风险级别为低风险，27 个经济体为中等风险，而高风险级别经济体的数量已达到了 7个，由此可以看出，"一带一路"沿线经济体的风险总体上比较高。在此背景下，若亚投行作为相关投资项目单一的资金供给主体，将不得不承受较高的风险；若能协同相关多边性金融机构等其他资金供给主体，共同为相关项目提供资金支持，显然是分散投资风险的现实选择。

（三）完善运营模式的需要

亚投行与亚开行、世行等多边性金融机构相对比而言，亚开行经营时间超过 50 年、世行经营时间超过 70 年，因而亚开行和世行一是积累了多边性金融机构经营的宝贵经验；二是亚开行与世行在运营和项目实施过程中进行了大量的信息收集与研究工作，从而积累了大量信息与知识储备；三是在业务开展中，亚开行设立了 29 个代表处和 3 个办事处，世行在全球分布了 120 多个办事处，因而这两家机构不仅有机构的优势，而且还在人员配备、项目发掘、项目管理等方面积累了有益经验。与这两家机构相比，亚投行于 2016 年 2 月正式开业运营，并不具备经验与机构的优势，但亚投行自发起、筹备到运营以来，得到了全世界 97 个经济体的响应和参与，具有一定的组织优势；另外，亚投行由中国倡议建立，而中国又是全球第二大经济体，因而在发起国经济实力方面也具有一定优势。更为重要的是，亚开行和世行两者并不能完全满足亚洲地区和其他"一带一路"沿线经济体基础设施建设等领域的资金需求，并且三者的主要定位和业务开展领域尽管有一定重叠但更多的还是互补。总体来看，亚投行与亚开行、世行并不是竞争关系，而主要是互补关系，三者之间协同开展业务是资金补充、知识与信息补充、机构与人员补充的现实需要。

综上，亚投行与亚开行、世行协同开展业务，是更好满足资金供给的现实需要，是分散风险的现实需要，更是相互学习借鉴、优势互补的现实需要，有着明显的必要性。

二、多边性金融协同支持"一带一路"建设的现实基础

亚投行与亚开行、世行等多家多边性金融机构协同支持亚洲地区及"一带一路"建设不仅有着明显的必要性，还在机构定位、前期合作探索、共同合作基础等方面有着开展合作的重要现实基础。

（一）多边性金融机构定位明确且无明显冲突

在亚洲地区及其他"一带一路"沿线经济体开展业务的多边性金融机构主要有亚投行、亚开行和世行，这三家多边性金融机构的定位主要是：第一，世行主要集中在基础设施、农业、扶贫、环保、教育、卫生等领域，为发展中经济体提供中长期贷款与投资；第二，亚开行的业务领域集中在基础设施、教育、卫生、能源、环保等领域，为亚太地区的发展中经济体提供贷款；第三，亚投行的主要定位是亚洲地区的基础设施建设。从目前这三家多边性金融机构的服务领域来看，亚投行的主要项目在能源、交通、水、通信等领域；亚开行的项目主要在能源、金融、交通、水、农业、教育、工业与贸易、信息与通信等领域；世行的项目则主要集中在气候变化、反贫困、教育、能源、贸易、反恐怖、公共管理等领域。当然，尽管三家机构在一些业务上有所交叉，但各机构的基本定位明确，加之亚洲地区和其他"一带一路"沿线经济体资金需求的广泛性与各机构资金供

给的有限性，三者在亚洲及其他"一带一路"沿线经济体开展业务并不具有太大的竞争性。当然，合理、有序的竞争反而是经营效率提升的源泉，而现实存在的部分交叉领域也为三者之间的合作搭建了平台。总之，三家多边性金融机构明确且有限交叉的定位，成为这些机构之间开展合作的重要现实基础。

（二）已经在一些领域开展了合作探索

亚投行、亚开行和世行作为在亚洲地区和其他"一带一路"沿线经济体开展业务的多边性金融机构，其在一些业务开展中已有所合作，并共同支持了一些项目。以亚投行 2016 年以来所开展的 34 笔业务为例，其所支持的项目以及与相关机构合作支持情况如表 5 – 12 所示。

表 5 – 12　　　　　　　　亚投行与其他机构合作开展项目情况

序号	项目申请国家/地区	项目名称	其他支持机构名称	支持金额（百万美元）		合作机构数
				亚投行	其他机构	
1	土耳其	土耳其天然气储存扩建项目	世界银行	600	600	4
			伊斯兰发展银行		350	
			当地商业银行贷款		450	
			项目公司		735	
2	中国	北京市空气质量改善与煤炭置换工程	北京市政府	250	228.33	
			中国清洁发展机制基金		30	
			北京燃气		252.77	
3	阿塞拜疆	跨安纳托利亚天然气管道工程	世界银行	600	800	3
			欧洲复兴开发银行、欧洲投资银行		2100	
			其他商业贷款		3000	
4	塔吉克斯坦	努雷克水电站一期改造项目	世界银行	60	225.7	
			欧洲开发银行		40	
			其他投资者		24.3	

续表

序号	项目申请国家/地区	项目名称	其他支持机构名称	支持金额（百万美元）		合作机构数
				亚投行	其他机构	
5	埃及	可持续农村卫生服务计划	世界银行	300	300	
			其他贷款		94	
6	印度尼西亚	战略灌溉现代化与紧急恢复工程	世界银行	250	250	
			其他贷款		78	
7	印度	中央邦农村连接项目	世界银行	140	210	
			其他贷款		152	
8	印度	班加罗尔地铁项目	欧洲投资银行	335	583	
			东道国政府		867	
9	跨区域	国际金融公司新兴亚洲基金	国际金融公司	340	150	
			其他投资者		340	
10	菲律宾	马尼拉地铁洪水管理项目	世界银行	207.6	207.6	2
			项目公司		84.79	
11	印度	印度输电系统加固项目	亚洲开发银行	200	50	
			印度电网公司		153.47	
12	埃及	第二轮太阳能光伏上网电价计划	国际金融公司	20	41	
			其他投资者		15	
13	格鲁吉亚	巴统绕道工程	亚洲开发银行	114	114	
			项目公司		87.2	
14	印度	安得拉邦全天候供电	世界银行	160	240	
			安德拉邦政府		171	
15	印度尼西亚	大坝运行改善与安全项目二	世界银行	125	125	
			项目公司		50	
16	印度尼西亚	区域基础设施发展基金项目	世界银行	100	103	
			东道国政府		203	
17	孟加拉国	天然气基础设施和效率改进项目	亚洲开发银行	60	167	
			东道国政府		226	

续表

序号	项目申请国家/地区	项目名称	其他支持机构名称	支持金额（百万美元）		合作机构数
				亚投行	其他机构	
18	巴基斯坦	水电站扩建项目	世界银行	300	390	2
			东道国政府		133.5	
19	印度尼西亚	国家贫民窟升级项目	世界银行	216.5	216.5	
			项目公司		1310	
20	印度尼西亚	曼达利卡城市和旅游业基础设施项目	印度尼西亚旅游开发公司	248.39	68.11	
21	印度	安得拉邦城市供水与管理改善项目	安德拉邦政府	400	170	
22	印度	安得拉邦农村公路项目	安德拉邦政府	455	211	
23	印度	国家投资和基础设施基金第一期	印度政府	100	500	
24	孟加拉国	孟加拉国电力工程项目	孟加拉国资本公司	60	211	
25	阿曼	阿曼宽带基础设施项目	项目公司	239	228	1
26	印度	古吉拉特邦农村公路项目	当地政府	329	329	
27	跨区域	印度基础设施基金	其他投资者	150	600	
28	阿曼	港口商业码头和作业区开发项目	项目公司	262	87.34	
29	孟加拉国	配电系统升级扩建工程	东道国政府	165	97.29	
30	巴基斯坦	国家高速公路 M-4 项目	亚洲开发银行	100	163	
31	塔吉克斯坦	杜尚别—乌兹别克斯坦边境公路改善项目	欧洲复兴开发银行	27.5	78.4	

续表

序号	项目申请 国家/地区	项目名称	其他支持 机构名称	支持金额 （百万美元）		合作 机构数
				亚投行	其他 机构	
32	土耳其	可持续能源和基础设施贷款	—	200	0	
33	缅甸	缅甸明岩工厂项目	—	20	0	0
34	跨区域	亚洲 ESG 增强信用管理投资组合	—	500	0	

资料来源：根据亚投行官网资料整理所得。

　　如表 5 - 12 所示的亚投行与相关机构合作开展业务情况，可以看出，亚投行与世界银行、伊斯兰发展银行、当地商业银行、项目公司五家机构合作为土耳其天然气储存扩建项目提供贷款支持；亚投行在中国北京市空气质量改善与煤炭置换工程、阿塞拜疆跨安纳托利亚天然气管道工程、塔吉克斯坦努雷克水电站一期改造项目 3 个项目中，与相关 3 家机构合作提供贷款；亚投行在埃及可持续农村卫生服务计划等 16 个项目中，与相关 2 家机构合作提供贷款；亚投行在印度安得拉邦城市供水与管理改善项目等 11 个项目中，与相关 1 家机构合作提供贷款；亚投行独立提供贷款的项目仅有 3 个。另外，从合作对象来看，亚投行与世行合作提供贷款的项目有 12 个，与亚开行合作提供贷款的项目有 4 个，同时亚投行还与伊斯兰发展银行、欧洲复兴开发银行、欧洲投资银行、国际金融公司等国际著名多边性金融机构合作支持相关项目。总体来看，亚投行已经与相关多边性金融机构联合开展业务，并且在具体项目中开展合作与交流，有助于深化认识、分散风险、实现互惠互利，这些成为这些机构之间进一步合作的基础。

（三）中国的经济金融实力提供了坚实的支撑

　　从经济层面来看，中国改革开放 40 年经济的快速发展，使中国的经济总量已位居全球第二，中国也是亚投行的最大股东，因而中国实体实际状况为亚投行提供了有力支撑，也为亚投行与其他多边金融机构开展合作奠定了坚实基础。从金融层面来看，首先，2016 年 10 月 1 日，人民币被正式纳入特别提款权（SDR），并且所占权重为10.92%，仅次于美元和欧元，已经成为国际货币之一。其次，双边本币互换协议是人民币国际化的重要途径之一，截至2017年末，有29个经济体的中央银行或货币当局与中国人民银行签署的货币互换协议有效，协议总规模达到了30240亿元人民币；2018年中国又与9个国家签订了共计1.237万亿元人民币的本币互换协议；所签署本币互换的地区覆盖了"一带一路"沿线、亚太地区、欧洲、南美洲、非洲等地区，在便利双边贸易和投资、维护金融稳定方面发挥这积极作用。最后，根据国际货币基金组织所公布的季度报告，各国（地区）央行所持有的人民币相当于全球储备的比重已上升至近2%。总体来看，在"一带一路"建设的背景下，中国宏观经济基本面良好的态势和人民币稳健国际化的态势，为亚投行与相关多边性金融合作奠定了重要的现实基础。

综上，亚投行、亚开行、世行等多边性金融机构自身的定位、相关合作项目和中国经济金融的基本面，成为这些机构开展合作进而为亚洲地区和其他"一带一路"沿线经济体提供支持的重要现实基础。

三、多边性金融协同支持"一带一路"建设的路径

基于上述亚投行协同亚开行、世行支持"一带一路"建设必要性和现实基础的分析，还应从进一步凝聚互补而非替代的共识，以具体项目为着力点优化合作方式，亚投行自身经营水平等方面入手，来构建多边性金融协同支持"一带一路"建设的机制。

（一）进一步凝聚互补而非替代关系的共识

鉴于亚洲地区和其他"一带一路"沿线经济体基础设施建设领域的巨大资金需求，中国首次主导建立了定位于为亚洲地区基础设施建设提供资金支持的亚投行。亚投行的提出和筹建，在得到广泛关注与响应的同时也受到了一些经济体的质疑，在经营以来切实为一些发展中经济体的基础设施建设提供有力支持之后，亚投行在运营中依然承受着一定的阻力。因此，进一步凝聚相关多边性金融机构是互补而非替代关系的共识依然十分必要。总体来看，为亚洲地区及其他"一带一路"沿线经济体提供金融支持的各多边性金融机构是互补而非替代关系的主要理由有：第一，亚投行成立之前，美国和日本分别主导的世界银行与亚洲开

发银行是为亚洲地区提供资金支持的重要多边性金融机构，但前面相关数据已明确说明，这两家机构的资金供给难以满足该地区旺盛的资金需求，因而亚投行的设立能够更好地满足该地区资金的需求。第二，正如亚投行《亚洲基础设施投资银行协定》中所明确指出的，亚投行成立的目的在于促进区域经济的可持续发展，加强与现有多边和双边金融机构之间的合作，从而亚投行在成立之初就明确了与相关机构合作、互补开展业务的目的。第三，从亚投行总体框架及运营实践来看，主要借鉴了世界银行和亚洲开发银行的机构设置思路，在结合亚洲地区和"一带一路"沿线经济体实际进行适当调整与优化之后确立，整体架构上与亚洲开发银行相似而非标新立异，目的是与现行多边性金融机构以类似的架构、类似的方式运营，以降低同类型机构之间在运行规则上的冲突。总体来看，无论现实需求还是亚投行的基本运营规则，都说明相关多边性金融机构之间并无明显冲突，并且主要体现着互补关系，因而需要在具体业务开展中进一步凝聚这样的共识，夯实共同合作的基础。

（二）以具体项目为着力点优化合作机制

金融支持亚洲地区和其他"一带一路"沿线经济体所面临的风险多元且复杂，既需要面对一些国家较高等级的主权信用风险，还需要面对地缘政治风险、汇率风险，另外还不得不面对因文化多元、制度异质性明显等因素所引起的法律风险，同时还存在微观的技术风险、财务风险等。复杂且多元的风险要求各多边性金融机构之间开展合作，具体需要从以下方面入手：第一，在为"一带一路"风险较大项目进行投融资时，应尽量避免具体金融机构独立提供资金支持，而是要通过银团贷款、再保险等形式合作，吸收具有不同功能的金融机构共同提供金融服务，以尽可能降低每个参与金融机构的风险。第二，对于一些具体项目，由于东道国政府、东道国银行与项目执行公司等主体对具体项目的信息更为对称，在必要情形下可进一步依托当地政府、金融机构、项目公司的本土优势，适当要求东道国与项目公司参与并尽可能提高资金投入比重，一方面，可以避免多边性金融机构信息不对称造成的风险；另一方面，还可以利用当地机构的优势以节约运营成本。第三，除亚投行之外，为亚洲地区及其他"一带一路"沿线经济体提供金融支持的机构有亚洲开发银行、世界银行等，这些机构以日本、美国等国家为基本依靠，实力雄厚、经验丰富、抵御风险能力较强，因而应以这些多边性金融机构已经为一些具体项目协同提供支持的现实基础，进一步加强在新项目中的联系与合作，通过发挥各自比较优势以实现互惠互利、合作共赢。总体而言，无论基于功能不同的合作，还是国别（地区）的合作，抑或是各多边性金融机构之间的合作，具体项目均是具体合作开展的共同着力点。

（三）亚投行应进一步努力提升自身经营水平

亚投行是我国首次主导成立的多边性金融机构，为我国提出的"一带一路"倡议提供资金支持也是应有之义，但无论出于亚投行自身经营需要还是共商共建共享"一带一路"建设的需要，协同其他多边性金融机构共同为亚洲地区和"一带一路"建设提供资金支持已成为现实需要。按照基本逻辑，自身经营水平和绩效成为协同其他机构的前提条件。有鉴于此，亚投行还应从以下几方面着手来提升自身的经营水平：第一，中国是设立亚投行的倡导者，也是最大股东，因而在具体业务中应协调好各成员方和借款方的利益诉求，平衡好地缘政治与地缘经济的关系，在具体业务开展中树立良好的形象，提升国际影响力。第二，为确保亚投行的高效运营，要在符合国家（地区）利益的同时兼顾亚洲国家（地区）和其他"一带一路"沿线经济体的发展阶段与融资需求，在具体治理规则和运营方式上要能够较好兼顾贷款国家（地区）、成员方的利益。第三，国内相关政策性金融、商业性金融、实体企业等积极参与"一带一路"建设，而亚投行在相关业务的开展方面更具贴近市场的优势，因而应与国内相关金融机构与企业合作开展业务，更好地带动国内金融机构和企业"走出去"。第四，在微观投融资方式创新上，亚投行不仅要运用好传统的债务投资方式，还要综合运用好信贷、股权、债券、信保、PPP 等多种投融资方式，积极探索、吸引和联合主权财富基金、养老基金、保险资金等不同部门的资金进行联合投资，进而在推动亚洲地区基础设施的建设中实现双赢和共赢的合作。第五，资金成本直接影响了亚投行经营绩效，而影响资金成本的关键因素则是亚投行所获得的评级情况，因此，亚投行应基于目前已获得标普、穆迪、惠誉 AAA 评级的基础上，继续从保证资本充足率、提高流动性、业务模式多元化、提高管理效率、优化内部风险控制体系、加强与其他国家和国际组织合作等方面入手，保持该具有优势的信用评级、降低融资成本、提高经营绩效。

综上，"一带一路"倡议涉及国家（地区）众多，而多边性金融机构支持"一带一路"建设也是应有之义。本章便在分析亚投行支持"一带一路"建设现状的基础上，进一步比较了亚投行、亚开行和世行三家多边性金融机构在基本情况、微观治理机制和业务开展情况方面的差异，提出了亚投行协同其他多边性金融机构支持"一带一路"建设十分必要且具有现实基础，并给出了亚投行协同相关多边性金融机构支持"一带一路"建设的总体思路。

第六章

商业银行支持"一带一路"建设研究

在政策性金融和多边性金融的"铺路搭桥"和先行引导下，商业银行跟进支持"一带一路"建设则水到渠成。具体来说，相对于政策性金融和多边性金融而言，商业银行具有资金实力雄厚、机构分布广泛、商业化运营模式成熟等优势，但其经营更加强调资金的安全性、流动性和收益性。有鉴于此，本章将在分析"一带一路"沿线经济体银行业发展情况，进而廓清商业银行进入所需面对基本环境的基础上，进一步分析我国商业银行在机构进入、业务开展等领域支持"一带一路"建设的基本情况，最后将实证评价我国商业银行在"一带一路"沿线经济体开展业务的区位选择，并由此提出政策优化建议。

第一节 "一带一路"沿线银行业发展现状

"一带一路"沿线经济体经济金融的发展情况是我国商业银行支持"一带一路"建设所必须面对的基本宏观环境，"一带一路"沿线经济体银行业发展情况是我国商业性银行支持"一带一路"建设所必须面对的行业环境。本节将结合相关数据，分析"一带一路"沿线经济体基本经济金融环境和银行业的发展情况，以期厘清我国商业银行服务"一带一路"建设的主要环境特征。

一、"一带一路"沿线经济金融环境分析

(一) 经济发展情况

根据"一带一路"提出时的相关界定，"一带一路"沿线经济体主要涉及中国、蒙古国和俄罗斯 3 国、中亚 5 国、西亚及北非 19 国、中东欧 19 国、东南亚 11 国和南亚 8 国，因而主要是一个包括 65 个经济体①的地理概念。总体来看，2000～2017 年"一带一路"沿线经济体与全球 GDP 情况如图 6－1 所示。

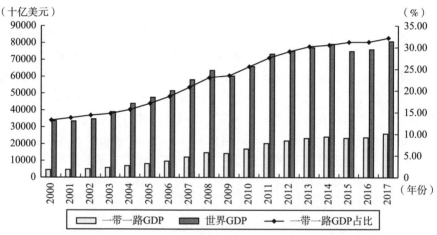

图 6－1　2000～2017 年"一带一路"沿线和世界 GDP 对比

　　资料来源：根据世界银行 WDI 数据库相关数据计算所得。巴勒斯坦的数据缺失，故不纳入研究范畴。

---

　　① 65 个经济体分别是：新加坡、中国、马来西亚、爱沙尼亚、立陶宛、拉脱维亚、俄罗斯、捷克、斯洛文尼亚、波兰、以色列、格鲁吉亚、文莱、斯洛伐克、匈牙利、卡塔尔、泰国、罗马尼亚、保加利亚、白俄罗斯、不丹、阿联酋、印度尼西亚、黑山、克罗地亚、土耳其、马其顿、越南、哈萨克斯坦、菲律宾、亚美尼亚、蒙古国、摩尔多瓦、印度、沙特阿拉伯、塞尔维亚、巴林、老挝、斯里兰卡、阿曼、阿尔巴尼亚、约旦、阿塞拜疆、黎巴嫩、乌克兰、科威特、柬埔寨、吉尔吉斯斯坦、波黑、马尔代夫、缅甸、东帝汶、伊朗、尼泊尔、土库曼斯坦、孟加拉国、乌兹别克斯坦、埃及、塔吉克斯坦、巴基斯坦、巴勒斯坦、伊拉克、也门、叙利亚、阿富汗。随着"一带一路"建设的深入、顶层设计和理论界的认识逐步明晰，进一步明确"一带一路"为一个开放的区域，该界定不仅有利于以"一带一路"建设带动更多经济体的发展，也更加有利于构建人类命运共同体的构建。当然，为了便于分析和研究，本书依然使用"一带一路"倡议提出时所给出的 65 个经济体的概念。另外，在世界银行 WDI 数据库中，既统计了一些主权国家，还有部分地区，因而本书所研究的有关经济体中一些是国家的概念、一些是地区的概念，本书主要将其统称为"经济体"。

如图 6 - 1 所示的 2000 ~ 2017 年"一带一路"沿线经济体与世界 GDP 的对比情况，需要说明的是，由于缺失 2008 年以来叙利亚的 GDP 数据，因而该图中"一带一路"经济体及世界 GDP 均不包括叙利亚。另外，本书又收集了"一带一路"沿线前 20 大经济体的 GDP 及其占"一带一路"国家（地区）的比例情况，具体如表 6 - 1 所示。

表 6 - 1　　　　"一带一路"前 20 名经济体及其 GDP 占比情况　　　单位：%

2000 年		2007 年		2013 年		2017 年	
国家（地区）	占比	国家（地区）	占比	国家（地区）	占比	国家（地区）	占比
中国内地	30.41	中国内地	33.54	中国内地	46.10	中国内地	51.72
印度	11.60	俄罗斯	12.27	俄罗斯	11.02	印度	10.99
土耳其	6.85	印度	11.34	印度	8.91	俄罗斯	6.67
俄罗斯	6.52	土耳其	6.38	土耳其	4.56	印度尼西亚	4.29
沙特阿拉伯	4.76	印度尼西亚	4.08	印度尼西亚	4.38	土耳其	3.60
波兰	4.31	波兰	4.05	沙特阿拉伯	3.58	沙特阿拉伯	2.90
中国香港	4.31	沙特阿拉伯	3.93	波兰	2.52	波兰	2.22
印度尼西亚	4.14	伊朗	3.30	伊朗	2.24	泰国	1.92
以色列	3.32	泰国	2.48	泰国	2.02	伊朗	1.92
泰国	3.17	阿联酋	2.44	阿联酋	1.87	阿联酋	1.62
伊朗	2.75	中国香港	2.00	马来西亚	1.55	以色列	1.48
阿联酋	2.62	马来西亚	1.83	新加坡	1.46	中国香港	1.44
埃及	2.51	捷克	1.79	以色列	1.40	新加坡	1.37
新加坡	2.41	新加坡	1.70	埃及	1.38	马来西亚	1.33
马来西亚	2.35	以色列	1.69	中国香港	1.32	菲律宾	1.33
菲律宾	2.03	罗马尼亚	1.66	菲律宾	1.30	巴基斯坦	1.29
巴基斯坦	1.86	巴基斯坦	1.44	哈萨克斯坦	1.14	孟加拉国	1.06
捷克	1.55	菲律宾	1.41	伊拉克	1.13	埃及	0.99
孟加拉国	1.34	乌克兰	1.35	巴基斯坦	1.11	越南	0.95
匈牙利	1.19	匈牙利	1.32	捷克	1.00	捷克	0.91
合计	89.67	合计	87.82	合计	89.43	合计	91.06

资料来源：根据世界银行 WDI 数据库相关数据计算所得。

由图 6 - 1 和表 6 - 1 结合相关数据可以发现：第一，2000 年"一带一路"沿线经济体的 GDP 总量约为 4.4 万亿美元，2000 年全球 GDP 总量约为 33.6 万亿美元，2000 年"一带一路"沿线经济体的 GDP 占全球 GDP

的比重仅为 13.22%;到 2017 年,"一带一路"沿线经济体和全球的 GDP 分别为 26.0 万亿美元、80.7 万亿美元,前者占后者的比重达到 32.2%。第二,世界银行的相关数据显示,2017 年底"一带一路"沿线经济体人口和土地面积占全球的比重分别为 61.95% 和 38.52%。基于这些基本数据,将 GDP 与土地面积结合来看,2017 年"一带一路"沿线经济体在单位面积土地所产出的 GDP 要低于世界平均水平;将 GDP 与总人口结合来看,2017 年"一带一路"沿线经济体的人均 GDP 仅相当于世界人均 GDP 的 51.6%。第三,从经济增长速度来看,2000 ~ 2017 年,"一带一路"沿线经济体的名义 GDP 增长速度较同期全球名义 GDP 增速高出 7.7%。第四,尽管"一带一路"建设涉及 60 多个经济体,但前 20 大经济体 GDP 所占比重均在 90% 左右。从这些基本数据的对比可以看出,尽管"一带一路"沿线经济体的经济发展水平还比较落后,但经济增长速度较快,从而在全球经济版图中的重要性日益凸显,而"一带一路"沿线经济体中的前 20 大经济体是该区域的核心。

(二) 经济结构情况

为了获得"一带一路"沿线经济体的经济结构情况,本书又结合世界银行 WDI 数据库的相关数据,计算了这些经济体农业增加值和工业增加值分别占其 GDP 的比例情况,具体结果如图 6 - 2 所示。

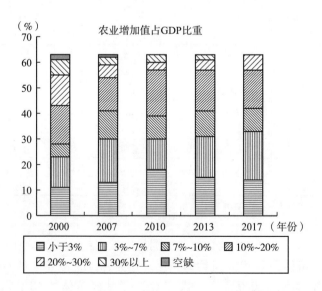

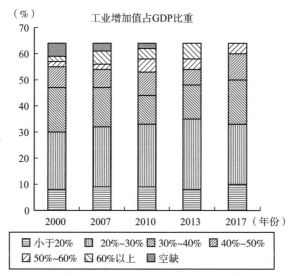

图 6 – 2　2000～2017 年"一带一路"沿线经济体农业增加值、
工业增加值占 GDP 比重的分布情况

注：①根据世界银行 WDI 数据库相关数据计算所得；②农业增加值占 GDP 比重图示中，由于中国澳门特别行政区和阿拉伯叙利亚共和国的数据缺失，所以该图共反映了 63 个经济体的情况；③工业增加值占 GDP 比重图示中，由于阿拉伯叙利亚共和国的数据缺失，所以该图共反映了 64 个经济体的情况。

　　对于图 6 – 2 所示的 2000～2017 年"一带一路"沿线经济体农业增加值、工业增加值占 GDP 比重的分布，主要具有以下特征：第一，对于农业增加值占 GDP 的比重，根据钱纳里所提出的判断经济发展阶段和工业化阶段的标准，农业增加值占 GDP 比重低于 20% 则表明该经济体进入到工业化中期，低于 10% 则进入工业化后期。"一带一路"沿线经济体中农业增加值占 GDP 比重低于 20% 的国家 2000 年有 43 个、2013 年有 57 个、2017 年有 57 个；农业增加值占 GDP 比重低于 10% 的经济体 2000 年有 28 个、2013 年有 41 个、2017 年有 42 个，由此可以看出，"一带一路"沿线大多数经济体进入了工业化的中后期。第二，对于"一带一路"沿线经济体工业增加值占 GDP 的比重，该比重高于 30% 的经济体在 2000 年有 29 个、2013 年有 29 个、2017 年有 31 个，该比重高于 50% 的经济体在 2000 年有 12 个、2013 年有 16 个、2017 年有 14 个，工业增加值占 GDP 比重的快速提高也印证了"一带一路"沿线经济体工业化的快速发展。总体可以判断，大多数"一带一路"沿线经济体进入了工业化的中后期，对我国"走出去"企业的做大做强和优化升级也提出了一定要求，也并不支持有关"一带一路"建设是我国过剩产能输出的观点。

（三）对外经济情况

一般使用出口和进口占 GDP 比重来描述经济体对外经济活动情况。2000～2017 年部分年份，"一带一路"沿线经济体出口占 GDP 比重、进口占 GDP 比重所反映的对外贸易情况如图 6 – 3 所示。

如图 6 – 3 所示，"一带一路"沿线经济体对外贸易情况的基本特征有：第一，从出口占 GDP 比重的分布情况来看，该比重超过 40% 的"一带一路"沿线经济体在 2000 年有 32 个、2017 年有 45 个，全世界平均水平的该比重 2000 年为 26.05%、2017 年为 36.95%，可以看出，"一带一路"沿线经济体出口占比较高。第二，从进口占 GDP 比重的分布情况来看，该比重超过 40% 的"一带一路"沿线经济体在 2000 年有 34 个、2017 年有 40 个，全世界平均水平的该比重 2000 年为 25.12%、2017 年为 29.73%，可以看出，"一带一路"沿线经济体进口所占的比重也较高。第三，将进口额与出口额相加，计算进出口额占 GDP 的比重进而获得的对外贸易依存度指标来看，该比重超过 80% 的"一带一路"沿线经济体在

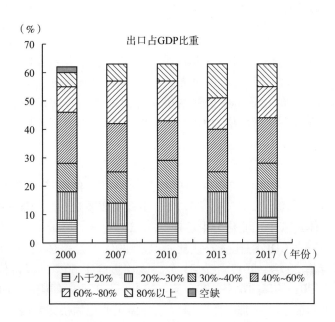

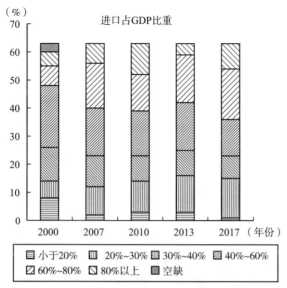

图 6 - 3　2000 ~ 2017 年"一带一路"沿线经济体出口占 GDP 比重、
进口占 GDP 比重的分布情况

注：①根据世界银行 WDI 数据库相关数据计算所得；②出口占 GDP 比重图示中，由于阿拉伯叙利亚共和国和也门共和国的数据缺失，所以该图共反映了 63 个经济体的情况；③进口占 GDP 比重图示中，由于阿拉伯叙利亚共和国和也门共和国的数据缺失，所以该图共反映了 63 个经济体的情况。

2000 年有 36 个、2017 年为 38 个，而全世界平均水平的该比重 2000 年为 51.17%、2017 年为 76.68%，可以看出，"一带一路"沿线经济体的外贸依存度较高。总体来看，无论是出口占 GDP 比重、进口占 GDP 比重，还是外贸依存度，三个指标较为一致地反映出"一带一路"沿线经济体开放型经济发展的特征。

除了上述货物与服务的贸易情况，资金流动也是反映经济体经济开放程度的重要指标。"一带一路"沿线经济体对外直接投资净流出占 GDP 比重、对外直接投资净流入占 GDP 比重，所反映的经济体资金跨境流动情况如图 6 - 4 所示。

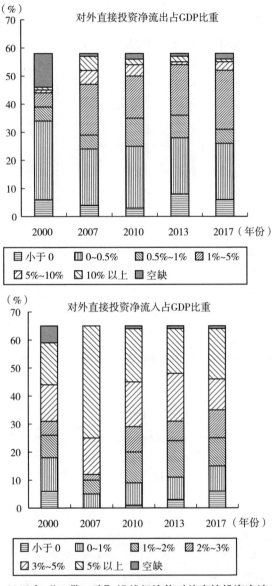

图6-4 2000～2017年"一带一路"沿线经济体对外直接投资净流入占GDP比重、对外直接投资净流出占GDP比重的分布情况

注：①根据世界银行WDI数据库相关数据计算所得；②对外直接投资净流出占GDP比重图示中，由于不丹、东帝汶、马尔代夫、缅甸、尼泊尔、土库曼斯坦、乌兹别克斯坦7个国家的数据严重缺失，故予以剔除，该图共反映了58个经济体的情况；③对外直接投资占GDP比重图示中，无数据缺失国家，该图共反映了65个经济体的情况。

如图 6 - 4 所示，"一带一路"沿线经济体对外直接投资情况的主要特征有：第一，从对外直接投资流出占 GDP 比重的国别分布来看，大多数沿线经济体的该比重分布在 0 ~ 0.5% 之间，2000 年、2013 年、2017 年该比重超过 1% 的经济体分别有 7 个、21 个和 25 个，可以看出，该地区对外直接投资净流出占 GDP 比重较低，但有着明显增加的趋势。第二，从对外直接投资净流入占 GDP 比重的国别分布来看，大多数沿线经济体的该比重分布在 5% 以上，并且 2000 年、2013 年和 2017 年该比重超过 5% 的经济体分别有 15 个、16 个和 18 个，可以看出，该地区对外直接投资净流入占 GDP 的比重较低，但呈现出明显增加的趋势。第三，将这些经济体对外直接投资净流入与对外直接投资净流出占 GDP 比重相对比来看，流入占比显然要高于流出占比。总体来看，"一带一路"沿线经济体对外直接投资的流动较低，但随着时间变迁有着增加趋势，并且随着"一带一路"建设的不断深入，该地区吸引对外直接投资净流入有所提升。

综上，从对"一带一路"沿线经济体基本经济金融环境的分析来看，该区域在全球经济版图中的重要性日益凸显，并且大多数经济体处于工业化的中后期，随着"一带一路"建设的不断深入，该地区对外贸易和资金的国际流动水平均有所提升。

二、"一带一路"沿线银行业发展特征分析

从"一带一路"沿线经济体银行业发展及其所面临的环境情况，可获得中资商业银行参与"一带一路"建设所面临的基本行业环境。此处将从"一带一路"沿线银行业发展情况、商业银行经营情况和商业银行经营环境三方面，分析中资商业银行"走出去"支持"一带一路"建设所面临的行业环境特征。

（一）银行业发展情况

商业银行的机构数量和 ATM 机数量，能够在一定程度上反映出经济体商业银行的发展程度。相关年份"一带一路"沿线经济体每 10 万成年人商业银行机构数和每 10 万成年人 ATM 机数量如图 6 - 5 所示。

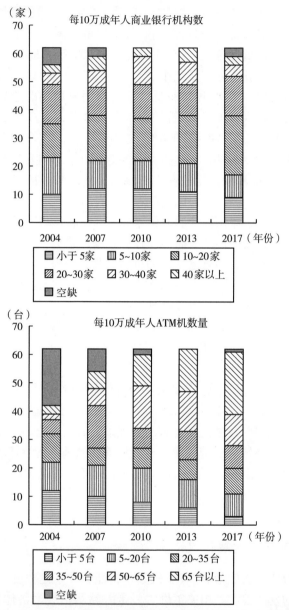

图 6 - 5　2004 ~ 2017 年"一带一路"沿线经济体每 10 万成年人商业银行机构数、
每 10 万成年人 ATM 机数量的分布情况

注：①根据世界银行 WDI 数据库相关数据计算所得；②每 10 万成年人商业银行机构数的图示中，由于巴林、土库曼斯坦和中国 3 个国家的数据严重缺失，故予以剔除，该图共反映了 62 个经济体的情况；③每 10 万成年人 ATM 机数量的图示中，巴林、吐鲁曼斯坦和叙利亚 3 个国家的数据严重缺失，故该图共反映了 62 个经济体的情况。

如图 6-5 所示，由每 10 万成年人商业银行机构数和每 10 万成年人 ATM 机数量所表征的"一带一路"沿线经济体商业银行发展情况，主要具有以下特征：第一，从每 10 万成年人商业银行机构数指标来看，2004 年、2013 年、2017 年世界平均水平的该指标分别为 9.23 家、10.96 家和 12.24 家，而 2004 年、2013 年、2017 年该指标高于世界平均水平的"一带一路"沿线经济体分别有 35 个（6 个经济体数据缺失）、39 个和 35 个，从此对比可以看出，大多数"一带一路"沿线经济体商业银行机构数的分布在世界平均水平之上。第二，从每 10 万成年人 ATM 机数量来看，2004 年、2013 年、2017 年世界平均水平的该指标分别为 18.27 台、36.26 台和 43.50 台，而 2004 年该指标在 20 台以上的经济体有 20 个（20 个经济体的数据缺失）、2013 年该指标在 40 台以上的经济体有 36 个、2017 年该指标在 45 台以上的经济体有 36 个，由此对比可以看出，每 10 万人 ATM 机数量反映出大多数"一带一路"沿线经济体商业银行基础设备配备较全球平均水平高。总体来看，每 10 万人商业银行机构数和每 10 万人 ATM 机数量两个指标一致反映出"一带一路"沿线经济体的机构数量较多、设备配备及使用环境较理想，进而说明中资商业银行进入该地区并提供有关服务的行业环境已有较高程度的发展。

（二）商业银行经营情况

除了商业银行机构数和 ATM 机数量所表征的硬件环境之外，银行资本对资产的比率、银行不良贷款与贷款总额的比率两个指标，可反映出该地区商业银行经营的风险情况。具体来说，"一带一路"倡议提出的 2013 年和 2017 年"一带一路"沿线经济体，银行资本对资产的比率、银行不良贷款与贷款总额的比率情况如表 6-2 所示。

表 6-2 2013 年、2017 年"一带一路"沿线经济体商业银行经营情况　单位：%

序号	经济体	银行资本对资产的比率		序号	经济体	银行不良贷款与贷款总额的比率	
		2013 年	2017 年			2013 年	2017 年
1	孟加拉国	6.04	5.43	1	乌兹别克斯坦	0.41	0.44
2	捷克	7.21	6.48	2	中国香港	0.54	0.67
3	巴基斯坦	8.91	7.12	3	爱沙尼亚	1.47	0.70

续表

序号	经济体	银行资本对资产的比率		序号	经济体	银行不良贷款与贷款总额的比率	
		2013 年	2017 年			2013 年	2017 年
4	越南	9.54	7.36	4	以色列	2.86	1.29
5	印度	6.92	7.39	5	新加坡	0.87	1.40
6	以色列	6.98	7.40	6	马来西亚	1.85	1.55
7	斯里兰卡	8.24	8.42	7	菲律宾	2.44	1.58
8	中国内地	7.20	8.56	8	沙特阿拉伯	1.31	1.61
9	罗马尼亚	7.96	8.89	9	中国内地	1.00	1.74
10	新加坡	8.22	9.18	10	越南	3.11	1.82
11	立陶宛	12.62	9.39	11	科威特	3.64	1.95
12	中国香港	8.69	9.83	12	柬埔寨	2.30	2.07
13	菲律宾	9.70	10.02	13	斯里兰卡	5.58	2.50
14	波兰	9.10	10.05	14	印度尼西亚	1.69	2.56
15	阿尔巴尼亚	8.37	10.17	15	格鲁吉亚	3.03	2.78
16	俄罗斯	11.49	10.51	16	土耳其	2.64	2.84
17	乌兹别克斯坦	11.23	10.68	17	泰国	2.30	3.07
18	土耳其	10.95	10.72	18	立陶宛	11.59	3.18
19	泰国	8.52	10.73	19	斯洛文尼亚	13.31	3.20
20	斯洛伐克	12.12	10.77	20	文莱	4.53	3.54
21	北马其顿	11.27	10.84	21	斯洛伐克	5.14	3.70
22	文莱	11.58	10.88	22	捷克	5.20	3.74
23	拉脱维亚	11.30	11.13	23	波兰	4.98	3.94
24	马来西亚	9.59	11.24	24	匈牙利	16.83	4.17
25	保加利亚	10.35	11.39	25	亚美尼亚	4.49	5.43
26	阿富汗	11.64	11.69	26	拉脱维亚	6.41	5.51
27	乌克兰	15.06	11.90	27	黎巴嫩	3.97	5.67
28	哈萨克斯坦	10.59	12.46	28	北马其顿	10.94	6.10
29	科威特	12.97	12.52	29	罗马尼亚	21.87	6.41

序号	经济体	银行资本对资产的比率		序号	经济体	银行不良贷款与贷款总额的比率	
		2013 年	2017 年			2013 年	2017 年
30	爱沙尼亚	11.26	12.77	30	阿联酋	6.74	6.44
31	格鲁吉亚	16.75	12.82	31	吉尔吉斯斯坦	5.09	7.37
32	不丹	17.50	12.97	32	不丹	6.95	8.42
33	柬埔寨	16.75	13.97	33	巴基斯坦	12.99	8.43
34	白俄罗斯	13.96	14.58	34	哈萨克斯坦	19.47	9.31
35	克罗地亚	13.89	14.82	35	印度	4.03	9.98
36	印度尼西亚	12.47	15.22	36	俄罗斯	6.00	10.00
37	沙特阿拉伯	13.54	15.42	37	保加利亚	16.88	10.43
38	亚美尼亚	15.28	15.71	38	马尔代夫	17.57	10.45
39	摩尔多瓦	15.00	17.10	39	克罗地亚	15.43	11.20
40	吉尔吉斯斯坦	17.79	17.77	40	阿富汗	4.85	12.20
41	马尔代夫	16.15	24.15	41	白俄罗斯	4.45	12.85
42	世界	10.09	10.75	42	阿尔巴尼亚	23.49	13.23
				43	乌克兰	12.89	54.54
				44	世界	4.09	3.45

注：①根据世界银行 WDI 数据库；②对于数据严重缺失的"一带一路"沿线经济体予以剔除处理。

如表 6-2 所示，"一带一路"沿线经济体商业银行经营的主要特征有：第一，从银行资本对资产的比率来看，国际上普遍认为理想的比率应当在 5%~9% 之间，而 2013 年世界平均水平的该指标为 10.09%，但有统计数据的 41 个"一带一路"沿线经济体中，2013 年有 29 个经济体的该指标超过 9% 的理想水平、有 25 个经济体的该指标超过世界平均水平；2017 年，有 32 个经济体的该指标超过 9% 的理想水平、有 22 个经济体的该指标超过世界平均水平；从趋势来看，2013 年、2017 年，世界平均水平的商业银行资本资产之比有所上升，但"一带一路"经济体该指标的上升速度更快。第二，从银行不良贷款与贷款总额的比率来看，相关标准要

求国际先进银行不良贷款比率应保持在 5% 以下，从实际情况来看，2013
年有 23 个"一带一路"沿线经济体的该指标超过 5% 的标准、有 25 个经
济体的该指标超过当年世界平均水平；2017 年有 19 个"一带一路"沿线
经济体的该指标超过 5% 的标准、有 24 个经济体的该指标超过该指标当年
的世界平均水平。总体来看，尽管用资本与资产的比例来表征商业银行的
经营风险没有考虑银行资产的结构情况，不同类型银行之间的不良贷款率
可比性也不强，但"一带一路"沿线经济体居高不下的这两个指标也在一
定程度上说明了商业银行经营所面临较大的风险，这也成为中资商业银行
进入所面临的基本行业环境。

（三）商业银行经营环境

个人征信系统已成为商业银行经营中防范金融风险的重要依据，也成
为维护金融稳定的重要基础。"一带一路"沿线经济体公共征信系统覆盖
成年人所占百分比、征信信息深度指数情况如图 6 - 6 所示。

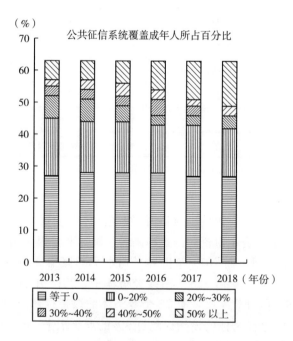

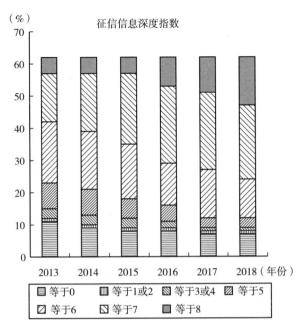

图 6 - 6　2013～2017 年"一带一路"沿线经济体征信系统情况

注：①根据世界银行 WDI 数据库相关数据计算所得；②公共征信系统覆盖成年人所占百分比图示、征信信息深度指数图示中，由于中国澳门和土库曼斯坦 2 个国家（地区）的数据，故予以剔除，两幅图都反映了 63 个经济体的情况。

如图 6 - 6 所示，公共征信系统覆盖成年人所占百分比和征信信息深度指数，反映出"一带一路"沿线经济体商业银行经营环境的主要特征有：第一，从公共征信系统覆盖成年人所占百分比情况来看，该指标由有关个人或公司还款记录、未偿付债务或信贷余额的最新信息统计所得，2013 年和 2018 年世界平均水平的该指标为 10. 20 和 15. 50，而 2013 年和 2018 年"一带一路"沿线经济体该指标值高于世界平均水平的国家分别有 24 个和 22 个经济体，占所关注经济体总数量的 1/3 左右。第二，从征信信息深度指数①来看，2013 年和 2018 年世界平均水平的该指数为 3. 94 和 4. 9，而 2013 年和 2018 年"一带一路"沿线经济体该指数高于世界平均水平的国家分别有 49 个和 53 个经济体，从而说明"一带一路"沿线经济体征信信息深度指数较高。第三，结合公共征信系统覆盖情况和征信信

① 征信信息指数指标反映了从征信机构（公共或私营）获取征信信息的范围、可及性和质量产生影响的规则，具体指数范围为 0～8，数值越大表示从公共或私营征信机构获取有助于贷款决策的征信信息越多。

息深度指数来看,前者反映出商业银行在该地区开展业务可能面临较高风险,而后者表明该地区具有较为完善与完整的征信信息指数,从而揭示中资及其他国家商业银行进入该地区开展业务与当地征信部门取得实质性合作的重要性。

综上,从"一带一路"沿线经济体商业银行发展特征来看,该地区商业银行的机构数量较多、设备配备及使用环境较理想,但商业银行经营风险指标较为一致地表征了当地商业银行较高的经营风险,而表征商业银行经营环境的指标表示与当地征信部门开展业务合作的重要性。

三、商业银行支持"一带一路"建设的机遇

基于上述对"一带一路"沿线经济金融环境和"一带一路"沿线银行业成长情况的分析,可以发现,我国商业银行在"一带一路"沿线经济体布局、开展业务进而支持"一带一路"建设,有着重大现实需求并存在着重要机遇。

(一)"一带一路"沿线是全球经济增长的重要板块

"一带一路"沿线涉及 60 多个国家,2017 年土地面积占全球的比重为 38.52%,人口占全球总人口的比重为 61.95%,但过去主要受限于较低水平基础设施等条件的约束,经济增长速度也比较低。不过,"一带一路"沿线大多数经济体处于工业化、城镇化演进的关键阶段,并且随着近年沿线经济体工业化、城镇化的快速演进沿线经济体的经济增长速度明显高于全球平均水平。尤其是"一带一路"倡议提出以来,2014~2017 年,该区域经济增长的平均速度更是显著高于全球平均增速。由此可以看出,随着"一带一路"倡议的深入推进,该地区成为全球经济增长的重要板块,这也就要求商业银行跟进以打造与经济快速增长相适应的金融支持体系,而商业银行也在为该快速增长提供支持与服务的同时能够实现自身的快速成长。

(二)基础设施投资面临较大的机遇

提升向西开放水平,是党的十八大以来我国构建"全方位"对外开放新格局的重要举措。从具体地理区位来看,"一带一路"由中亚、东南亚、南亚一直延伸到西亚、北非、俄罗斯以及部分中东欧国家。从目前欧洲国

家响应"一带一路"建设的基本态势来看，未来还可能延伸至欧洲其他国家，可以预计有望基于"一带一路"框架搭建起世界上跨度最长，也最具增长潜力的经济走廊。从中国向西开放和"一带一路"的辐射范围来看，沿线经济体主要是发展中经济体，迫切需要改善国内交通、能源供应、电力、信息等基础设施落后的局面，亟须建设和改善跨境铁路、公路、航线、能源通道、输电线路、通信光缆等基础设施。据亚洲开发银行的估算，这些基础设施的建设与改善的投资需要达到 8 万亿美元。尽管基础设施投资具有金额巨大、周期长、风险较高等约束，但该巨额的基础设施投资需求中不乏一些适合商业性金融进入和投资的项目，因而在全球著名多边性金融机构、商业性金融已纷纷进入的同时，我国的政策性金融机构也已进入铺路搭桥，从而商业银行的进入不仅是满足"一带一路"基础设施投资的需要，更是自身成长的现实需求。

（三）贸易投资双轮驱动催生对商业银行服务的需求

从我国外贸发展情况来看，世界银行数据库（WDI）的相关数据显示，1995~2015 年的 20 年间，我国对"一带一路"沿线主要经济体的贸易水平呈高速增长态势，尤其对中亚地区贸易的复合增长率到了 26%，对海湾和南亚国家贸易的复合增长率也分别达到了 25% 和 21%，远高于同期我国对外贸易整体 16% 的增速，该对比说明了我国提出"一带一路"倡议已经具有对外贸易基础的支撑。另外，"一带一路"倡议提出之后，2014年我国对外贸易整体增速只有 2.3% 的现实情况下，我国对"一带一路"沿线经济体双边贸易额达到近 7 万亿元人民币，占我国当年对外贸易额的 1/4 左右。再者，随着"一带一路"倡议的全面推进，我国与沿线经济体共同设立了多个经贸合作区，打造了多个经济合作平台，这必将进一步促进我国与沿线经济体在贸易与投资等方面的合作。在此背景下，我国与沿线经济体贸易的高速增长、经贸合作的深化，势必会催生出大量的贸易结算、跨境投资和货币流通等需求，这恰恰是商业银行的比较优势和关键业务领域，因而商业银行参与也成为"一带一路"建设中贸易与投资双轮驱动的内生需求。

（四）全球资金配置与人民币国际化的需求

面对"一带一路"倡议下基础设施建设等领域巨额的资金需求，"一带一路"沿线经济体主要是新兴经济体，无论是财政资金还是商业性资金，均难以单独满足沿线经济体基础设施投资与建设的需求，仅中资金融机构的参与势必受到资金有限性的约束，因此，大量区域外资金，尤其是欧美资金的进入几乎成为必然。在此情形下，我国商业银行支持"一带一路"建设，也为其提供了在"一带一路"沿线参与全球资金配置的重要契机。另外，人民币基础货币发行机制美元化成为"一带一路"建设和金融支持"一带一路"建设的"阿克琉斯之踵"，而改革基础货币发行制度和人民币国际化成为"一带一路"倡议成功的必然要求（贾根良，2016）。随着"一带一路"倡议的推进，需要我国商业银行的参与并推动如下效应的形成：一是庞大的贸易和投资规模将推动以人民币计价和支付进入当地市场；二是将提升人民币在沿线经济体的接受度和认可度；三是有助于推动在"一带一路"沿线经济体形成"人民币区"。在此情形下，还需要进一步加强与沿线经济体的货币互换合作，以便利双方企业以人民币开展投资贸易活动，推动双边商业银行为沿线的贸易与投资等提供人民币结算和贸易融资服务。可以看出，商业银行参与并支持"一带一路"建设，成为实现人民币国际化的现实需求。

综上，本节主要分析了"一带一路"沿线的经济金融环境、"一带一路"沿线银行业的发展特征和商业银行服务"一带一路"建设的机遇。总体来看，"一带一路"沿线在全球经济版图中的重要性日益凸显，该地区商业银行的机构数量较多、设备配备及使用环境较理想，而"一带一路"建设需要我国商业银行提供金融支持与服务的同时，也为推动我国商业银行的转型与发展提供了良好机遇。

第二节　我国商业银行支持"一带一路"
建设情况分析

我国商业银行参与、支持和服务"一带一路"建设，不仅是响应国家倡议的需要，更是实现自身发展的需要。我国有关商业银行积极响应"一带一路"倡议，在机构进入、业务开展等方面作了大量探索，也取得了一定的进展与成效。

一、机构进入情况

随着"一带一路"倡议的提出和推进，我国商业银行通过在资金融通、资源配置、综合服务、信息交互和风险管理等方面提供服务，在"一带一路"建设中发挥了重要的金融支持和引领作用。

（一）整体情况

在"一带一路"倡议提出之后，我国商业银行加快了打造"一带一路"金融服务网的进程，不断完善和优化在"一带一路"沿线经济体的机构进入和布局情况。

1. 中资商业银行已进入的沿线经济体。

结合中农工建交 5 大行、12 家股份制商业银行和邮储银行 2017 年年报所披露的数据，这些机构进入"一带一路"沿线经济体的情况如表 6 - 3 所示。

表 6 - 3　　　2017 年我国商业银行进入"一带一路"沿线经济体情况

区域	"一带一路"沿线经济体	中资商业银行进入国家
东亚 （11 国）	蒙古国、新加坡、马来西亚、印度尼西亚、缅甸、泰国、老挝、柬埔寨、越南、文莱、菲律宾	蒙古国、新加坡、越南、马来西亚、印度尼西亚、老挝、柬埔寨、缅甸、菲律宾、文莱、泰国
西亚 （18 国）	伊朗、伊拉克、土耳其、叙利亚、约旦、黎巴嫩、以色列、巴勒斯坦、沙特阿拉伯、也门、阿曼、阿联酋、卡塔尔、科威特、巴林、希腊、塞浦路斯、埃及的西奈半岛	巴林、阿联酋、土耳其、卡塔尔、沙特阿拉伯、科威特
南亚 （8 国）	印度、巴基斯坦、孟加拉国、阿富汗、斯里兰卡、马尔代夫、尼泊尔、不丹	印度、巴基斯坦
中亚 （5 国）	哈萨克斯坦、乌兹别克斯坦、土库曼斯坦、塔吉克斯坦、吉尔吉斯斯坦	哈萨克斯坦
独联体 （7 国）	俄罗斯、乌克兰、白俄罗斯、格鲁吉亚、阿塞拜疆、亚美尼亚、摩尔多瓦	俄罗斯
中东欧 （16 国）	波兰、立陶宛、爱沙尼亚、拉脱维亚、捷克、斯洛伐克、匈牙利、斯洛文尼亚、克罗地亚、波黑、黑山、塞尔维亚、阿尔巴尼亚、罗马尼亚、保加利亚、马其顿	波兰、捷克、匈牙利、塞尔维亚

资料来源：根据各商业银行 2017 年社会责任报告整理所得。

如表 6-3 所示,"一带一路"沿线 65 个经济体,中资商业银行已进入 25 个经济体,并且所进入的这些国家在经济实力、地理位置和经营环境等方面均具有一定优势,因而为机构的进一步进入、相关业务的开展奠定了基础、积累了经验(张海波、李伏安、钟伟,2018)。

2. 各商业银行进入的沿线经济体情况。

在以上我国有关商业银行进入"一带一路"沿线经济体整体情况的基础上,此处将进一步以我国各商业银行为分类标准,进一步整理各商业银行所进入的"一带一路"沿线经济体,具体结果如表 6-4 所示。

表 6-4　　　我国银行已进入"一带一路"沿线经济体情况

商业银行	已进入的"一带一路"沿线经济体
中国银行	东南亚:新加坡、越南、马来西亚、印度尼西亚、老挝、柬埔寨、缅甸、菲律宾、文莱、泰国、巴基斯坦、蒙古国、斯里兰卡; 中西亚:哈萨克斯坦、巴林、阿联酋(迪拜分行、阿布扎比分行)、卡塔尔; 中东欧:俄罗斯、波兰、匈牙利、土耳其、塞尔维亚、捷克; 已覆盖"一带一路"沿线 23 个经济体,共有 24 家分支机构
中国工商银行	东南亚:新加坡、印度、巴基斯坦、泰国、越南、老挝、柬埔寨、缅甸、印度尼西亚、马来西亚、蒙古国; 中西亚:阿联酋、卡塔尔、沙特阿拉伯、哈萨克斯坦、科威特; 中东欧:俄罗斯、土耳其、捷克、波兰; 已覆盖"一带一路"沿线 20 个经济体,共有 21 家分支机构
中国建设银行	新加坡、马来西亚、印度尼西亚、越南、阿联酋、俄罗斯、波兰
中国农业银行	新加坡、阿联酋、越南、俄罗斯
交通银行	新加坡、越南
招商银行	新加坡
中信银行	新加坡、收购哈萨克斯坦 Halyk 银行 60% 股权
浦发银行	新加坡

资料来源:根据各商业银行 2017 年社会责任报告整理所得。

如表 6-4 所示,我国目前共有 8 家商业银行进入"一带一路"沿线经济体,总体上具有以下特征:第一,从各商业银行来看,中国银行、中国工商银行是进入"一带一路"沿线经济体的"第一梯队",中国建设银行、中国农业银行随之跟进,交通银行、招商银行、中信银行和浦发银行

4家股份制银行也已跟进；第二，从地区分布来看，各商业银行所进入的国家在地理位置上体现出一定的集中性，经济发展水平也较高，与我国双边贸易额与投资金额较大，因而我国商业银行进入"一带一路"沿线经济体体现出一定的"客户追随"动机。

(二) 机构进入特征

1. 机构数量显著提升。

我国有关商业银行在"一带一路"沿线经济体分支机构数量的变化情况如图6-7所示。

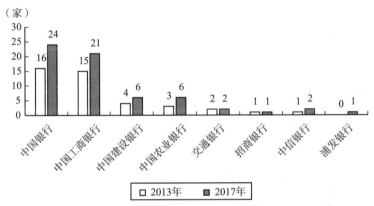

图6-7 我国商业银行在"一带一路"沿线分支机构开设情况

资料来源：根据各商业银行2013年、2017年社会责任报告整理所得。

如图6-7所示，2013年"一带一路"倡议提出时，我国的7家商业银行在"一带一路"沿线经济体设立了42家分支机构，在4年之后的2017年，我国8家商业银行在"一带一路"沿线经济体设立了63个分支机构，4年期间增加了21个分支机构，机构数量提升较快。另外，从各商业银行分支机构开展的数量分布来看，中国银行、中国工商银行、中国建设银行和中国农业银行有着绝对优势，成为在"一带一路"沿线布局的主力。

2. 机构形式多样。

各商业银行在"一带一路"沿线布局机构的形式情况如表6-5所示。

表6-5　　　　中资商业银行在"一带一路"沿线经济体设立机构的形式

序号	银行名称	覆盖沿线经济体数量（家）	机构数量（家）	机构类型
1	中国银行	23	24	分行14家、子行6家、代表处4家
2	中国工商银行	20	21	分行14家、子行6家、代表处1家
3	中国建设银行	7	7	分行4家、子行3家
4	中国农业银行	4	6	分行4家、子行1家、代表处1家
5	交通银行	2	2	分行
6	招商银行	1	1	分行
7	中信银行	2	2	分行1家、控股子行1家
8	浦发银行	1	1	分行

资料来源：根据各商业银行2013年、2017年社会责任报告整理所得。

如表6-5所示，中资商业银行在"一带一路"沿线经济体设立分行40家、子行16家、代表处6家、控股子行1家，因而从总体上体现出分支机构设立形式多样、设立方式灵活的特征。

3. 分支机构的地理分布情况。

各商业银行在"一带一路"沿线布局的地理分布情况如表6-6所示。

表6-6　　　中资商业银行在"一带一路"沿线经济体设立机构的形式

序号	银行名称	东盟10国+蒙古国	南亚8国	中亚5国	西亚18国	中东欧16国	独联体7国
1	中国银行	11	2	1	5		1
2	中国工商银行	10	1	1	6	4	1
3	中国建设银行	5	0	0	0	2	1
4	中国农业银行	3	0	0	2		1
5	交通银行	2	0	0	0	0	0
6	招商银行	1	0	0	0	0	0
7	中信银行	1	0	1	0	0	0
8	浦发银行	1	0	0	0	0	0
	合计	34	3	3	13	6	4

资料来源：根据各商业银行2017年年报整理所得。

如表 6 - 6 所示，中资商业银行在"一带一路"沿线机构设立的地理特征来看，截至 2017 年底，中资商业银行在东盟地区设立机构 34 家，超过"一带一路"沿线机构数的一半。在西亚发达地区设立机构 13 个，主要分布在波斯湾沿岸经济发展水平较高的国家。与之形成对比的是，在南亚、中亚和中东欧地区我国商业银行布局的分支机构数较少。总体来看，东南亚和波斯湾是古丝绸之路的重要枢纽，也成为"一带一路"倡议下我国商业银行布局的"深耕区"，但随着"一带一路"倡议的深入推进，我国商业银行在沿线区域设立机构的潜力还有待挖掘。

总体来看，我国有关商业银行积极响应"一带一路"倡议，在机构进入方面推进速度较快，这些前期进入的沿线经济体为商业银行机构的进一步拓展作了有益探索与经验积累。

二、业务开展情况

（一）整体情况

我国部分商业银行立足自身比较优势，在"一带一路"建设中已经支持了一批项目，具体情况如表 6 - 7 所示。

表 6 - 7　　　　我国商业银行支持"一带一路"建设的成果

银行名称	支持项目数	支持金额	重点涉及领域
中国银行	超过 500 个	约 1000 亿美元的授信支持	基础设施建设、产能合作，支持高铁、核电等具有技术优势的企业，全方位支持人民币国际化
中国工商银行	358 个	合计贷款金额 945 亿美元	电力、交通等基础设施建设
中国建设银行	超过 50 个	签约金额 90 亿美元	铁路、公路、航运、能源、电力等基础设施建设领域
中国农业银行	超过 30 个	贷款、保函、境外发债等业务额达 126 亿美元	农业相关领域
交通银行	178 个	贷款超过 3000 亿美元	交通运输、环境和公共设施管理业、港口业

资料来源：根据各商业银行 2013～2017 年度社会责任报告整理所得。

如表6-7所示，我国各商业银行支持"一带一路"建设的业务体现出以下特征：第一，就中国银行而言，一方面，基于"多牌照"优势，提供了涵盖商业银行、投资银行、保险、证券、租赁、基金等全产品链条的业务；另一方面，则发挥跨境清算、外汇业务的优势着力推进人民币国际化进程。第二，中国工商银行和中国建设银行，主要为大型基础设施项目提供全球授信、贸易融资、国际债券、跨境并购等业务与服务。第三，中国农业银行为涉农"走出去"企业提供跨境金融综合服务，如为中粮集团境外收购提供融资支持，并协助完成海外增资和跨境汇款；为新希望集团收购国际农业项目、建设海外生产基地提供金融支持；向塔吉克斯坦金谷农业发放贷款以支持周边友好邻邦发展农业项目等。第四，股份制商业银行在"一带一路"沿线的布局刚起步，但依托境内机构、香港分行、自贸区分行等优势为"走出去"企业提供服务，也推出了项目咨询、交易谈判、绿色金融产品、金融科技服务等创新型金融服务。总体来看，我国各类商业银行依托自身优势和各自定位的支持重点各尽所长，不断拓展了金融支持领域，成为金融支持"一带一路"建设的"生力军"。

（二）各商业银行的支持方式分析

截至2018年，我国共有8家商业银行在"一带一路"沿线经济体设置了相关机构，此处将结合相关资料进一步整理这些商业银行支持"一带一路"建设的具体情况。

1. 中国银行支持"一带一路"建设情况。

2013年"一带一路"倡议提出后，中国银行基于国际化和多元化程度较高的优势，积极通过具体项目，以具体业务支持"一带一路"建设。根据中国银行年度报告披露的相关信息，中国银行支持"一带一路"建设情况可总结为表6-8。

表6-8　　　　　　　中国银行支持"一带一路"建设情况

年份	标志性项目	主要成果
2014	"渝新欧"国际铁路	◇累计支持"走出去"项目1590个； ◇支持海外并购项目12个； ◇跨境人民币结算量5.32万亿元； ◇国际结算量3.92万亿元
	陕西省企业走进"一带一路"银企产品对接会	
	与马来西亚投资发展局签订业务合作备忘录	
	联合中银香港、中行新加坡分行，开展跨境人民币借款	
	独家编制和发布《跨境人民币业务白皮书》	

续表

年份	标志性项目	主要成果
2015	在迪拜、新加坡、伦敦、中国香港和中国台湾 5 地，发行总值 40 亿美元的"一带一路"债券 在 9 个东盟国家设立分支机构 首发丝绸之路经济带一体化通关电子保函 银团融资服务光明食品集团并购以色列 Tnuva 公司 支持丝路基金平台建设 全球布局跨境人民币市场基础设施建设 发布人民币国际化发展状况"风向标"	◇累计向"一带一路"沿线经济体新投放授信约 286 亿美元； ◇跟进项目 330 个、意向支持金额 870 亿美元； ◇新增"一带一路"沿线机构 3 家，总数达到 18 家； ◇累计支持"走出去"项目 2201 个
2016	截至年末，共在 19 个"一带一路"沿线经济体设立分支机构 支持迪拜煤电 PPP 项目 服务亚投行业务顺利落地，成功取得亚投行境内外汇业务主承办行资格 共同举办"海上丝绸之路国家经贸合作对接会" 发布《人民币国际化白皮书——正式加入 SDR 货币篮子的人民币》 全球发行人民币债券 "中银跨境 e 商通"填补了跨境电子支付结算领域的金融空白	◇在"一带一路"沿线共跟进境外重大项目约 420 个，项目总投资额超过 4000 亿美元； ◇两年完成对"一带一路"沿线经济体各类授信支持近 600 亿美元； ◇完成跨境人民币清算 311.98 万亿元、结算逾 4 万亿元
2017	截至年末，共在 23 个"一带一路"沿线经济体设立分支机构 发起巴基斯坦财政部 3 亿美元 3 年期贷款项目，协助匈牙利发行首支主权熊猫债，开创与"一带一路"沿线经济体主权机构合作新模式 支持终老铁路、雅万高铁等重大"走出去"项目，支持中资企业投资并承建约旦阿塔拉特油页岩电站项目 服务企业跨境发展 先后向太平洋岛国、拉美四国举办"一带一路"国际金融交流合作研修班	◇跟进"一带一路"重大项目逾 500 个，项目总投资额约 4500 亿美元，提供意向性授信支持超过 1050 亿美元； ◇完成跨境人民币清算 349.68 万亿元、结算 3.83 万亿元； ◇累计支持中资企业"走出去"项目约 4205 个，提供贷款承诺超过 2805 亿美元； ◇参与发行规模达 370 亿元的熊猫债

年份	标志性项目	主要成果
2018	以中银香港为平台整合在东盟地区的分支机构,打造助力东南亚地区"一带一路"建设的区域银行	◇累计跟进"一带一路"重大项目逾600个,项目总投资额超过4550亿美元,为260余个"一带一路"项目发放贷款269亿美元; ◇完成跨境人民币清算389万亿元、结算5.95万亿元
	与俄罗斯天然气工业公司签署20亿欧元贷款协议	
	以牵头行身份成功续作中国在沙特阿拉伯最大投资项目"延布炼厂项目"	
	第四次发行"一带一路"主体债券,总规模达百亿美元	
	持续深化与亚投行、金砖国家新开发银行、泛美开发银行等多边机构的合作	
	培育离岸人民币市场,助推人民币国际业务发展	

资料来源:2014~2018年中国银行社会责任报告。

2. 其他商业银行支持"一带一路"建设情况。

除中国银行之外,中国工商银行、中国建设银行、中国农业银行等也在"一带一路"沿线设立了分支机构,并积极支持"一带一路"的建设,这些商业银行支持"一带一路"建设的主要情况可总结为表6-9。

表6-9   **其他商业银行支持"一带一路"建设情况**

银行	标志性项目	主要成果
中国工商银行	支持了一批"走出去"项目:阿根廷核电项目(60亿美元)、安哥拉卡卡水电站项目(60亿美元)、迪拜哈翔燃煤电站项目(32亿美元)	◇截至2018年,累计支持"走出去"项目428个,承贷金额1024亿美元; ◇集团境内外机构累计办理跨境人民币业务量4.6万亿元人民币; ◇截至2018年,已在全球48个国家和地区拥有426家分支机构
	支持了马来西亚"大马城"等重大项目	
	成为中巴经济走廊参与面最广、介入最深的金融机构	
	推动"一带一路"银行间常态化合作机制	
	业内首创发布《"一带一路"宏观经济系列指数》	
	打造集人民币跨境结算、清算、投融资、金融市场、资产管理、资产托管等创新模式,推动多笔具有开创性意义的跨境人民币业务落地	

续表

银行	标志性项目	主要成果
中国建设银行	专门成立服务"一带一路"建设领导小组，制定完成《支持"一带一路"建设综合金融服务方案》	◇截至 2017 年，在"一带一路"沿线经济体累计储备 268 个重大项目，遍布 50 个国家和地区，投资金融共计 4660 亿美元
	研发《金融科技研究与评估 2018——全球系统重要性银行金融科技指数》	
	支持了老挝南欧江二期水电站、迪拜哈翔清洁煤电站等一批重大项目	
	半数以上项目集中在铁路、公路、航运、能源、电力等基础设施建设领域	
	2017 年 5 月，发行 5 亿新元"一带一路"基础设施债券；2018 年 9 月，发行 3 亿新元"一带一路"基础设施债券	
中国农业银行	2014 年 9 月，与塔吉克斯坦农业投资银行签署了《支持农业领域合作协议》，将在商业原则下向塔农业投资银行提供 6 亿元人民币信贷额度支持	◇2018 年，共办理涉及"一带一路"沿线经济体的国际业务 848.7 亿美元，覆盖 62 个国家；◇截至 2018 年，在"丝绸之路经济带"涉及的西北 6 省区法人贷款余额达到 5153 亿元人民币，西南 4 省区法人贷款余额达到 9571 亿元；◇截至 2018 年，在"21 世纪海上丝绸之路"涉及的 5 省区，法人贷款余额达到 17168 亿元
	2015 年实现对东盟跨境人民币清算业务实时直通	
	开展境内外联动融资产品创新，支持马来西亚中国关丹产业园、中越跨境经济合作区等园区项目建设，拓展跨境贷款、出口信贷等新型贷款模式，有效满足"走出去"企业的多元化金融需求	
	为中粮集团、新希望集团、隆平高科等多家国家级大型农业产业化龙头企业收购国际农业项目，建立海外生产、加工和运输基地，推动全球产业链和贸易网络布局等提供金融支持	
	截至 2018 年，成为人民币兑越南盾、蒙古图格里克等 7 个演变货币的首批区域挂牌银行	
	截至 2018 年，已在 17 个国家和地区设立 22 家境外机构和 1 家合资银行，其中 6 家机构布局在"一带一路"沿线经济体	

资料来源：根据公开资料整理所得。

三、商业银行支持"一带一路"建设的总体特征

根据上述对我国部分商业银行在"一带一路"沿线经济体布局设点以及业务开展情况的总结，可以发现，我国商业银行在支持"一带一路"建设方面主要具有以下特征。

第一，机构数量的快速增长。从各商业银行在"一带一路"沿线经济体设立分支机构的数量来看，已从 2013 年"一带一路"倡议提出伊始的 42 家增加至目前的 60 余家，机构数量快速增长，这也为相关项目的推进与业务的开展奠定了机构基础。

第二，支持建设了一批重要项目。从各商业银行业务开展来看，中国银行支持建设了"渝新欧"国际铁路、延布炼厂项目等一批重大项目；中国工商银行支持了马来西亚"大马城"等一批重大项目；支持基础设施建设更是中国建设银行的传统优势领域；而中国农业银行也支持多家国家级大型农业产业化龙头企业"走出去"。我国各商业银行所支持建设的这些重要项目，一方面，改善了东道国的基础设施面貌；另一方面，为支持我国相关企业"走出去"提供了有力支持。

第三，投融资并举。各商业银行除了为具体项目提供融资支持之外，还通过发行债券等方式融资，如中国银行以发行熊猫债、人民币债券等方式融资；中国建设银行先后两次在新加坡发行债券融资。我国各商业银行投融资并举的方式，有利于我国商业银行与国外机构之间的协作，也有利于进一步推动开放以及与国际接轨。

第四，融资与融智并行。除了提供融资支持之外，各商业银行还比较重视融资与融智的并行，如中国银行编制和发布了《跨境人民币业务白皮书》《人民币国际化白皮书》等一系列成果；中国建设银行于"一带一路"倡议提出不久便制定完成了《支持"一带一路"建设综合金融服务方案》；中国工商银行首创并发布了业内首创发布《"一带一路"宏观经济系列指数》。融资与融智并行，是各商业银行履行社会责任，为同业提供有价值参考信息的重要途径。

第五，服务多元化。我国相关商业银行在支持"一带一路"建设中，从服务对象来看，涉及中央企业、地方国企、外资企业、民营企业等多类型客户群体；从服务领域来看，涉及企业投资并购、工程施工、境外发债、境外上市、设备出口等主要跨境经营活动；从服务方式来看，各商业银行主要采用"商业银行 + 投资银行"模式，提供并购贷款、撮合交易、财务顾问、业务咨询等综合金融服务模式；从金融产品与金融工具来看，涉及出口信贷、跨境并购、项目融资、国际债券、国际银团、金融租赁等多元化结构性融资产品。总体来看，各商业银行在支持"一带一路"建设中所提供的金融服务呈现多元化特征。

第六，金融科技的开发及使用。各商业银行在支持"一带一路"建设中也比较重视对金融科技的开发及使用，如中国银行一直致力于开发并推广使用"E中银""中银智汇"等产品；中国建设银行在关注金融科技演进的同时专门研发了《金融科技研究与评估2018——全球系统重要性银行金融科技指数》；中国工商银行致力于推进"创新线上普惠产品"；中国银行致力于运用移动互联网、区块链、大数据等科技手段来完善"惠农e平台"。总体来看，我国各商业银行重视运用金融科技来优化服务流程、改进服务设施、创新技术产品，有利于为客户提供优质的服务，并最终有利于各商业银行提高运营效率、降低运营成本。

第七，合力推进人民币国际化。中国银行利用在全球布局的优势，发挥"全国外汇市场自律机制"总体牵头行、"外汇和跨境人民币展业工作组"牵头行的作用，发挥品牌形象、金融产品、专业服务、客户基础和清算渠道等多方面的优势，积极推动人民币国际化发展；中国工商银行创新模式，推动多笔具有开创性意义的跨境人民币业务落地；中国建设银行不仅以具体业务助力人民币国际化，还于2016年、2017年、2018年连续三年发布《"一带一路"助力人民币国际化——人民币国际化报告》，进而为人民币国际化提供了扎实、详尽的基础资料支持；中国农业银行也通过实现助力东盟跨境人民币清算业务实时直通等方式，为人民币国际化作了有益探索。总体来看，"一带一路"建设为人民币国际化提供了重要契机，而各商业银行所形成的合力也成为人民币国际化的重要推动力。

总体来看，在国内互联网金融和金融科技迅速发展和利率市场化等重压下，"一带一路"倡议为商业银行的转型与发展带来了一系列重要契机，而我国各商业银行，在微观业务创新和宏观思路跟进等方面均对"一带一路"的建设提供了有力支持。

第三节　商业银行在"一带一路"沿线的区位选择研究

"一带一路"倡议带动了沿线经济体经济的快速发展，为我国商业银行在海外拓展、培育和壮大海外业务提供了重要契机。在此现实背景下，如何在"一带一路"沿线布局分支机构、如何安排布局策略，成为影响我国商业银行经营绩效和支持"一带一路"建设成效的重要问题。本节将结合商业银行海外布局的主要动因和"一带一路"沿线经济体的相关数据，评价我国商业银行在"一带一路"沿线经济体布局设点的基本环境，进而为我国商业银行提前筹划、作出审慎的"一带一路"沿线拓展计划提供有价值的参考信息。

一、商业银行海外布局动因和指标体系设计

根据相关理论分析，廓清商业银行海外布局的主要原则，并设计与之对应的评价指标体系，是评价商业银行在"一带一路"沿线布局路径的前提。有鉴于此，此处将结合相关研究，在分析商业银行在海外布局和拓展主要动因的基础上，设计用于评价我国商业银行在"一带一路"沿线经济体布局和拓展业务的指标体系。

（一）商业银行海外布局的动因

1. 客户关系维护。

客户与商业银行之间的关系，是影响商业银行经营绩效的重要因素，而在海外设置机构也成为维护商业银行与客户之间关系的重要措施。在"一带一路"倡议不断深入推进的现实情况下，我国大量企业"走出去"与沿线经济体开展商品与服务的贸易、对外直接投资等业务，因而追随这些企业"走出去"，更好为"走出去"企业提供资金保障，成为推动商业银行在海外布局设点的重要因素。

2. 拓展经营空间。

总体来看，我国商业银行主要以本土经营为主，但在我国经济增速下降、信贷规模控制严格的现实情境下，我国各商业银行之间的竞争愈加激烈，因而必须拓展空间、开拓市场以获得多元化的收入来源和更广阔的盈利空间。因此，各商业银行支持"一带一路"建设并在沿线经济体开设机构、本地化发展，也是开拓市场、化解经营风险的现实选择。

3. 提升全球竞争力。

从一些大型银行跨国经营的实践来看，其在发展初期往往会利用国际金融中心地理区位和资源集聚的关键优势，搭建开展国际业务的主体框架。另外，商业银行在国际金融中心开展业务，有利于与卓越金融机构相互学习经营管理经验和业务运营模式，以提高自身的产品开发与经营绩效。总体来看，我国商业银行在"一带一路"沿线布局设点，也是学习大型跨国经营模式、提升全球竞争力的现实选择。

4. 服务国家战略。

商业银行支持"一带一路"建设中风险与机遇并存，但配合国家对外开放的大局、挖掘与沿线经济体合作的潜力，无疑是商业银行提升自身经营水平的重要途径。目前及未来一段时期，我国商业银行支持"一带一路"建设的重点是为我国优势产能"走出去"和国外先进产能与技术"走进来"提供便利，这也成为服务国家战略和提升自身绩效的共赢过程。

（二）评价指标体系设计

如前文所述，商业银行在海外布局设点主要是维护客户关系、拓展服务空间、提升全球竞争力和服务国家战略的需要，此处将主要基于商业银行海外布局的这些动因，同时结合数据的可得性，设计能够筛选出商业银行"走出去"主要推荐区域的指标体系，具体结果如表6-10所示。

表6-10　　　　中资商业银行海外布局区位选择评价指标体系

考量因素	衡量指标	指标方向	资料来源
客户关系维护	中国对东道国对外直接投资存量（亿美元）	正向	2017年中国对外直接投资统计公报
	中国与东道国双边贸易额（亿美元）	正向	2018年中国统计年鉴
	东道国外商投资净流入占GDP比重（%）	正向	世界银行数据库
	东道国货物与服务进出口占GDP比重（%）	正向	世界银行数据库
拓展经营空间	东道国GDP总量（10亿美元）	正向	世界银行数据库
	东道国人均GDP（美元）	正向	世界银行数据库
	东道国近五年GDP平均增速（%）	正向	世界银行数据库
	总人口（万人）	正向	世界银行数据库
	东道国首都与北京距离（公里）	负向	Google Earth测距
提升全球竞争力	每10万成年人商业银行机构数（个）	正向	世界银行数据库
	每10万成年人ATM机数量（个）	正向	世界银行数据库
	银行不良贷款与贷款总额的比率（%）	负向	世界银行数据库
	东道国金融开放指数	正向	Chinn-Ito金融开放指数
	银行资本对资产的比率（%）	负向	世界银行数据库
	征信信息深度指数	正向	世界银行数据库

续表

考量因素	衡量指标	指标方向	资料来源
服务国家战略	高科技出口额（万美元）	正向	世界银行数据库
	研发支出占 GDP 比重（%）	正向	世界银行数据库
	高科技出口占制成品出口的百分比（%）	正向	世界银行数据库
	自然资源租金总额占 GDP 的百分比（%）	正向	世界银行数据库
	燃料出口占商品出口的百分比（%）	正向	世界银行数据库
	能源净进口占能源使用量的百分比（%）	负向	世界银行数据库

对于表 6 – 10 所示的中资商业银行海外布局区位选择评价指标体系，需要作以下简要说明：第一，总体上根据维护客户关系需要、拓展经营空间、提升全球竞争力和服务国家战略四方面，设计具体评价指标；第二，在维护客户关系方面，主要从商业银行服务贸易、便利投资两方面设计评价指标，并认为中国与东道国这两方面的取值越大，中资商业银行越需要跟进；第三，在拓展经营空间方面，主要从东道国经济总量、经济发展水平、人口总量、外债负担、与中国在地理距离方面设计评价指标，认为前三方面代表东道国市场容量的大小，后两方面负向作用于中资商业银行的进入；第四，提升全球竞争力方面，主要从东道国商业银行发展水平和经营环境两方面设计评价指标，认为东道国商业银行发展水平越高，中资银行进入后能够更好地相互学习，若商业银行经营环境不理想，则中资银行进入后所面临的风险较大因而应谨慎进入；第五，主要从中国对高科技产品和能源需求两方面设计评价指标，并认为东道国的科技实力和水平越高，中资商业银行越需要进入，东道国能源产量、出口量越大，则中资商业银行越需要进入。

根据以上商业银行海外布局动因分析和指标体系设计结果，结合世界银行、《中国统计年鉴》（2018）、2017 年中国对外直接投资统计公报等相关统计资料，以及 The Chinn-Ito index（KAOPEN）官方网站、Google Earth 测距方法，便可获得 2017 年上述指标的具体取值。需要说明的是，"一带一路"沿线 65 个经济体中，叙利亚和也门的数据严重缺失，故剔除这两个经济体；另外，由于本节所关注的主题是中国各商业银行"走出去"，因而样本不包括中国内地、中国香港、中国澳门；再者，还有一些经济体 2017 年的数据有缺失，因而对缺失的绝对数据用 2016 年的取值予以替代，对于缺失的增速等相对数则用三年平均值来替代。由于前文已对各主要指标的分布情况作了统计描述与分析，能够确定数据分布正常、无异常值，因而在进一步收集并获得全部数据之后，便可结合具体方法开展我国商业银行海外布局区位选择的评价。

二、方法说明与评价结果

在上述指标体系、样本经济体及相关数据的基础上，目前的主要任务是结合相关方法确定我国商业银行在"一带一路"沿线布局中选择样本经济体的次序，并根据排名将这些样本经济体划分为不同的类型。

（一）评价思路说明

为了明确我国商业银行在"一带一路"沿线选择样本经济体的次序，本书设计如图6-8所示的评价思路。

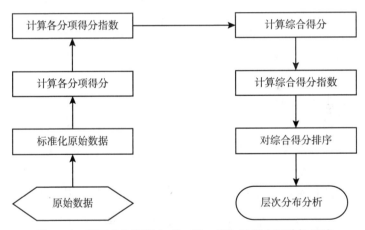

图6-8　我国商业银行在"一带一路"沿线布局选择思路

如图6-8所示，本书拟通过以下步骤来获得我国商业银行在"一带一路"沿线布局的选择思路：第一步，由于所选取各指标的量纲不统一，因而首先对原始数据作标准化处理；第二步，由于商业银行海外布局各考量因素由4~6个具体指标来衡量，衡量指标较多，因而拟使用主成分分析法对各具体指标进行降维处理，进而提炼出客户关系维护、拓展经营空间、提升全球竞争力和服务国家战略各分项的得分；第三步，由于要获得各经济体的综合排序以清晰展示我国商业银行在"一带一路"沿线布局的选择建议，因而拟进一步对各考量因素的得分用主成分分析法进一步"降维"以获得最终综合得分；第四步，百分制能够更为清晰地表示评价结果，因而将综合得分换算成百分制并给出综合排序情况；第五步，不同经济体在综合得分上有一定的差别，因而拟运用聚类分析法将各经济体划分为不同层次。

（二）评价方法说明

正如评价思路说明中已指出的，本书主要运用主成分分析法对各二级指标作降维处理，最后形成我国商业银行布局设点的综合评价结果。本书使用 SPSS22.0 进行主成分分析的主要步骤如下。

第一，对原始数据进行标准化，获取相关系数矩阵。

第二，以总方差解释表中主成分方差累计贡献率 ≥ 85% 为基本原则，结合初始因子载荷阵表中不出现变量丢失确定主成分的个数 m。

第三，用初始因子载荷阵表中的第 i 列向量除以第 i 个特征根的平方根，以获得第 i 个主成分（F_i）的变量系数向量 A_i，随后根据公式 $F_i = \sum_{i=1}^{n} A_i \times ZX_i$（$ZX_i$ 为各指标 X_i 标准化后的向量，n 为指标个数）求得主成分 $F_1 \sim F_m$ 的表达式。

第四，由于我们对各二级指标求主成分的得分，因此可以不必再进行主成分的命名工作。随后可依据总方差解释中主成分方差栏下的方差率为权数 $\left(\dfrac{\lambda_i}{p}\right)$，依据公式 $F = \sum_{i=1}^{m} \left(\dfrac{\lambda_i}{p}\right) \times F_i$ 求得综合主成分得分。

第五，随后根据公式 $G = \dfrac{S_i}{|S_{max}| + |S_{min}|} \times 40 + 60$（其中 S_i 为第 i 个分项的得分，S_{max}、S_{min} 分别为得分的最大值与最小值）将上述综合主成分得分折算成百分制，从而获得各二级指标的百分制得分及排名情况。

第六，以各二级指标的综合得分为基本变量，重复上述步骤，由此便得到了 2017 年中资商业银行进入样本"一带一路"沿线经济体的综合得分和排名情况。

第七，在上述得分及排名的基础上，再运用聚类分析方法，便可获得我国商业银行在"一带一路"沿线样本经济体布局的层次分布情况。

（三）综合得分及排序

按照图 6-8 所示的步骤，对相关数据进行主成分分析，并将各分项得分、综合得分及其排序情况列示为表 6-11。

表 6-11　　我国商业银行在"一带一路"沿线经济体布局的评价得分

经济体	维护客户关系		拓展经营空间		提升全球竞争力		服务国家战略		综合得分	
	得分	排序	得分	排序	得分	排序	得分	排序	得分	排序
新加坡	83.13	1	90.16	3	99.02	1	96.92	1	92.54	1
俄罗斯	81.49	2	95.05	1	83.79	2	91.26	3	89.88	2
印度	80.05	6	92.89	2	77.20	3	85.78	11	86.15	3
印度尼西亚	81.15	3	84.73	4	73.65	7	83.89	17	81.62	4
越南	81.12	4	81.37	5	76.01	5	86.72	10	81.28	5
阿联酋	79.84	7	79.82	8	76.32	4	86.76	9	80.51	6
马来西亚	78.83	17	81.01	7	70.66	9	88.07	7	79.91	7
泰国	78.52	24	79.06	13	68.54	10	88.99	5	78.75	8
土耳其	77.53	50	79.54	11	74.15	6	81.02	21	78.39	9
沙特阿拉伯	77.55	49	81.12	6	64.41	19	87.68	8	78.32	10
斯洛伐克	79.09	14	77.94	17	73.57	8	81.87	19	77.97	11
以色列	78.00	36	76.83	24	64.88	17	91.49	2	77.44	12
爱沙尼亚	79.36	12	79.72	10	62.11	56	85.49	13	77.01	13
伊朗	77.44	53	77.47	18	62.72	38	89.96	4	76.84	14
科威特	76.94	60	76.62	25	64.39	20	88.40	6	76.45	15
捷克	77.31	56	78.55	16	63.72	25	84.62	16	76.39	16
斯洛文尼亚	76.87	61	77.28	19	62.65	40	85.78	12	75.79	17
卡塔尔	77.93	39	75.95	29	63.74	24	85.23	14	75.49	18
匈牙利	78.00	37	77.06	22	63.01	32	82.96	18	75.34	19
立陶宛	77.25	57	76.57	26	62.08	58	84.78	15	75.20	20
哈萨克斯坦	77.79	43	77.01	23	68.41	11	76.08	32	75.03	21

续表

经济体	维护客户关系		拓展经营空间		提升全球竞争力		服务国家战略		综合得分	
	得分	排序	得分	排序	得分	排序	得分	排序	得分	排序
拉脱维亚	78.72	18	77.06	21	62.09	57	81.52	20	74.94	22
巴林	77.82	41	78.63	15	63.02	31	76.74	30	74.69	23
乌克兰	77.81	42	75.21	33	65.70	13	80.61	23	74.61	24
波兰	78.30	29	77.21	20	60.98	61	80.90	22	74.57	25
马尔代夫	79.73	8	79.34	12	62.36	50	73.78	39	74.49	26
保加利亚	78.84	16	75.99	28	63.85	23	79.38	24	74.43	27
克罗地亚	78.41	28	75.84	31	62.57	44	79.06	25	73.96	28
黎巴嫩	78.09	32	75.89	30	66.95	12	73.42	41	73.72	29
文莱	78.23	30	78.70	14	62.76	37	71.43	50	73.60	30
阿曼	78.43	26	76.47	27	62.67	39	75.34	33	73.47	31
塞尔维亚	78.94	15	75.03	34	63.30	28	77.22	28	73.46	32
柬埔寨	79.69	9	79.77	9	62.89	34	67.11	60	73.39	33
白俄罗斯	77.14	58	74.80	35	62.59	43	78.46	26	73.21	34
罗马尼亚	78.11	31	74.75	36	65.17	16	75.16	34	73.20	35
乌兹别克斯坦	77.62	46	73.74	41	62.35	51	77.97	27	72.66	36
黑山	79.31	13	75.36	32	65.34	15	69.06	57	72.38	37
蒙古国	79.63	10	72.70	49	62.96	33	76.68	31	72.36	38
埃及	77.60	47	73.84	40	64.73	18	73.83	38	72.36	39
马其顿	78.72	19	74.14	37	62.54	45	74.63	35	72.33	40
吉尔吉斯斯坦	77.91	40	73.01	47	62.23	53	76.97	29	72.15	41
约旦	78.46	25	74.14	38	64.06	22	71.89	46	72.06	42
阿塞拜疆	78.64	21	73.18	43	62.79	36	74.47	37	71.93	43
菲律宾	77.98	38	72.57	52	65.57	14	73.12	44	71.90	44
阿尔巴尼亚	78.55	23	73.26	42	63.10	29	73.62	40	71.84	45
摩尔多瓦	78.43	27	73.03	46	62.38	49	74.56	36	71.76	46
格鲁吉亚	79.47	11	73.08	45	62.60	42	73.34	43	71.72	47

经济体	维护客户关系		拓展经营空间		提升全球竞争力		服务国家战略		综合得分	
	得分	排序	得分	排序	得分	排序	得分	排序	得分	排序
不丹	77.66	45	74.14	39	62.39	47	71.57	47	71.51	48
亚美尼亚	78.07	33	73.13	44	62.38	48	73.37	42	71.51	49
斯里兰卡	77.52	51	72.65	50	63.48	27	71.44	49	71.06	50
伊拉克	77.42	54	72.65	51	62.45	46	71.46	48	70.82	51
波黑	78.63	22	72.77	48	62.84	35	69.16	56	70.65	52
尼泊尔	77.45	52	70.83	55	63.09	30	72.53	45	70.41	53
巴基斯坦	77.11	59	70.93	54	64.23	21	70.66	53	70.27	54
孟加拉国	80.70	5	70.02	58	63.62	26	69.66	55	70.03	55
缅甸	78.05	34	70.72	56	62.62	41	70.99	52	70.02	56
土库曼斯坦	78.03	35	71.23	53	62.16	54	69.05	58	69.73	57
老挝	78.69	20	70.27	57	62.34	52	70.01	54	69.65	58
塔吉克斯坦	77.59	48	69.17	60	61.86	60	71.12	51	69.15	59
也门	77.74	44	69.78	59	62.13	55	67.91	59	68.82	60
阿富汗	77.39	55	64.95	61	61.99	59	63.08	61	65.64	61

如表 6-11 所示，根据商业银行海外布局的动因分析以及所设计的指标体系，由此便获得了我国商业银行在"一带一路"沿线经济体拓展的次序。

（四）层次分布分析

在获得我国商业银行在"一带一路"沿线经济体拓展次序的基础上，便可结合聚类分析法，对特征相似的地区进行归类。具体来说，本书先将各分项得分及综合得分标准化，再使用 STATA15.0 将标准化后的数据用平均联结法（average linkage）进行聚类分析，便可获得我国商业银行在"一带一路"沿线经济体布局次序聚类分析的结果，具体结果如图 6-9 所示。

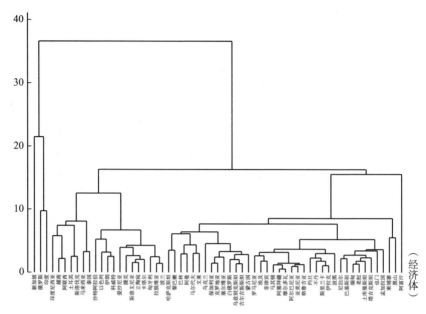

图 6 - 9 我国商业银行在"一带一路"沿线经济体布局次序聚类分析结果

如图 6 - 9 所示的我国商业银行在"一带一路"沿线经济体布局次序聚类分析的结果，可将我国商业银行在"一带一路"沿线经济体布局的次序分为以下五类。

第一类：新加坡、俄罗斯、印度；

第二类：印度尼西亚、越南、阿联酋、土耳其、斯洛伐克、马来西亚、泰国；

第三类：沙特阿拉伯、以色列、伊朗、科威特、爱沙尼亚、捷克、斯洛文尼亚、立陶宛、卡塔尔、匈牙利、拉脱维亚、波兰；

第四类：哈萨克斯坦、黎巴嫩、巴林、阿曼、马尔代夫、文莱、乌克兰、保加利亚、克罗地亚、塞尔维亚、白俄罗斯、乌兹别克斯坦、吉尔吉斯斯坦、蒙古国；

第五类：罗马尼亚、埃及、菲律宾、马其顿、阿塞拜疆、摩尔多瓦、阿尔巴尼亚、亚美尼亚、格鲁吉亚、约旦、不丹、斯里兰卡、伊拉克、波黑；

第六类：尼泊尔、巴基斯坦、缅甸、老挝、土库曼斯坦、塔吉克斯坦、也门、孟加拉国、柬埔寨、黑山、阿富汗。

三、结论与建议

本节在分析商业银行海外布局动因的基础上，涉及了评价我国商业银行在"一带一路"沿线经济体布局的评价指标体系，运用主成分分析法和聚类分析法评价了"一带一路"沿线经济体的基本情况，并得出了建议我国商业银行在"一带一路"沿线经济体布局的顺序。根据这些分析，可得到如下结论与建议。

第一，我国商业银行在"一带一路"沿线的布局有序推进。尽管影响商业银行在海外布局和拓展的主要因素多元，既有维护客户关系和拓展经营空间的考虑，还有提升全球竞争力和服务国家战略的需要，但从具体选择结果来看，新加坡具有作为国际金融中心的地位，还有作为发达国家的经济实力，因而在我国商业银行向"一带一路"沿线布局的评价结果中位于第一位，而我国在"一带一路"沿线已经布局和开展业务的 8 家商业银行均在新加坡设立了分支机构。这在一定程度上反映了我国各商业银行在"一带一路"沿线布局中有序推进的基本特征。

第二，我国商业银行在"一带一路"沿线的布局目标多元。本书结合维护客户关系、拓展经营空间、提升全球竞争力和服务国家战略四个维度设计指标体系，并给出了商业银行进入相关国家的次序建议。将评价结果和现实进入情况进行对比可以发现，一部分结果与我国商业银行的行为相符，如一些商业银行在新加坡、俄罗斯、印度尼西亚等国家的布局；但一些结果与我国商业银行的行为有一定偏离，如中国银行和中国工商银行在柬埔寨的布局。对于此偏离，可能与商业银行的进入由经济、政治、外交等多元需要相关。

第三，我国商业银行在"一带一路"沿线经济体布局主要按照由"中心"到"外围"的路径拓展。将本书的评价结果与表 6-4 所示的我国商业银行的实际行为结合起来看，两者较为一致地反映出各商业银行在与我国地理位置相近、经济发展水平较高、营商环境优越的经济体布局设点较多，从而体现出了由"中心"向"外围"扩展的方式。按照此逻辑，结合"一带一路"的地理区位，我国商业银行主要应基于与东南亚、中亚国家合作的地缘优势，随后按照从东南亚、中亚、西亚、北非再到北欧经济体的顺序推进。

第四，各商业银行在"一带一路"沿线经济体的布局应有序推进。我国各商业银行在"一带一路"沿线布局设立分支机构的数量具有明显的差异,中国银行和中国工商银行分别在"一带一路"沿线 23 个国家和 20 个国家设立了分支机构并成为"第一梯队",而中国建设银行、中国农业银行和交通银行则成为"第二梯队",而其他各商业银行也在跟进布局。我国各商业银行在"一带一路"沿线经济体布局的梯次演进特征,主要与各商业银行国际化经营基础、国际化经营经验和策略相关。在此现实情形下,目前已进入的商业银行及有计划要进入该地区的商业银行,应结合实际发展需要,把握恰当时机和节奏,逐步探索推进和完善在"一带一路"沿线布局和拓展的路径。

综上所述,本章主要分析了"一带一路"沿线经济体的经济金融环境以及银行业的发展特征,并基于此作出整体判断:为"一带一路"建设提供金融支持与服务,不仅是我国商业银行服务国家战略的需要,同样也为我国商业银行转型和发展提供了重要机遇。从现实推进情况来看,我国相关商业银行已在机构进入和业务开展等方面为支持"一带一路"建设提供金融支持作了有益探索,在机构进入、金融产品与金融服务创新、重要项目支持、投融资并举、融资与融智并行、金融科技的开发与使用、人民币国际化的有力推进等方面均取得了重要进展。最后,基于分析商业银行维护客户关系、拓展经营空间、提升全球竞争力和支持关键战略等海外拓展的动因,设计指标体系并评价了我国商业银行海外拓展的次序,并在与各商业银行在"一带一路"沿线拓展情况的基础上,总结了基本结论与建议。总体来看,"一带一路"倡议为商业银行的发展提供了良好机遇,各商业银行应根据自身实际发展需要,在准确把握时机和节奏的基础上进一步完善在"一带一路"沿线的布局。

第七章

社会资本支持"一带一路"建设研究

　　面对"一带一路"建设中巨额的资金需求，在政策性金融、多边性金融、商业银行提供支持的基础上，其他社会资本的进入和参与也是弥补资金缺口的重要思路。本章将重点关注丝路基金、PPP模式和商业性保险机构对"一带一路"建设的支持。总体来看，将丝路基金、PPP模式和商业保险机构归入社会资金可能具有一定歧义，本书做此划分的主要原因有：第一，对于丝路基金，其定位于以股权投资为主的中长期开发投资基金（金琦，2018），在具体业务中也以支持各类优质产能"走出去"和技术合作为主，具有明显的撬动社会资本参与"一带一路"建设的功能，因而本书基于丝路基金具有引导社会资本流动功能的认识将其纳入该章节进行分析。第二，对于公私合作伙伴关系（PPP）模式，该模式中固然有财政资金以及本书之前各章已述及的有关资金来源方式，但该模式在"一带一路"建设中使用比较广泛，并且吸引其他社会资金进入以弥补资金缺口是该模式的重要目的与功能，因而本书依然基于PPP模式撬动社会资本的功能将其纳入该章节进行分析。第三，对于商业性保险，在"一带一路"建设所面临环境复杂、风险多元的现实情形下，提供风险保障功能的商业性保险机构进入显得至关重要，加之其经营体现着明显的商业性，本书之前各章也尚未提及商业性保险机构，因而将商业性保险机构纳入该章节进行分析。

第一节　丝路基金支持"一带一路"建设研究

　　"一带一路"倡议提出和筹建"亚投行"之后，我国也于2014年成立了在"一带一路"建设中发挥独特作用的丝路基金。本节将在概述丝路基金之后，进一步分析丝路基金的运作机制，并借鉴全球其他投资基金运作经验，最后提出完善丝路基金运作的相关建议。

一、丝路基金概述

（一）丝路基金的设立

2014 年 11 月 4 日，习近平主席主持召开中央财经领导小组会议，设立"丝路基金"是此次会议的议题之一，这是"丝路基金"首次进入公众视野。2014 年 11 月 8 日，习近平主席宣布中国将出资 400 亿美元成立丝路基金。2014 年 12 月 29 日，丝路基金有限责任公司在北京注册成立，并正式开始运行。2017 年 5 月 14 日，习近平主席在国际合作高峰论坛上宣布，向丝路基金新增资金 1000 亿元人民币。丝路基金的基本信息如表 7-1 所示。

表 7-1　　　　　　　　　　　丝路基金的基本情况

项目	基本情况
基本定位	◇以股权投资为主的中长期开发投资基金
业务模式	◇以股权投资为主，兼具债权、基金投资功能
经营范围	◇进行股权、债权、基金贷款等投资
运行方向	◇市场化、国际化、专业化
运行原则	◇对接、效益、合作、开放
主要股东	◇国家外汇管理局——梧桐树投资平台有限责任公司（65%）； ◇中国投资有限责任公司——赛里斯投资有限责任公司（15%）； ◇中国进出口银行（15%）； ◇国家开发银行——通过国开金融有限责任公司（5%）
资金投向	◇重点支持实体经济发展； ◇支持投资所在国工业化、城镇化进程； ◇提升经济可持续发展能力
运营策略	◇夯实基础：强化项目驱动、扎实推进，避免概念驱动和投资冲动； ◇增进信任：合作中增进各方了解和互信，促进政策沟通和民心相通； ◇统筹兼顾：尊重投资所在国的法律，遵循国际标准，照顾各方"舒适度"，兼顾经济效益和社会效益； ◇探索创新：加强相关领域的研究，探索互利共赢、可复制可推广的合作模式
目标和愿景	◇"一带一路"建设的主要投资平台； ◇国际产能合作的助力者； ◇企业国际化发展的支持者

资料来源：根据丝路基金官网、金琦（2018）整理所得。

（二）丝路基金的基本属性

对于丝路基金的基本属性，作如下总结与说明。

第一，丝路基金非主权财富基金。根据国际主权财富基金论坛的定义[①]，所谓主权财富基金是指由一些主权国家政府所建立和拥有的用于长期投资的金融资产或基金；主权财富基金一般由专门的政府投资机构管理，主要来源是国家财政盈余、外汇储备、自然资源出口盈余等。丝路基金的第一大股东是梧桐树投资平台有限责任公司，该公司所投入的资金来源于外汇资产，从该意义上讲，丝路基金与主权财富基金有一定的相似之处。中国人民银行前行长周小川指出[②]，丝路基金与主权财富基金依然有着明显的区别，主权财富基金有一定的国家色彩、它强调"财富"的增加，多数主权财富基金在股票、债券、并购上有显著的配置，而丝路基金更加注重合作项目。

第二，丝路基金属于中长期股权投资基金。股权投资基金一般要经历"募、投、管、退"的过程，其退出方式也主要有 IPO、股权回购、兼并收购、破产清算四种，整个投资周期一般需要 3～7 年，是典型的中期投资基金。产业投资基金一般以推动某区域具体产业的发展为主要目的，而投资周期一般为 5～10 年，属于中长期投资基金。因此，从投资周期来看，丝路基金主要投向沿线经济体的基础设施建设、资源开发和产业合作等领域，这些领域投资的期限一般都比较长，有些投资项目甚至需要 15 年或者更长时间，因而丝路基金与产业投资基金有一定的相似性，属于中长期投资基金。

第三，丝路基金属于私募投资基金。丝路基金首期出资以非公开的、有选择性地向特定投资者募集资金，由国家外汇储备、中国投资有限责任公司、中国进出口银行和国家开发银行四家机构共同出资 100 亿美元，因而其资金来源并非是向社会的公开募集，属于私募性质。另外，相对于上市公司的股权而言，丝路基金的投资领域更偏重于初创期和未上市的项目，因而私募股权投资基金的属性比较明显。当然，丝路基金的注册信息表明，尽管以股权投资为主，但经营范围包括债权、基金、贷款等多元化

---

① 国际主权财富基金论坛（https：//www.ifswf.org/）。
② 周小川．丝路基金已开张运作不是中国版马歇尔计划［EB/OL］.观察者网．https：//www.guancha.cn/economy/2015_02_16_309687.shtml.

投融资形式，因而可通过投资组合的多样性来降低总体风险。

（三）设立丝路基金的意义

总体来看，设立丝路基金主要有以下意义：第一，丝路基金主要进行中长期股权投资，因而具有对投资项目增信和撬动贷款的作用，有利于动员多边性和商业性甚至社会资本等不同来源的资金来支持"一带一路"建设；第二，丝路基金以 PPP 等方式对其他类型资金的动员，有助于缓解项目所在国的债务压力；第三，丝路基金投资方式多元，因而可以灵活使用股权、债券和夹层融资等不同投融资方式，因而能够较好地实现各参与主体的利益捆绑和风险共担；第四，丝路基金具有一定的平台优势，能够有效收集目标市场有关金融、法律、税务、环保等领域的相关要求，能够帮助企业综合运用细分金融工具、推动各主体的深层次对接；第五，丝路基金具有双币种基金的优势，能够通过人民币投融资来拓宽资金来源，能够缓解境内企业因币种错配所带来的效率损失；第六，与亚投行等金融机构的组织形式不同，丝路基金采用了非银行性金融机构的形式，这在一定程度上丰富了"一带一路"沿线和国际金融秩序的参与主体。总体来看，丝路基金具有运用多种投融资工具进行产品与服务创新的优势，能够更好地支持我国与"一带一路"沿线经济体产业链和优势产业的跨境联通，有利于激发开放型经济增长的红利（金琦，2018）。

二、丝路基金支持"一带一路"建设的现状

（一）支持项目情况

具体项目是丝路基金支持"一带一路"建设的关键载体。自 2014 年底成立至 2019 年 3 月，丝路基金所签约的主要项目如表 7-2 所示。

表 7-2 丝路基金签约的主要项目情况

序号	日期	项目	项目所在经济体	投资方式
1	2015 年 4 月 20 日	吉拉姆河卡洛特水电站	巴基斯坦	投资入股由三峡集团控股的三峡南亚公司
2	2015 年 6 月 5 日	支持中国化工并购意大利倍耐力	意大利	成为中国橡胶国际控股（香港）有限公司股东，并持股25%

续表

序号	日期	项目	项目所在经济体	投资方式
3	2015 年 9 月 3 日	亚马尔液化天然气一体化项目	俄罗斯	购买 9.9% 的股权，7.3 亿欧元贷款
4	2015 年 9 月 3 日	与俄罗斯开发与对外经贸银行、俄罗斯直接投资基金签约	俄罗斯	共同投资
5	2015 年 12 月 14 日	签署中哈产能合作专项基金的框架协议	哈萨克斯坦	单独出资成立 20 亿美元基金
6	2016 年 1 月 19 日	阿联酋及埃及电站	阿联酋、埃及	股权加债权
7	2016 年 6 月 13 日	绿色环保能源利用协议	德国	参股欧洲能源利用有限公司（EEW）
8	2016 年 6 月 15 日	与欧洲复兴开发银行（EBRD）签署框架性合作谅解备忘录	欧盟	共同投资
9	2016 年 6 月 18 日	塞尔维亚新能源项目	塞尔维亚	联合投资
10	2016 年 10 月 13 日	IFC 亚洲新兴市场基金项目	国际金融公司（IFC）	股份认购
11	2016 年 11 月 7 日	收购俄罗斯西布尔公司少数股权项目	俄罗斯	收购 10% 股权
12	2016 年 11 月 14 日	中法 FC 基金项目	法国	股份认购
13	2017 年 1 月 23 日	厚安创新基金项目	中国	股份认购
14	2017 年 6 月 2 日	与欧洲投资基金共同投资框架协议	欧盟	共同投资
15	2017 年 3 月 7 日	迪拜哈翔清洁燃煤电站项目	阿联酋	参与银团贷款
16	2017 年 11 月	与通用电气成立能源基础设施联合投资平台	美国	共同投资
17	2017 年 7 月	收购意大利高速公路股权	意大利	收购 5% 股权
18	2018 年 6 月 6 日	乌兹别克斯坦油气项目	乌兹别克斯坦	未明确
19	2018 年 6 月 6 日	撒马尔罕综合开发项目	乌兹别克斯坦	未明确

序号	日期	项目	项目所在经济体	投资方式
20	2018 年 6 月	认购阿斯塔纳国际交易所部分股权	哈萨克斯坦	认购股权
21	2018 年 7 月	迪拜光热电站项目	阿联酋	共同投资
22	2018 年 10 月 29 日	阿曼光纤宽带项目	阿曼	参与亚投行牵头的贷款
23	2019 年 2 月 22 日	新能源投资平台项目	沙特阿拉伯	共同投资
24	2019 年 3 月 23 日	与意大利存贷款集团、意大利天然气管网运营公司签署投资合作备忘录	意大利	共同投资

资料来源：根据丝路基金官网整理所得。

对于表 7-2 所示的丝路基金所签约的项目情况，可以发现，丝路基金支持"一带一路"建设主要体现出以下特征。

第一，从投资方式来看，本书所整理出的上述项目中，丝路基金主要采取了股份认购、收购股权等股权投资方式，而相关数据也指出，股权投资占丝路基金总投资的比重在 70% 以上（魏革军，2017）。除股权投资之外，丝路基金在迪拜哈翔清洁燃煤电站、阿曼光纤宽带等项目中也采取了债权投资的方式，同时还单独出资 20 亿美元设立中哈产能合作基金以开展投资，因而丝路基金所采取的投资方式呈现多元化的特征。

第二，从投资领域来看，表 7-2 所整理出的 24 个项目中，丝路基金的支持领域主要在能源、交通、通信、管网等基础设施领域，因而体现出丝路基金助力"一带一路"互联互通、支持沿线经济体经济发展和改善民生的基本定位。

第三，从业务开展方式来看，丝路基金与俄罗斯开发与对外经贸银行、欧洲复兴开发银行（EBRD）、欧洲投资基金等国际知名金融机构合作，因而有利于利用这些机构的国际影响力和借鉴这些机构项目资源及管理经验，有利于实现优势互补、利益共享和风险共担。

第四，从所支持项目的区域分布来看，表 7-2 所示的各项目覆盖了俄罗斯、西亚和北非、中东地区、东南亚和欧洲等重点国家和区域，从而对"一带一路"沿线经济体的覆盖面比较广泛。

第五，在丝路基金所支持的项目中，所支持的首单业务（即卡洛特水电站项目）以及迪拜哈翔清洁燃煤电站项目等，较好体现了中方设计、中方融资、中方施工的特征，从而为我国装备制造、优质产能和技术标准走出去提供了平台支持，也较好支持了我国企业参与国际高端产业合作，有利于促进国内产业结构调整和经济结构优化升级。

　　第六，撬动社会资本，相关数据显示，所支持的项目总投资额约800亿美元，但丝路基金提供的资金为60亿美元左右，从而较好发挥了基金"四两拨千斤"的杠杆放大效应。

（二）国内跟进情况

　　如前所述，丝路基金类似于产业投资基金，而撬动社会资金的进入原本就是产业投资基金的基本功能与目的。除上述丝路基金有限责任公司所投资的具体项目之外，根据投中研究院的相关研究，我国部分地方政府也设立了"丝路基金"，并呈方兴未艾之势。具体来说，截至2017年5月，我国相关省份所设立的"丝路基金"情况如表7-3所示。

表7-3　　　中国相关省份所设立的"丝路基金"数量及规模

省份	基金数量（支）	基金规模（亿元）
广东	18	302.5
新疆	5	88.5
北京	4	1630.25
陕西	4	306
江苏	4	233.8
上海	2	66
浙江	2	41
宁夏	2	30.5
山东	2	30
福建	2	8.5
天津	1	200
河南	1	100
西藏	1	20
甘肃	1	10
河北	1	8.5

续表

省份	基金数量（支）	基金规模（亿元）
四川	1	5
河南	1	1
合计	52	3081.55

资料来源：投中研究院《2017 中国"丝路基金"研究报告》。

如表 7－3 所示，截至 2017 年 5 月，中国相关省份共设立"丝路基金"52 支，资金规模达 3081.55 亿元。需要说明的是，丝路基金有限责任公司与我国各地方政府所设立的"丝路基金"有明显区别，前者主要面向国际投资，支持中国企业"走出去"，后者虽冠以"丝路基金"的名称，但与前者相比显然来源于不同机构。不过，我国各地方政府所设立的基金，一方面，为"一带一路"国内沿线省区提供了资金支持；另一方面，也开展部分国际业务，从而是"丝路基金"概念下的重要组成部分。由此可以看出，国家层面所设立的丝路基金，较好撬动了国内资金，从而在一定程度上体现了丝路基金撬动社会资金的杠杆放大效应。

（三）丝路基金的运作方式

与私募基金的运作方式一样，丝路基金对"一带一路"建设的支持，最主要体现在融资和投资两方面。此处将结合丝路基金的具体投资案例，来分析丝路基金支持"一带一路"建设中的投资与融资，进而说明丝路基金的基本运作方式。

1. 丝路基金的融资方式。

如前所述，丝路基金与国内常见的产业投资基金在运营模式上有相似之处。以产业投资基金为例，其融资与杠杆功能的形成可表示为图 7－1。

如图 7－1 所示，产业投资基金按照母基金（FOFs）的方式运作，与私募股权投资机构合作成立子基金，子基金再投向目标企业（项目）。一般情况下，产业投资基金，尊重私募股权投资机构决策程序及市场化运作，该运作方式通过发起设立子基金，引导社会资本投资目标企业（项目），能够起到资金的杠杆放大作用。当然，为了更好发挥丝路基金的放大功能，丝路基金还联合相关金融机构为具体项目"增信"，如丝路基金支持的迪拜哈翔清洁燃煤电站项目，丝路基金联合中国工商银行、中国银行、中国建设银行、中国农业银行、渣打银行以及第一海湾银行等金融机构为该项目提供资金支持,从而体现出明确的"增信作用",有利于吸引更多的社会资金。

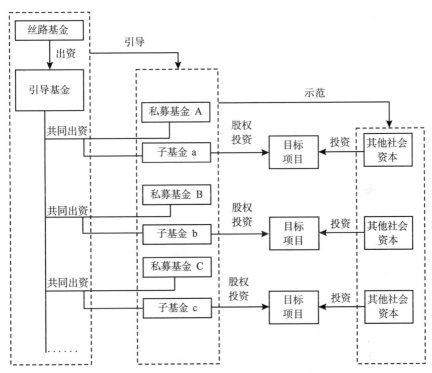

图 7 - 1 政府产业投资基金运作方式

2. 丝路基金的投资方式。

总体来看,丝路基金主要使用了两种投资方式:第一,"股权 + 债权"协同互补方式,如卡洛特水电站项目,丝路基金为三峡集团控股的三峡南亚公司提供资金支持,同时作为股权方进行投资的还有 IFC(国际金融公司);在债权投资方面,丝路基金联合国家开发银行、中国进出口银行和国际金融公司共同为迪拜哈翔清洁燃煤电站项目提供银团贷款。第二,基金投资联合创新,丝路基金单独出资成立的中哈产能合作专项基金、与国际金融公司(IFC)联合成立亚洲新兴市场基金、与欧洲投资基金所签署的共同投资框架协议等,都是丝路基金进行联合投资的重要基础。

三、丝路基金的优化思路分析

在上述对丝路基金基本情况及其支持"一带一路"建设情况进行分析的基础上，还应从以下几方面入手来进一步优化丝路基金。

（一）撬动更多资金参与"一带一路"建设

正如前已述及，丝路基金类似于产业投资基金的属性，因而尽管投资方式主要是股权投资，但并不刻意要求和强调占有该股权，而是谋求获得一定收益之后的退出。按此逻辑，丝路基金应从以下几方面入手来撬动更多资金的参与：第一，就国内而言，在丝路基金设立之后，国内相关省（区）发起设立了区域子基金，这些子基金具有浓厚的产业引导基金的特征，本身能够撬动更多、更丰富的国内和国际资本，因此，丝路基金应加强与国内子基金的合作，带动"一带一路"沿线各省份参与到建设中来，进而实现撬动社会资本、形成资金合力和带动国内企业"走出去"的多元目的。第二，丝路基金还可基于支持"一带一路"建设中互联互通的需要，按照国内设立产业引导基金、私募基金的运行机制，与具体行业或区域的相关投资主体共同发起设立子基金，以撬动行业或区域更多的社会资本参与进来。第三，除了撬动国内社会资金之外，丝路基金还可利用股权投资的优势，进一步加强与东道国相关金融机构和企业的对接，撬动更多东道国各类资金的进入。第四，除了撬动国内社会资金和东道国资金之外，还可进一步提高信息披露程度，撬动更多"一带一路"域内及域外资金的加入。通过上述各渠道，一方面，有利于形成资金支持"一带一路"建设的合力；另一方面，还有利于国际经验互鉴、提升丝路基金和中国的影响力。

（二）进一步发挥示范引导作用

"一带一路"建设涉及国家（地区）众多、需要的资金量巨大，丝路基金可进一步利用投资形式多元和灵活的优势，从以下几方面入手来更好发挥投资的导向作用：第一，重点投资与支持一些具有示范意义的项目，客观地讲，尽管我国发起"一带一路"已有一段时间，"一带一路"建设也取得了一定的进展，但沿线经济体参差不齐的经济社会发展水平等原因所引致的质疑之声一直不断，还有一些资本也处于观望状态，因而重点支持和打造一些在环保、经济收益、社会效应等方面效果明显的项目有利于消弭质疑之声，同时也有利于提高丝路基金对社会资本的吸引力。第二，我国传统的国际投资业务以提供贷款为主，而丝路基金所代表股权投资运营经验相对有限，加之国际上直接投资领域的竞争却异常激烈，因而丝路基金要在股权投资的融资、投资、管理、退出各阶段加强探索、积累经验，以获得国际同行认可，进而增强对资金的吸引能力、降低资金的使用成本、提高投资项目的效益。第三，"一带一路"沿线是丝路基金投资的主要区域，加之丝路基金是我国以直接投资方式支持"一带一路"建设的主要机构，因而丝路基金投向的产业、投向的区域、投向的领域对我国有意向开展国际直接投资的机构有着重要影响力和引导力，这就要求丝路基金在项目储备、项目投资和项目执行中更好发挥国际直接投资的引导力。

（三）引领创新"一带一路"的金融支持体系

"一带一路"所关注的基础设施建设投资具有投资周期长、数量巨大等特征，而具有中长期私募基金属性的丝路基金对短期财务回报水平的容忍度较高，更看重项目的中长期合理投资收益，因而可以弥补基础设施建设投资的资金缺口。另外，"一带一路"建设中重点支持基础设施建设、能源开发、产能合作等领域的项目，但这些领域一般具有交易结构较为复杂的特征，丝路基金可进一步发挥能够灵活组织多种投资工具的功能，为具体项目的开展搭建适宜的投融资模式。具体来说，丝路基金以股权投资为主，但其经营范围还包括债权、夹层投资和子基金等多种投资方式，是支持"一带一路"建设的金融机构中极少数能够采取全类型投资工具的机构，因而丝路基金可进一步利用该优势，为项目所涉及的企业和投融资各方搭建最优的交易架构和融资架构，更好满足投融资各方的要求。

（四）协同各主体管控金融风险

正如本书已指出的，"一带一路"建设中所面临的金融风险多元，加之丝路基金以股权投资为主要投资方式，该方式所面对的风险一般还要高于债权投资，因而，管控好投资中的风险不能不是丝路基金运行中尤其要关注的问题。丝路基金运行中可从以下几方面入手来管控好金融风险：第一，"一带一路"沿线基础设施建设所涉及的相关项目所需资金量庞大，因而丝路基金往往与其他相关主体一起来为具体项目提供资金支持，这也就为具体项目引入了多元投资主体，因而可通过加强具体项目各投资主体之间的相互协同和良性互动来形成抵御风险的合力。第二，在引入多元投资主体之后所引起的新问题便是需要明晰不同主体所承担的经营管理责任,一般情况下,丝路基金作为财务投资人,需要明晰与其他投资主体之间建立起权责清晰的治理结构,明确激励约束机制,实现风险共担。第三,丝路基金所进行的股权投资并不要求对具体项目的长期所有权,在投资开始就需设计可行的退出机制,因而对具有一定商业性的项目可设计上市并实现投资收益之后的退出机制,对商业性有限的项目则可与有关政府部门和企业约定回购、股权转让等退出方式和收益实现机制,并且应将具体退出机制体现在投资协议之中。第四,丝路基金主要进行股权投资,一般具有不同于债权投资的经营管理决策权,因而可基于此敦促各参与主体遵守相关规定,降低运营风险。第五,对所投资项目可能面对风险的判断也是防范风险的关键措施,丝路基金投资项目遴选时尤其要做好细致、全面的尽职调查,对可能面对的各种风险进行预估和判断,设计与之对应的应对机制和补偿办法并体现在投资协议之中。

总体来看,丝路基金主要开展的股权投资方式对"一带一路"倡议金融支持体系的建设具有重要意义,而丝路基金设立以来为我国跨境直接投资作了有益探索和实践。在未来投资实践中,丝路基金需在撬动更多社会资金进入、发挥示范与引导作用、引领创新"一带一路"金融支持体系和防范金融风险等方面入手,以创新"一带一路"建设的资金支持体系。

第二节　PPP 模式及社会资本参与情况研究

截至目前,本书主要分析了各类金融机构支持"一带一路"建设的具体情况,不过考虑到"一带一路"沿线经济体基础设施建设巨额的资金需求,进一步撬动社会资金参与到"一带一路"建设中来,必然是缓解资金缺口的重要途径。在现实经济世界中,以公私合作、利益共享、风险共担和提高效率为主要特征与目的的政府和社会资本合作模式(Public-Private Partnership,PPP),通过吸引私人资本参与基础设施服务建设,既有助于缓解政府的财政压力,还有助于改善一国的基础设施水平,是吸引私人资本进入基础设施建设领域的重要融资方式(叶芳,2017)。鉴于此,本节将在概述"一带一路"沿线经济体 PPP 项目情况的基础上,结合计量经济模型检验社会资本参与 PPP 项目的影响因素,进而为撬动更多的社会资本参与"一带一路"建设提供政策建议。

一、"一带一路"沿线经济体的 PPP 项目概述

世界银行"私营部门参与基础设施建设数据库"(Private Participation in Infrastructure Database,PPI),收集了全球 130 多个国家以 PPP 模式所支持的基础设施建设项目的详细情况,其中包括 45 个"一带一路"沿线经济体的 PPP 项目情况①,可根据这些基础数据来分析相关"一带一路"沿线经济体运用 PPP 模式支持基础建设的总体情况。

(一) PPP 项目数量与投资额情况

根据世界银行 PPI 数据库,本书以 2013 年底"一带一路"倡议的提出为时间节点,分别选择了该倡议提出之前的四年(2010~2013 年)和该倡议提出之后的四年(2014~2017 年),并整理了 2010~2017 年部分沿线经济体 PPP 项目的数量和投资额情况,具体如图 7-2 所示。

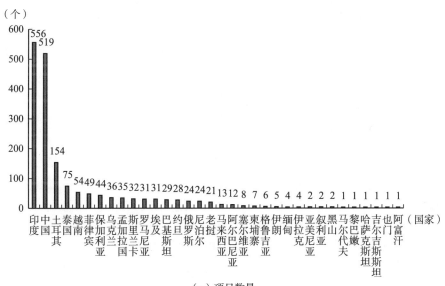

(a) 项目数量

---

① PPI 数据库中所涉及的"一带一路"沿线 45 个经济体名单为:阿富汗、阿尔巴尼亚、亚美尼亚、阿塞拜疆、孟加拉国、白俄罗斯、不丹、保加利亚、柬埔寨、中国、埃及、格鲁吉亚、印度、印度尼西亚、伊朗、伊拉克、约旦、哈萨克斯坦、吉尔吉斯斯坦、老挝、黎巴嫩、马其顿、马来西亚、缅甸、尼泊尔、巴基斯坦、菲律宾、罗马尼亚、俄罗斯、塞尔维亚、斯里兰卡、叙利亚、塔吉克斯坦、泰国、东帝汶、土耳其、乌克兰、乌兹别克斯坦、越南、也门、马尔代夫、蒙古国、黑山、摩尔多瓦。

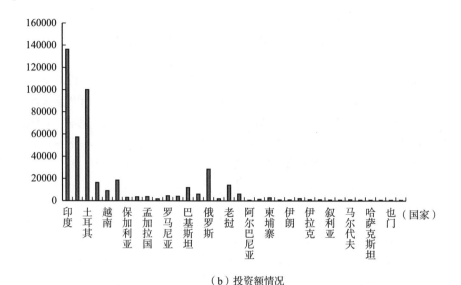

（b）投资额情况

图 7 – 2　2010 ～ 2017 年"一带一路"沿线部分国家 PPP 项目数量和投资额情况

资料来源：根据世界银行 PPI 数据库相关数据整理所得。

如图 7 – 2 所示，PPI 数据库中涉及了 1990 ～ 2017 年 45 个"一带一路"沿线经济体 PPP 项目情况，但在 2010 ～ 2017 年阿塞拜疆、白俄罗斯、不丹、印度尼西亚、马其顿、塔吉克斯坦、东帝汶、乌兹别克斯坦、蒙古国、摩尔多瓦 10 个经济体在具体财政年度所发起的 PPP 项目数为 0，因而仅有 35 个经济体在具体财政年度有 PPP 项目。从 2010 ～ 2017 年有 PPP 项目的 35 个经济体来看，其项目数量和投资额呈现以下特征：第一，从项目数量来看，各经济体数量方面的差别较大，印度 556 个 PPP 项目数量最多，中国 519 个 PPP 项目居于第二位，而马尔代夫等 6 个经济体仅有 1 个 PPP 项目，从而各国 PPP 项目数量的差异较大；第二，从项目投资额来看，印度以八年间 1.36 万亿美元的投资额居于 35 个经济体的首位，土耳其和中国分别以 1.00 万亿美元和 5732.52 亿美元居于 35 个经济体的第二位、第三位，而阿富汗以 1900 万美元的投资额居于第 35 位，从而各经济体 PPP 项目的投资额也呈现出明显的差异；第三，将项目数量与投资额结合起来看，图 7 – 1（a）（b）按照项目数量作了排序，但对比（a）（b）两幅图发现，（b）图明显表现出投资额与数量并不成正比例的关系。总体来看，2010 ～ 2017 年，"一带一路"沿线经济体中 PPP 项目的数量和投资额差别较大，因而探究影响投资额和数量的因素显得十分必要。

（二）"一带一路"倡议提出前后 PPP 项目数量的比较

实现基础设施的互联互通是"一带一路"倡议提出的重要目的，那么在"一带一路"倡议提出前后，是否带动了 PPP 项目的明显变化呢？本书分别整理了"一带一路"提出之前四年（2010～2013 年）和"一带一路"倡议提出之后四年（2014～2017 年）PPP 项目的数量情况，具体如图 7-3 所示。

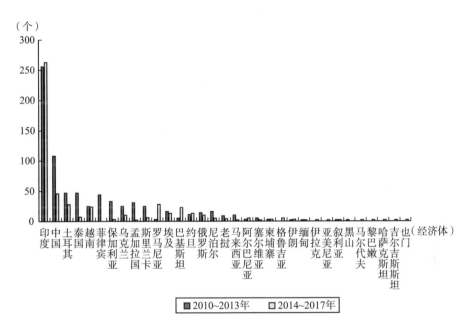

图 7-3 "一带一路"倡议提出先后 PPP 项目数量的比较

资料来源：根据世界银行 PPI 数据库相关数据整理所得。

如图 7-3 所示，以 2013 年底为时间节点，比较"一带一路"倡议提出前后沿线经济体 PPP 项目的数量可以发现，2010～2013 年 PPP 项目数量大于 2014～2017 年 PPP 项目数量的经济体有 18 个，而 2010～2013 年 PPP 项目数量小于 2014～2017 年 PPP 项目数量的经济体有 14 个，2010～2013 年和 2014～2017 年 PPP 项目数量相等的经济体有 3 个。因此，仅从"一带一路"倡议提出前后 PPP 项目数量的对比来看，我们并没有发现 PPP 项目的数量因"一带一路"倡议的提出而表现出增加的态势，甚至还表现出一定减少的态势，这在一定程度上说明以合适的方式撬动社会资本参与"一带一路"建设成为不容忽视的问题。

(三) 项目类型分析

世界银行 PPI 数据库中详细陈述了所涉及 PPP 项目的具体类型。2010 ~ 2017 年,"一带一路"沿线经济体 PPP 项目类型的分布情况如表 7 - 4 所示。

表 7 - 4 2010 ~ 2017 年 "一带一路" 沿线经济体 PPP 项目类型分布表 单位:项

序号	经济体	绿地项目	资产剥离	棕地项目	管理和租赁合约	数量合计
1	印度	296	1	253	6	556
2	中国	435	8	42	34	519
3	土耳其	103	14	30	7	154
4	泰国	74	1	0	0	75
5	越南	51	3	0	0	54
6	菲律宾	38	1	8	2	49
7	保加利亚	42	0	2	0	44
8	乌克兰	18	18	0	0	36
9	孟加拉国	34	0	1	0	35
10	斯里兰卡	32	0	0	0	32
11	罗马尼亚	27	2	0	2	31
12	埃及	30	0	0	1	31
13	巴基斯坦	28	0	1	0	29
14	约旦	25	0	2	1	28
15	俄罗斯	16	1	6	1	24
16	尼泊尔	23	0	0	1	24
17	老挝	21	0	0	0	21
18	马来西亚	13	0	0	0	13
19	阿尔巴尼亚	8	2	2	0	12
20	塞尔维亚	8	0	0	0	8
21	柬埔寨	7	0	0	0	7

序号	经济体	绿地项目	资产剥离	棕地项目	管理和租赁合约	数量合计
22	格鲁吉亚	4	1	1	0	6
23	伊朗	4	0	1	0	5
24	缅甸	4	0	0	0	4
25	伊拉克	2	0	2	0	4
26	亚美尼亚	0	1	0	1	2
27	叙利亚	0	0	0	2	2
28	黑山	1	1	0	0	2
29	马尔代夫	0	0	1	0	1
30	黎巴嫩	1	0	0	0	1
31	哈萨克斯坦	0	1	0	0	1
32	吉尔吉斯斯坦	0	1	0	0	1
33	也门	1	0	0	0	1
34	阿富汗	1	0	0	0	1
——	数量合计	1389	56	354	58	1857

资料来源：根据世界银行 PPI 数据库相关数据整理所得。

如表 7-4 所示，2010~2017 年，"一带一路"部分沿线经济体所开展的 1857 项 PPP 项目中，总体上有绿地项目、资产剥离、棕地项目、管理和租赁合约四种形式。一般来说，绿地投资的主要特征是从无到有开展建设，是创建投资，因而一方面具有投资者可以灵活掌握项目情况、选择余地大等优势，另一方面则对投资者的资金实力、运营能力和风险承受能力也提出了更高要求；棕地投资的主要特征是投资者租用已有的设施开展建设而不是新建设施，属于"过继投资"，因而棕地投资具有启动成本低、反悔成本低等优势；资产剥离方式指私营机构可以通过参与资产拍卖、公开发行、规模私有化项目等方式获得国有机构的资产；在管理与租赁合同方式下，私人机构在一定期限内对国有部分具有管理权，但同时相关经济体的政府仍拥有投资决策权，根据所签署的管理合同或租赁合同的形式不同，项目风险分别主要在政府方和私人部门。对私人部门而言，这四种方式承担风险由高到低的次序为绿地项目、棕地项目、资产剥离、管理和租赁合同。从"一带一路"部分沿线经济体所开展的 PPP 项目来看，绿地项目、资产剥离、棕地项目、管理和租赁合约的总量分别为 1389 项、56 项、354 项和 58 项,所占总项目数量的比重分别为 74.80%、3.02%、19.06% 和 3.12%,因而绿地项目和棕地项目的数量占比达到 93.86%。从各经济体 PPP 项目类型的分布来看,中国 PPP 项目中绿地项目的比重达到 83.82%,高于同期"一带一路"沿线经济体的平均水平,从而项目承担企业自身承担了较高风险的同时,却为东道国带来更多资金、创造更多就业岗位和带来长远经济效益;印度棕地项目的比重达到 45.50%,明显高于沿线其他国家的该比例。总体来看,2010~2017 年,"一带一路"沿线经济体所采取的绿地项目所占比重普遍较高。

(四) 投资领域分析

世界银行 PPI 数据库中详细陈述了相关 PPP 项目所涉及的具体领域。2010~2017 年,"一带一路"沿线经济体 PPP 项目涉及领域的分布情况如表 7 - 5 所示。

表 7 - 5 　　　　　　　 2010~2017 年"一带一路"沿线经济体
PPP 项目涉及领域分布 　　　　　单位:项

序号	经济体	能源	交通	水务	通信	数量合计
1	印度	273	277	6	0	556
2	中国	298	48	173	0	519
3	土耳其	137	17	0	0	154
4	泰国	74	1	0	0	75
5	越南	50	3	1	0	54
6	菲律宾	33	15	1	0	49
7	保加利亚	42	2	0	0	44
8	乌克兰	34	1	0	1	36
9	孟加拉国	33	1	0	1	35
10	斯里兰卡	30	2	0	0	32
11	罗马尼亚	28	3	0	0	31
12	埃及	28	1	2	0	31
13	巴基斯坦	28	1	0	0	29
14	约旦	25	1	2	0	28

续表

序号	经济体	能源	交通	水务	通信	数量合计
15	俄罗斯	11	11	2	0	24
16	尼泊尔	22	1	1	0	24
17	老挝	21	0	0	0	21
18	马来西亚	12	1	0	0	13
19	阿尔巴尼亚	10	2	0	0	12
20	塞尔维亚	7	0	1	0	8
21	柬埔寨	6	1	0	0	7
22	格鲁吉亚	5	0	1	0	6
23	伊朗	4	1	0	0	5
24	缅甸	2	0	0	2	4
25	伊拉克	1	1	0	2	4
26	亚美尼亚	1	0	1	0	2
27	叙利亚	0	0	0	2	2
28	黑山	1	1	0	0	2
29	马尔代夫	0	1	0	0	1
30	黎巴嫩	1	0	0	0	1
31	哈萨克斯坦	0	1	0	0	1
32	吉尔吉斯斯坦	1	0	0	0	1
33	也门	0	0	0	1	1
34	阿富汗	1	0	0	0	1
——	数量合计	1261	396	191	9	1857

资料来源：根据世界银行PPI数据库相关数据整理所得。

如表7-5所示，2010~2017年"一带一路"沿线经济体所开展的1857项PPP项目中，全部项目均集中在能源、交通、水务、通信等基础设施领域，并且在这四个领域项目的比重分别为67.91%、21.32%、10.29%和0.48%，因而大量的项目集中在能源领域。从"一带一路"沿线经济体所开展PPP项目的类型来看，中国的投资领域集中在能源和水务领域，并且在这两个领域投资所占的比重分别为57.42%和33.33%，因而在能源领域的项目比例低于沿线经济体的平均水平，而在水务领域项目的比例高于沿线经济体的平均水平，从而对改善东道国的基础设施水平必将起到积极作用。

（五）私人部门投资比例分析

2010～2017年，"一带一路"沿线经济体PPP项目中私人部门投资比例的分布情况如表7－6所示。

表7－6　　　　2010～2017年"一带一路"沿线经济体PPP项目
私人部门投资比例分布

序号	经济体	0～20%	20%～40%	40%～60%	60%～80%	80%～100%	100%	空缺
1	印度	1	1	0	6	2	546	0
2	中国	1	6	18	11	19	462	2
3	土耳其	0	0	0	4	0	150	0
4	泰国	0	0	0	1	1	73	0
5	越南	0	2	4	1	0	47	0
6	菲律宾	0	0	0	0	1	47	1
7	保加利亚	0	0	0	0	2	42	0
8	保加利亚	0	0	0	0	2	42	0
9	乌克兰	0	10	5	3	1	17	0
10	孟加拉国	0	0	1	2	0	31	1
11	斯里兰卡	0	0	2	0	1	29	0
12	罗马尼亚	1	0	1	0	0	29	0
13	埃及	0	0	0	1	0	29	1
14	巴基斯坦	0	0	0	3	0	26	0
15	约旦	0	0	0	1	0	27	0
16	俄罗斯	0	2	8	2	0	12	0
17	尼泊尔	0	1	0	3	0	20	0
18	老挝	0	0	0	6	8	7	0
19	马来西亚	0	1	1	1	0	10	0

序号	经济体	0 ~ 20%	20% ~ 40%	40% ~ 60%	60% ~ 80%	80% ~ 100%	100%	空缺
20	阿尔巴尼亚	0	0	0	0	0	12	0
21	塞尔维亚	0	0	0	0	0	8	0
22	柬埔寨	0	0	0	0	0	7	0
23	格鲁吉亚	0	0	0	0	0	6	0
24	伊朗	0	0	0	0	0	5	0
25	缅甸	0	0	0	0	0	3	1
26	伊拉克	0	0	0	0	0	4	0
27	亚美尼亚	0	0	0	0	0	2	0
28	叙利亚	0	0	0	0	0	2	0
29	黑山	0	0	0	1	0	1	0
30	马尔代夫	0	0	0	0	0	1	0
31	黎巴嫩	0	0	0	0	0	1	0
32	哈萨克斯坦	0	0	1	0	0	0	0
33	吉尔吉斯斯坦	0	0	0	0	0	1	0
34	也门	0	0	0	0	0	0	1
35	阿富汗	0	0	0	0	0	1	0

资料来源：根据世界银行 PPI 数据库相关数据整理所得。

如表 7-6 所示，2010 ~ 2017 年部分"一带一路"沿线部分经济体 PPP 项目中私人部门投资所占比重的分布中，大多数经济体的 PPP 项目私人部门投资所占比重在 100%，这主要说明了私人部门提供资金、劳动力、技术、管理等生产要素，政府部门提供政策等支持的公私合作方式。就中国所开展的 PPP 项目而言，私人部门投资比重达到 100% 的项目有 462 项，占同期 519 项总量的比重为 89.01%；而同期印度所开展的 556 个 PPP 项目中，私人部门投资占比达到 100% 的项目有 546 个，该比例达到 98.2%；因而中国的 PPP 项目总体上体现出私人部门占比较低、公共部门占比较高的特征。

综上，该部分结合世界银行 PPI 数据库的相关数据，分析了 2010 ~ 2017 年"一带一路"部分沿线经济体 PPP 项目的统计特征。总体来看，沿线经济体 PPP 项目在数量和投资额上的差距比较大,"一带一路"倡议前后 PPP 数量未表现出明显的变化,所开展的项目以绿地投资和能源领域为主,并且体现出私人部门投资占比较高的特征。

二、模型设定及数据描述

PPP 模式是撬动社会资金满足"一带一路"建设中基础设施互联互通等领域巨额资金需求的重要思路,而本节第一部分的相关统计描述也清晰表明"一带一路"沿线经济体之间所开展的 PPP 项目数量和投资额有着明显差异。鉴于此,探明究竟是什么因素导致了各经济体 PPP 项目数量和投资额的差异,有助于为启动和开展更多的 PPP 项目参与"一带一路"建设提出有针对性的政策建议。现有相关研究中,阿马米(Hammami,2006)实证检验了目标经济体禀赋对多边性金融机构参与 PPP 项目的影响;陈(Chen,2016)实证检验了财政约束、政策环境、宏观经济稳定性等因素对 31 个发展中国家 PPP 项目数量的影响;刘浩等(2018)实证检验了"一带一路"沿线经济体 PPP 项目的成效;宋夏子、王言(2018)则实证检验了政府治理对社会资本参与交通基础设施 PPP 项目中的影响。这些研究所关注的影响 PPP 项目开展的相关因素为本书提供了有益借鉴,而此处将结合相关数据实证检验"一带一路"沿线经济体 PPP 项目数量和投资额的影响因素。

(一)模型设定

对于 PPP 项目,由于私人部门一般能够较好管理控制基础设施建设工程项目中的各种风险,但却无法有效管控项目所在国政府部门所带来的风险。因此,私人资本在决定是否参与相关基础设施建设项目时,首先考虑项目发起政府部门的可信性和稳定程度,如果 PPP 项目发起的政府部门政治环境不稳定、腐败问题严重,那么公共部门违反条约的可能性便比较高,从而会降低私人部门参与 PPP 项目的积极性;与此相反,优质的政府部门则有助于提高私人部门参与 PPP 项目的积极性。另外,在本书所关注的开放经济条件下,吸引国际资本的进入也是 PPP 项目重要的资金来源,而国际资本的进入往往与东道国宏观经济环境、金融环境、国家治理等因素相关。因此,本书重点检验宏观经济环境、金融环境、国家治理等因素,对 PPP 项目数量和投资额的影响。具体的,建立如式(7-1)、式

（7-2）所示的计量经济模型：

$$NUM_{it} = \beta_0 + \beta_1 ECO_{it} + \beta_2 FIN_{it} + \beta_3 GOV_{it} + \varepsilon_{it} \qquad (7-1)$$

$$INV_{it} = \beta_0 + \beta_1 ECO_{it} + \beta_2 FIN_{it} + \beta_3 GOV_{it} + \varepsilon_{it} \qquad (7-2)$$

如模型（7-1）、模型（7-2）所示，各变量的具体含义如下。

NUM_{it} 和 INV_{it} 分别是目标经济体 PPP 项目的数量和合同投资额，本书对样本区间内各经济体 PPP 项目的数量与合同投资额均分别进行计数和相加，进而获得相关经济体、具体年份 PPP 项目的数量和合同金额的具体数据。

ECO_{it} 为衡量目标经济体经济环境的指标，分别用人均 GDP、总人口、外汇储备来衡量，对具体数据作对数处理，并分别用 $\ln pgdp_{it}$、$\ln pop_{it}$ 和 $\ln resv_{it}$ 来表示。

FIN_{it} 为衡量目标经济体金融环境的指标，分别用私人部门的国内信贷占 GDP 比重和外商直接投资占 GDP 比重来衡量，对具体数据作对数处理，并分别用 $\ln loan_{it}$ 和 $\ln din_{it}$ 来表示。

GOV_{it} 为表示政府治理的指标，根据全球治理指标（WGI）数据库①，主要用政治稳定性（stab）、政府效率（eff）、市场规制能力（reg）、法治化水平（law）、公众民主程度（voc）和控制腐败能力（crpt）六个指标来衡量。

（二）数据描述

根据模型（7-1）和模型（7-2）以及前述对各指标的定义，便可结合相关数据库获得各指标的具体数据。至于以上各指标相关数据的具体来源，两个被解释变量的相关数据来源于世界银行 PPI 数据库，政府治理指标的相关数据来自世界银行 WGI 数据库，其余各指标的数据来源于世界银行 WDI 数据库。由于世界银行 WGI 数据库相关的六个指标的起止年份为 1996~2017 年，因而本书以 1996~2017 年为样本区间；另外，世界银行 PPI 数据库涉及了前已述及的"一带一路"沿线的 45 个经济体 1996~2017 年的 4460 个 PPP 项目，但结合 WDI 数据库中其他指标数据的收集情况，阿富汗、东帝汶、黑山、伊拉克、叙利亚 5 个经济体的部分数据严重

---

① 根据全球治理指标（WGI）数据库的定义，政治稳定性主要反映一国政府当局违宪和暴力推翻的可能性；政府效率主要反映政府当局政策制定和执行的效率情况；市场规制能力主要反映政府当局制定和执行有利于市场化和私营部门发展政策的能力；法治化水平主要衡量该国经济主体对法律、契约的遵守情况以及对知识产权保护的情况；公众民主程度（voc）主要反映一国公民的话语权和影响力；控制腐败能力主要反映一国政府控制和预防公共服务部门腐败的能力。这六个指标的取值在 -2.5~2.5 之间，取值越大表明相关环境越理想。

缺失，因而本书的样本区间为 1996～2017 年，样本单位为"一带一路"沿线 39 个经济体。根据上述模型、所涉及指标和相关数据库，本书收集了该短面板数据，并对这 39 个经济体的部分缺失数据以相邻 3 年均值的方式作了补充之后，相关数据的基本统计量如表 7 - 7 所示。

表 7 - 7 面板数据统计描述结果（1996～2017 年）

变量	N	均值	标准差	最小值	最大值	1/4 分位数	中位数	3/4 分位数
NUM_{it}	858	5.02	14.17	0	129	0	0	3
INV_{it}	858	1012.81	3565.93	0	45685.11	0	0	417
$\ln pgdp_{it}$	858	7.48	1.05	4.89	9.68	6.7	7.48	8.3
$\ln pop_{it}$	858	16.76	1.8	12.47	21.05	15.48	16.75	18.07
$\ln resv_{it}$	858	21.55	4.37	2.72	28.99	20.52	22.17	23.82
$\ln loan_{it}$	858	3.66	2.36	0.15	17.29	2.77	3.43	3.96
$\ln din_{it}$	858	20.37	2.88	2.31	26.4	19.06	20.76	22
$stab$	858	-0.57	0.79	-2.96	1.28	-1.12	-0.55	0.03
eff	858	-0.37	0.5	-1.92	1.27	-0.71	-0.4	-0.06
reg	858	-0.41	0.61	-2.34	1.05	-0.74	-0.37	-0.05
law	858	-0.51	0.52	-1.75	0.63	-0.91	-0.5	-0.1
voc	858	-0.63	0.67	-2.23	0.69	-1.13	-0.57	-0.09
$crpt$	858	-0.61	0.5	-1.67	1.57	-0.99	-0.64	-0.33

如表 7 - 7 所示的相关数据统计描述结果，相关统计量基本勾勒出了具体变量的基本统计特征，值得注意的是，两个被解释变量的相关统计量显示可能具有一定异常，经与原始数据对比，由于较多经济体 PPP 项目的数量和投资为 0，因而难以进行自然对数处理，但基本能排除异常值的影响。另外，从统计描述结果来看，基本可以排除异常值、离群值和计算错误的情况，可以利用这些数据进行后续的分析。另外，为了获得这些变量的直观关系，本书给出了"一带一路"沿线经济体 PPP 项目数量、投资额以及经济环境、金融环境指标的相关系数矩阵图，同时也给出了"一带一路"沿线经济体 PPP 项目数量、投资额与反映这些国家治理情况的六个指标的相关系数矩阵图，具体分别如图 7 - 4、图 7 - 5 所示。

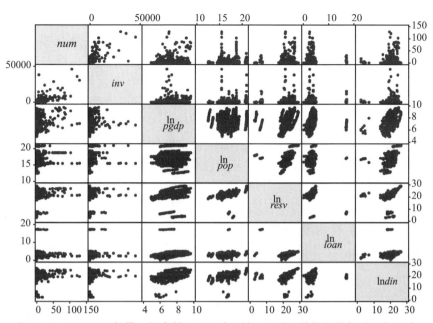

图 7-4 PPP 项目数量、投资额以及经济环境、金融环境指标的相关系数矩阵

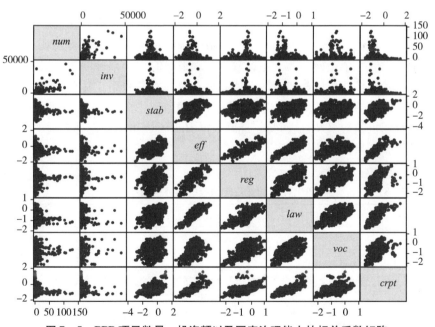

图 7-5 PPP 项目数量、投资额以及国家治理能力的相关系数矩阵

如图 7 - 4、图 7 - 5 所示的各指标与"一带一路"沿线经济体 PPP 项目数量和投资额之间的关系，可以发现以下统计特征：第一，两幅图形均较为直观地反映出了项目数量和投资额之间的正向关系；第二，人均 GDP、外汇储备和外商直接投资占 GDP 比重与 PPP 项目数量之间的正向关系；第三，外汇储备和外商直接投资占 GDP 比重与 PPP 项目投资额之间的正向关系；第四，政治稳定性、市场规制能力和公众民主程度与 PPP 项目数量之间的正向关系；第五，政治稳定性、政府效率、市场规制能力与 PPP 项目投资额之间的正向关系。该相关性分析有助于为后续的实证分析提供直观判断。

三、实证检验及主要结论

（一）实证检验

根据研究设计，需要实证检验"一带一路"沿线经济体 PPP 项目数量的影响因素，以及 PPP 项目投资额的影响因素。

1. PPP 项目数量的影响因素。

对于 1996 ~ 2017 年"一带一路"沿线经济体 PPP 项目数量影响因素的实证检验，由于所涉及指标较多、数据来源也不同，因而将宏观经济与金融环境的 5 个指标归为一组，政府治理情况的六个指标归为一组进行检验。在具体检验中，先进行混合回归分析以建立参照系，随后进行面板数据估计常用的固定效应（FE）模型以检验可能不随时间变化的遗漏变量，再进行随机效应（RE）回归，最后根据 Hausman 检验以选择合适的模型。具体检验结果如表 7 - 8 所示。

表 7 - 8　　　　　　　PPP 项目数量影响因素的实证检验结果

变量	混合回归		固定效应（FE）		随机效应（RE）	
	模型 1	模型 2	模型 3	模型 4	模型 5	模型 6
$\ln pgdp_{it}$	0.9001 *** (0.3581)		2.4101 *** (1.0669)		0.1692 (0.7931)	
$\ln pop_{it}$	0.9802 *** (0.3432)		4.7849 ** (2.2191)		0.0074 (1.1173)	

续表

变量	混合回归		固定效应（FE）		随机效应（RE）	
	模型1	模型2	模型3	模型4	模型5	模型6
$lnresv_{it}$	0.1767 (0.3432)		1.6653 ** (0.7215)		0.9347 *** (0.4172)	
$lnloan_{it}$	0.0048 (0.2406)		− 0.0954 (0.6899)		0.4269 (0.5253)	
$lndin_{it}$	− 0.0144 (0.2400)		0.0445 (0.1649)		0.0075 (0.1623)	
stab		− 0.9183 (0.6767)		− 0.2972 (0.7212)		− 0.3210 (0.6985)
eff		6.8453 *** (2.0673)		− 0.7047 (1.7129)		− 0.4651 (1.6869)
reg		3.7634 *** (1.3503)		4.7529 *** (1.5716)		4.7359 *** (1.4908)
law		10.4345 *** (1.9977)		6.2334 *** (1.9503)		6.4466 *** (1.9054)
voc		1.0525 (0.9789)		1.0659 (1.0426)		1.0249 (1.1690)
crpt		− 4.4214 ** (1.8368)		− 1.2694 (1.9513)		− 1.3814 (1.8616)
C	− 21.6710 *** (5.9502)	1.2356 (0.8080)	51.8404 (50.8636)	3.2870 *** (0.8762)	− 13.9161 (17.7969)	3.1522 (2.1428)
$sigma\_u^2$	—	—	16.1549	11.7556	12.8331	12.3423
$sigma\_v^2$	—	—	7.4919	7.4928	7.4919	7.4928
γ	—	—	0.8230	0.7111	0.7458	0.7307

注：***、**、* 分别表示1%、5%、10%的显著性水平；（＊）为估计参数的标准差。

如表7－8所示的1996~2017年"一带一路"沿线39个经济体PPP项目数量影响因素的检验结果，运用Hausman检验结果表明，无论是宏观经济金融环境的影响检验，还是政府治理能力的影响检验，都应选择固定效应（FE）模型。根据表 7-8 中有关固定效应模型的检验结果，可以得到以下结论：第一，对于经济金融环境而言，"一带一路"沿线经济体的人均 GDP、人口数量和外汇储备，分别在 1%、5% 和 5% 的水平上显著作用于 PPP 项目的数量。第二，对于政府治理而言，"一带一路"沿线经济体市场规制能力（reg）和法治化水平（law），均在 1% 的水平上显著作用于 PPP 项目数量。

2. PPP 项目投资额的影响因素。

对于 1996~2017 年"一带一路"沿线经济体 PPP 项目投资额影响因素的实证检验，由于所涉及指标较多，数据来源也不同，因而将宏观经济与金融环境的 5 个指标归为一组，将反映政府治理情况的 6 个指标归为一组进行检验。具体检验中，先进行混合回归分析以建立参照系，随后进行面板数据估计常用的固定效应（FE）模型以检验可能不随时间变化的遗漏变量，再进行随机效应（RE）回归，最后根据 Hausman 检验以选择合适的模型。具体检验结果如表 7-9 所示。

表 7-9　　　　　　　PPP 项目投资额影响因素的实证检验结果

	混合回归		固定效应（FE）		随机效应（RE）	
	模型 1	模型 2	模型 3	模型 4	模型 5	模型 6
$\ln pgdp_{it}$	93.41 *** (31.38)		-77.97 (401.92)		361.83 ** (178.81)	
$\ln pop_{it}$	163.57 ** (86.60)		333.83 ** (155.57)		271.01 (209.78)	
$\ln resv_{it}$	38.40 (34.97)		323.90 *** (121.57)		71.25 ** (34.74)	
$\ln loan_{it}$	118.84 ** (60.73)		-0.85 (59.58)			
$\ln din_{it}$	44.31 (60.58)				41.14 (60.15)	
$stab$		382.86 ** (174.27)		-64.27 (270.49)		-152.59 (244.46)

	混合回归		固定效应（FE）		随机效应（RE）	
	模型1	模型2	模型3	模型4	模型5	模型6
eff		1511.90 *** （532.43）		184.90 （642.49）		420.60 （612.08）
reg		365.90 * （347.77）		1459.97 ** （589.48）		1209.47 ** （503.83）
law		1589.38 *** （514.51）		2816.48 *** （731.53）		2510.59 *** （677.76）
voc		356.18 （252.13）		354.46 （469.00）		338.36 （385.18）
crpt		− 879.35 （473.08）		− 227.01 （731.89）		− 224.83 （637.60）
C	− 3195.53 ** （1501.66）	381.19 （208.11）	− 22209.33 （19160.78）	302.70 （328.63）	− 6540.69 （3610.61）	381.78 （463.54）
$sigma\_u^2$	——	——	3084.85	2272.35	2293.88	2277.99
$sigma\_v^2$	——	——	2822.25	2810.41	2822.25	2810.41
γ	——	——	0.8543	0.7953	0.7978	0.7965

注：***、**、* 分别表示1%、5%、10%的显著性水平；（ * ）为估计参数的标准差。

如表7－9所示的1996～2017年"一带一路"沿线39个经济体 PPP 项目投资额影响因素的检验结果，运用 Hausman 检验结果表明，无论是宏观经济金融环境的影响检验，还是政府治理能力的影响检验，都应选择固定效应（FE）模型。根据表7－9所示的固定效应模型的检验结果，可以得到以下结论：第一，对于宏观经济金融环境而言，"一带一路"沿线经济体的人口数量和外汇储备，分别在5%和1%的水平上显著作用于 PPP 项目投资额。第二，对于政府治理而言，"一带一路"沿线经济体市场规制能力（reg）和法治化水平（law），均在1%的水平上显著作用于 PPP 项目投资额。

（二）结论与建议

综上，本节在结合世界银行 PPI、WDI、WGI 数据库的相关数据，首先，统计分析了"一带一路"沿线经济体 PPP 项目的开展情况；其次，基于宏观经济金融环境和政府治理能力构建了可能影响"一带一路"沿线经济体 PPP 项目数量和投资额的因素，并结合计量经济模型检验了这些因素对"一带一路"沿线经济体 PPP 项目数量和投资额的影响方向和影响程度。根据上述研究，可以得到以下结论。

第一，从统计分析结果来看，"一带一路"沿线经济体之间 PPP 项目在数量和投资额上的差距比较大，"一带一路"倡议前后 PPP 数量未表现出明显的变化，所开展的项目以绿地投资和能源领域为主，并且体现出私人部门投资占比较高的特征。

第二，从 PPP 项目数量的影响因素来看，"一带一路"沿线经济体的人均 GDP、人口数量、外汇储备、市场规制能力（reg）和法治化水平（law）等因素具有显著影响。具体来说，对于经济金融环境的影响因素而言，人均 GDP 和外汇储备具有显著影响，可能原因在于 PPP 项目中私人资本的份额较高，而私人资本具有"逐利性"的本质属性，因而追逐发展水平较高、外汇储备充裕的国家；另外，人口数量的显著性影响，结合 PPP 项目主要为绿地项目的特征事实，从而说明可能与私人资本追逐沿线经济体的"劳动力红利"相关。从政府治理而言，市场规制能力强调了政府当局制定和执行有利于私营部门发展政策的情况，法治化水平则强调了项目所在国对法律和契约的遵守情况，这两方面显著因素说明对私营部门的利好和契约的遵守可以成为撬动 PPP 项目数量的关键因素。

第三，从 PPP 项目投资额的影响因素来看，"一带一路"沿线经济体的人口数量、外汇储备、市场规制能力（reg）和法治化水平（law）等因素具有显著影响。具体来说，对于宏观经济金融环境而言，人口数量和外汇储备两个显著因素表明，PPP 项目投资中私人部门一方面追求因"劳动力"红利所产生的利润，另一方面看重退出时项目所在国的资金保障情况。从政府治理而言，市场规制能力和法制化水平，要求项目所在国能够营造有利于私人资本运营的营商环境，要求项目所在国以法治与契约精神为私人资本保驾护航。

综上，面对"一带一路"沿线经济体基础设施建设中巨额的资金缺口，PPP 项目无疑是撬动社会资本参与的重要方式，本书的实证检验结果表明，私人资本表现出明显的逐利性，因而经济发展水平、劳动力优势、偿还能力等成为重要吸引因素；另外，若一国在经济发展水平、劳动力优势和偿还能力方面并不占优势，那么政府营造有利于私人资本经营的环境和强化法律契约精神，成为吸引社会资本参与"一带一路"建设的可行路径。

第三节　商业性保险支持"一带一路"建设研究

"一带一路"倡议所涉及的经济体众多，所面临的风险多元，因而保险业支持"一带一路"建设必然有着现实必要性。本节将在之前各章已分析政策性金融（包括中国出口信用保险公司）、多边性金融、商业性银行等机构支持"一带一路"建设的基础上，进一步探讨商业性保险机构支持"一带一路"建设情况。具体来说，本节将在概述商业性保险支持"一带一路"建设情况的基础上，结合面板数据实证检验"一带一路"倡议及相关因素对商业性保险机构经营的影响，进而提出进一步撬动商业性保险支持"一带一路"建设的政策建议。

一、商业性保险支持"一带一路"建设概述

（一）商业性保险支持"一带一路"建设的必要性

随着"一带一路"倡议的推进，基础设施建设所带来沿线经济体互联互通水平的不断提升，商业保险机构参与"一带一路"建设的现实需求和必要性愈加明显。

1. 商业性保险的参与是支持"一带一路"建设的需要。

"一带一路"建设所涉及的经济体较多、领域较广、文化环境也多元，从而有关建设项目推进中难以避免地会遇到政治风险、经济风险和运营风险的影响，而提供风险保障功能的商业性保险机构不仅可以为基础设施建设、海外投资与贸易、相关领域合作与交流提供全方位的风险保障与服务，还能够助力应对市场变化、信用纠纷、汇率变动、政治暴乱等各类风险。因此，正如中国保监会出台的《中国保监会关于保险业服务"一带一路"建设的指导意见》[①] 所指出的，保险业作为管理风险特殊行业的特点

---

① 保监会官网．http://bxjg.circ.gov.cn/web/site0/tab7924/info4066798.htm.

决定了服务"一带一路"建设，能够为"一带一路"跨境合作提供风险保险保障与服务，能够减轻我国"走出去"企业的后顾之忧，能够为加快推进"一带一路"建设提供有力支撑。

2. "一带一路"倡议为商业性保险的海外拓展提供了机遇。

根据瑞士再保险 Sigma 杂志的估算，2015～2030 年，"一带一路"沿线经济体基础设施建设资金的缺口预计达到 20 万亿美元，因而需要大额度以及可靠稳定的资金来源。不过，交通、能源、供水、通信等基础设施往往有政府作为担保，而建成之后一般具有回报稳定、安全性较高等特征。事实上，保险资金来源稳定、金额巨大、长期保值增值等特点，恰好与基础设施建设资金需求的特征相吻合，因而两者的有机结合显然能够提升保险资金服务实体经济的能力。可以说，"一带一路"倡议为保险资金提供了更多的投资机会，拓展了投资地域和产品范围，为保险资金在更广泛空间配置资金提供了有利契机。

综上，商业性保险支持"一带一路"建设，不仅是"一带一路"建设顺利推进的现实需求，更是商业性保险机构提升经营水平和增强国际竞争力的内生需求，因而具有明显的相互支撑、相互促进、互惠互利的特征。

（二）商业性保险支持"一带一路"建设的基本特征

1. 保险与金融服务的变化情况。

根据研究需要，"一带一路"沿线经济体为支持企业"走出去"方面所获得保费收入才能较好度量保险业支持"一带一路"建设情况，但由于该指标过于细致，比较多项所涉及的经济体又较多，因而难以获得长时期、多经济体该指标的具体数据。不过，世界银行 WDI 数据库统计了相关经济体保险与金融服务占商业服务进口的百分比、保险与金融服务占商业服务出口的百分比、保险与金融服务占服务进口的百分比、保险与金融服务占服务出口的百分比等指标，同时又统计了商业服务进口额、商业服务出口额、服务进口额、服务出口额等指标，因此，可据此计算相关国家支持企业"走出去"的保险与金融服务额情况，具体如图 7 - 6 所示。

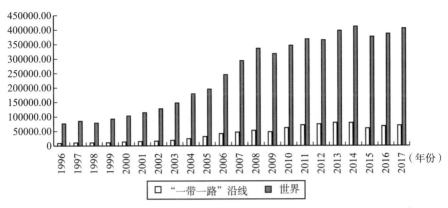

图7-6 1996~2017年"一带一路"沿线经济体与世界保险与金融服务额情况

资料来源：世界银行WDI数据库。

如图7-6所示，此处包括了45个"一带一路"沿线经济体①，可以看出，随着时间的演进，全球的保险与金融服务额从1996年大约7647.62亿美元上升到了2017年的约4.05万亿美元，后者为前者的5.30倍，年平均增长速度为8.23%。与此同时，"一带一路"沿线经济体的保险与金融服务额从1996年的约900.18亿美元上升到了2017年的6976亿美元，后者为前者的7.75倍，21年间的平均增速为10.24%，较全球平均水平保险与金融服务额的增速高出两个百分点。从"一带一路"沿线经济体保险与金融服务额占全球的比重来看，1996年的该比重为11.77%，到2017年该比重成为17.22%，21年期间该比重上升了5.45%。从这些比较可以看出，1996~2017年，"一带一路"沿线和全球保险与金融服务额总体上均呈现快速上升态势，并且"一带一路"沿线经济体的保险与金融服务额上升速度整体上要高于全球平均水平，结合之前已述及的近年来"一带一路"沿线经济体经济水平的快速增长，保险与金融服务情况也呈现高出全球平均速度的态势。

2. 进出口保险深度情况。

按照保费收入占GDP比重来计算保险深度的思路，本书进一步计算

---

① 由于部分"一带一路"沿线经济体的相关数据严重缺失，此处所包含的45个经济体为阿尔巴尼亚、阿曼、阿塞拜疆、埃及、爱沙尼亚、巴基斯坦、巴林、白俄罗斯、保加利亚、波兰、俄罗斯联邦、菲律宾、格鲁吉亚、哈萨克斯坦、吉尔吉斯斯坦、柬埔寨、捷克共和国、科威特、克罗地亚、老挝、立陶宛、罗马尼亚、马尔代夫、马来西亚、马其顿、蒙古国、孟加拉国、摩尔多瓦、尼泊尔、沙特阿拉伯、斯里兰卡、斯洛伐克、斯洛文尼亚、塔吉克斯坦、泰国、土耳其、文莱达鲁萨兰国、乌克兰、新加坡、匈牙利、亚美尼亚、以色列、印度、印度尼西亚、中国内地。

了"一带一路"沿线经济体保险与金融服务额占 GDP 的比重情况。需要说明的是，按照世界银行的指标说明，此处由保险与金融服务收入占商品与服务进出口的比重所计算的保险与金融收入，仅仅是来源于商品与服务进出口中所获得的收入，因而与全口径所统计的保费收入有一定的区别。本书所计算的 1996 ~ 2017 年期间，"一带一路"沿线经济体和世界平均水平的保险金融收入占 GDP 比重情况具体如图 7 - 7 所示。

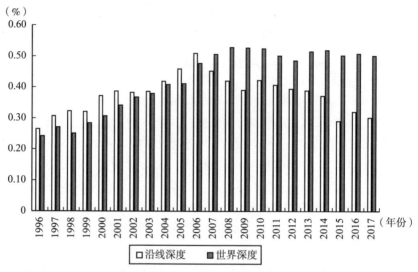

图 7 - 7 1996 ~ 2017 年"一带一路"沿线经济体与世界保险深度的比较
资料来源：世界银行 WDI 数据库。

如图 7 - 7 所示，此处计算了 1996 ~ 2017 年"一带一路"沿线经济体保险与金融收入占各国（地区）GDP 的比重，以及全球保险与金融服务收入占 GDP 情况，可以看出以下特征：由保险与金融收入占 GDP 比重所反映出的保险深度以 2006 年为界，2006 年之前"一带一路"沿线经济体的该保险深度要高于世界平均水平，而 2006 年之后"一带一路"沿线经济体的该深度却低于世界平均水平；结合 1996 ~ 2017 年，"一带一路"沿线经济体 GDP 水平快速增长以及保险深度低于世界平均水平的现实，可能原因只能是"一带一路"沿线经济体的保险与金融服务的增速低于其 GDP 的增速，而世界平均水平的保险与金融服务收入的增速要高于 GDP 的增速。由保险深度所反映出的问题是，要充分发挥保险的风险保障作用，进一步提高"一带一路"沿线经济体的保险深度。

3. 进出口保险密度情况。

与上述计算保险深度相同的思路，此处用保险与金融收入除以人口数量来构造保险密度指标。同样需要说明的是，此处的保险与金融服务收入与全口径的保费收入不同，仅表征来源于为进出口提供服务的保险与金融收入。具体来说，本书所计算的 1996～2017 年"一带一路"沿线经济体与世界平均水平的保险密度情况如图 7－8 所示。

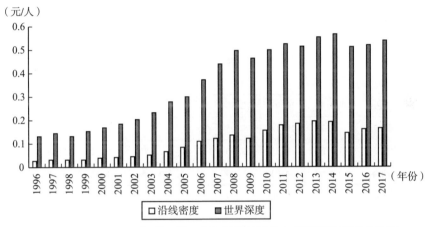

（元/人）

□ 沿线密度 ■ 世界深度

图 7－8 1996～2017 年"一带一路"沿线经济体与世界保险密度的比较
资料来源：世界银行 WDI 数据库。

如图 7－8 所示，1996～2017 年"一带一路"沿线经济体与世界平均水平保险密度的对比情况说明：按照本书的计算口径，1996 年世界平均水平的保险密度为 0.13 元/人，到 2017 年该指标为 0.54 元/人，21 年期间绝对额提升了 0.41 元；同期，1996 年"一带一路"沿线经济体的保险密度为 0.03 元/人，到 2017 年该指标为 0.17 元/人，21 年期间绝对额提升了 0.14 元。另外，从 2017 年的基本情况来看，"一带一路"沿线经济体的保险密度仅为全球平均水平的 1/4 左右。从此处所计算的保险密度的基本意义来看，该指标能够反映进出口企业及相关人员运用保险的意识，但"一带一路"沿线经济体较低的该指标，说明"一带一路"沿线经济体的保险机构为企业"走出去"保驾护航的基础还比较薄弱，因而作为风险保障的保险机构在"一带一路"建设中的作用还有较大的提升空间。

4. "一带一路"倡议提出前后保险密度的比较。

为了获得"一带一路"倡议提出前后沿线经济体保险密度的变化情

况，本书根据瑞士再保险公司 sigma 杂志所提供的相关国家以美元计算的年度保费收入情况，计算了相关时期"一带一路"部分沿线经济体的保险密度情况。根据数据的获得情况，此处以 2013 年"一带一路"倡议的提出为时间节点，整理了该倡议提出之前四年（2010～2013 年）和提出之后四年（2014～2017 年）沿线经济体的保险密度情况，具体结果如表 7－10 所示。

表 7－10 "一带一路"倡议提出前后沿线经济体保险密度情况　　单位：美元/人

经济体	2010 年	2011 年	2012 年	2013 年	2014 年	2015 年	2016 年	2017 年
新加坡	31.58	40.20	31.76	46.29	50.30	35.66	44.15	51.37
以色列	14.45	16.03	15.36	17.07	19.89	16.86	17.72	20.00
阿联酋	7.22	7.51	8.04	8.92	9.83	10.74	12.89	14.38
斯洛文尼亚	13.56	13.93	12.83	12.75	12.48	10.62	10.90	11.91
塞浦路斯	9.71	10.19	9.05	8.85	8.32	6.74	7.24	7.80
捷克	7.80	8.35	7.46	7.61	7.23	5.92	5.69	6.08
马来西亚	4.50	4.83	5.09	5.17	5.50	4.47	4.67	4.87
斯洛伐克	4.93	5.26	4.79	5.06	5.10	4.05	3.88	4.43
波兰	4.67	5.02	5.00	4.75	4.53	3.72	3.61	4.21
中国	0.00	1.65	1.82	2.06	0.01	2.82	3.38	3.91
匈牙利	3.97	3.98	3.32	3.52	3.55	3.01	3.17	3.49
泰国	1.98	2.28	2.70	3.08	3.17	3.18	3.21	3.49
克罗地亚	3.81	4.00	3.62	3.74	3.51	3.02	3.08	3.31
沙特	1.59	1.75	1.94	2.25	2.64	3.08	3.05	2.95
黎巴嫩	2.57	2.71	2.66	2.69	2.63	2.61	2.62	2.69
阿曼	2.27	2.26	2.47	2.55	2.61	2.74	2.42	2.62
科威特	2.39	2.57	2.66	2.63	2.80	2.66	1.97	1.98
保加利亚	1.49	1.54	1.42	1.55	1.63	1.50	1.59	1.75
俄罗斯	2.92	1.91	1.58	1.82	1.98	1.79	1.17	1.22	1.52
土耳其	1.27	1.37	1.46	1.64	1.51	1.42	1.64	1.49
罗马尼亚	1.29	1.27	1.19	1.25	1.21	1.09	1.17	1.26

经济体	2010 年	2011 年	2012 年	2013 年	2014 年	2015 年	2016 年	2017 年
塞尔维亚	1.00	1.08	0.97	1.05	1.10	1.05	1.13	1.23
伊朗	0.77	1.08	1.52	0.86	0.99	0.97	1.11	1.13
印度尼西亚	0.48	0.59	0.69	0.62	0.57	0.63	0.73	0.91
约旦	0.80	0.81	0.82	0.82	0.84	0.85	0.87	0.88
印度	0.60	0.58	0.52	0.51	0.52	0.54	0.62	0.73
哈萨克斯坦	0.58	0.72	0.84	0.98	0.76	0.68	0.53	0.56
菲律宾	0.25	0.31	0.41	0.53	0.48	0.55	0.52	0.53
越南	0.19	0.20	0.22	0.25	0.28	0.33	0.41	0.49
斯里兰卡	0.30	0.35	0.33	0.38	0.42	0.42	0.45	0.46
乌克兰	0.63	0.62	0.59	0.79	0.50	0.30	0.31	0.36
埃及	0.20	0.20	0.20	0.21	0.22	0.22	0.22	0.16
巴基斯坦	0.07	0.08	0.09	0.10	0.11	0.12	0.13	0.13
孟加拉国	0.06	0.07	0.07	0.08	0.09	0.08	0.08	0.08

资料来源：保险密度 = 保费收入/人口，保费收入来源于瑞士再保险机构的 sigma 杂志，人口数据来源于世界银行 WDI 数据库。

如表 7 - 10 所示，34 个"一带一路"沿线经济体保险密度指标总体上呈现以下特征：第一，2010 年，新加坡的保险密度为 31.58 美元/人最高，而我国的该保险密度为 34 个沿线经济体中的最低值（精确值为0.0035 美元/人），沿线 34 个经济体保险密度的极差为 31.58 美元/人；到2017 年，保险密度最高的是新加坡的 51.37 美元/人，而保险密度最低的是孟加拉国的 0.08 美元/人，因而 2017 年沿线经济体保险密度的极差为51.29 美元/人。由此看出，"一带一路"倡议提出前后，沿线经济体保险密度的极差呈扩大趋势。第二，从中国大陆的保险密度来看，主要由于庞大的人口基数，我国 2010 年该保险密度是沿线 34 个国家中的最低数，2017 年我国的保险密度为 3.91 美元/人，位于 34 个沿线经济体的第十位，从而实现了保险密度的快速增长。第三，从"一带一路"沿线整体来看，2010 年 34 个沿线经济体保险密度的平均值为 4.13 美元/人，到 2017 年该平均值为 4.42 美元/人，增幅为 7.0%。由此可以看出，2010～2017 年，沿线经济体的保险密度有所增长，但增长幅度有限。

　　5. "一带一路"倡议提出前后保险深度的比较。

　　为了获得"一带一路"倡议提出前后沿线经济体保险深度的变化情况，本书依然根据瑞士再保险公司 sigma 杂志所提供的相关国家以美元计算的年度保费收入情况，结合世界银行 WDI 数据库提供的各国 GDP 指标，计算了相关时期"一带一路"部分沿线经济体的保险深度。具体来说，根据数据的获得情况，此处以 2013 年"一带一路"倡议的提出为时间节点，整理了该倡议提出之前 4 年（2010 ~ 2013 年）和提出之后 4 年（2014 ~ 2017 年）沿线经济体的保险密度情况，具体结果如表 7 - 11 所示。

表 7 - 11　　　"一带一路"倡议提出前后沿线经济体保险深度情况

经济体	2010 年	2011 年	2012 年	2013 年	2014 年	2015 年	2016 年	2017 年
新加坡	6.78	7.55	5.80	8.21	8.83	6.49	7.99	8.90
泰国	3.89	4.15	4.61	4.99	5.33	5.43	5.37	5.28
斯洛文尼亚	5.78	5.57	5.69	5.46	5.16	5.09	5.03	5.05
以色列	4.72	4.76	4.72	4.70	5.30	4.72	4.77	4.97
马来西亚	4.96	4.64	4.72	4.75	4.92	4.63	4.90	4.89
中国	0.01	2.93	2.87	2.92	0.01	3.49	4.17	4.42
塞浦路斯	4.22	4.18	4.10	4.20	4.10	3.98	4.14	4.17
印度	4.49	3.97	3.60	3.51	3.33	3.39	3.60	3.77
阿联酋	2.06	1.86	1.91	2.06	2.21	2.74	3.35	3.53
黎巴嫩	2.90	3.11	2.97	3.05	3.04	3.06	3.05	3.05
波兰	3.71	3.61	3.81	3.45	3.16	2.97	2.90	3.03
捷克	3.94	3.84	3.78	3.82	3.66	3.34	3.08	2.98
斯洛伐克	2.97	2.89	2.77	2.78	2.74	2.51	2.35	2.52
克罗地亚	2.81	2.74	2.73	2.74	2.58	2.57	2.49	2.48
匈牙利	3.04	2.82	2.58	2.58	2.50	2.41	2.47	2.45
印度尼西亚	1.53	1.63	1.86	1.71	1.64	1.87	2.05	2.36
约旦	2.18	2.13	2.12	2.07	2.07	2.07	2.12	2.13
保加利亚	2.17	1.97	1.93	2.03	2.07	2.14	2.13	2.12
塞尔维亚	1.84	1.68	1.72	1.65	1.78	2.00	2.09	2.09
越南	1.43	1.32	1.27	1.33	1.41	1.59	1.90	2.08

经济体	2010 年	2011 年	2012 年	2013 年	2014 年	2015 年	2016 年	2017 年
伊朗	1.18	1.40	1.93	1.43	1.78	2.00	2.13	2.02
菲律宾	1.18	1.32	1.59	1.91	1.70	1.90	1.75	1.79
阿曼	1.18	1.08	1.12	1.20	1.28	1.67	1.60	1.67
乌克兰	2.14	1.75	1.53	1.96	1.69	1.50	1.47	1.46
土耳其	1.19	1.21	1.24	1.31	1.24	1.30	1.51	1.42
沙特	0.83	0.74	0.77	0.90	1.07	1.49	1.52	1.41
俄罗斯	2.73	1.10	1.18	1.24	1.25	1.23	1.37	1.39
罗马尼亚	1.57	1.40	1.39	1.30	1.21	1.22	1.23	1.16
斯里兰卡	1.07	1.09	1.00	1.04	1.09	1.09	1.15	1.13
巴基斯坦	0.66	0.67	0.69	0.76	0.81	0.84	0.88	0.85
科威特	0.62	0.53	0.52	0.54	0.65	0.91	0.72	0.68
埃及	0.79	0.73	0.64	0.66	0.65	0.63	0.64	0.67
哈萨克斯坦	0.64	0.62	0.68	0.62	0.60	0.64	0.69	0.62
孟加拉国	0.81	0.79	0.83	0.80	0.76	0.77	0.61	0.54

资料来源：保险深度 = 保费收入/GDP，保费收入来源于瑞士再保险机构的 sigma 杂志，GDP 数据来源于世界银行 WDI 数据库。

如表 7 - 11 所示，34 个"一带一路"沿线经济体保险深度指标总体上呈现以下特征：第一，2010 年，新加坡的保险深度为 6.78 最高，而保险深度最低的依然是我国的 0.01，沿线 34 个经济体的极差为 6.77；到 2017 年，保险深度最高的是新加坡的 8.90，而保险深度最低的是孟加拉国的 0.54，因而 2017 年沿线经济体保险深度的极差为 8.36。由此看出，"一带一路"倡议提出前后，沿线经济体保险深度的极差呈扩大趋势。第二，从中国的保险深度来看，主要由于庞大的人口基数，我国 2010 年该保险深度是沿线 34 个国家中的最低数，2017 年我国的保险深度为 4.42，位于 34 个沿线经济体的第六位，从而实现了保险深度的快速增长。第三，从"一带一路"沿线整体来看，2010 年 34 个沿线经济体保险深度的平均值为 2.41，到 2017 年该平均值为 2.62，增幅为 9.0%，由此可以看出，2010 ~ 2017 年，沿线经济体的保险深度有所增长，但增长幅度有限。

综上，商业性金融支持"一带一路"建设一方面是更好推进"一带一路"建设的现实需要;另一方面同样是商业性保险机构成长的内生需求。从相关统计数据来看,"一带一路"沿线经济体的进出口保险密度与进出口保险深度均与全球平均水平还有一定差距,在"一带一路"建设中保险的重要作用还有较大的开发空间;从全口径保险密度与保险深度来看,"一带一路"倡议提出前后,"一带一路"沿线经济体的这两个指标整体上有一定幅度的提升,但提升幅度有限,并且各国之间提升的情况也并不一致。

二、模型设定与统计描述

就目前有关文献而言,"一带一路"主题下的定量研究主要集中在以下三方面:第一,"一带一路"倡议及其对基础设施水平的影响(黄亮雄、钱馨蓓,2018);第二,"一带一路"倡议及其对国际贸易的影响(李林玥、孙志贤,2018;胡再勇、付韶军,2019);第三,"一带一路"倡议及其对对外直接投资的影响(熊彬、王梦娇,2018),而有关"一带一路"倡议对金融市场影响的实证检验较少。就"一带一路"倡议对保险业的影响而言,袁成、郭杰(2018)运用系统 GMM 方法,检验了经济水平、金融市场发展和通货膨胀等因素,对"一带一路"沿线部分国家保险市场发展的影响;吴望春、李春华(2018)运用双重差分法,评估了"一带一路"倡议对我国沿线省份保费收入的影响。总体来看,"一带一路"建设的基本原则是共商、共建、共享,而商业性保险与"一带一路"建设也是相互支撑、相互促进的关系,那么带动沿线各国的保险业共同支持"一带一路"建设也是应有之意,那么在"一带一路"倡议提出五年多来,"一带一路"倡议对商业性保险作用力度和作用方向究竟如何?"一带一路"倡议有没有带动沿线经济体保险业的明显成长?推动"一带一路"沿线经济体保险业成长的路径究竟如何?不过鲜有研究对这些推动"一带一路"沿线经济体保险业发展进而支持"一带一路"建设的重要问题作出实证解答。鉴于此,本书将结合"一带一路"沿线经济体和其他国家的面板数据,运用双重差分法(DID)来实证检验"一带一路"倡议对沿线经济体保险业的影响,进而为撬动沿线经济体的保险业支持"一带一路"建设提供政策建议。

(一)模型设定

本书视"一带一路"倡议的提出为"自然实验",而实际实验效果一般需要一段时期才能显现出来，而我们所关心的正是被解释变量在实验前后的变化。因此，本书拟运用双重差分法（difference in difference，DID），来评估"一带一路"倡议提出前后对沿线各经济体保险业发展的影响。具体来说，拟建立如式（7-3）所示的模型（陈强，2014）：

$$y_{it} = \beta_0 + \beta_1 G_i D_i + \beta_2 G_i + \beta_3 D_t + \beta_4 X_{it} + \varepsilon_{it} \qquad (7-3)$$

在式（7-3）中，y_{it} 为因变量，本书中是 i 经济体在 t 时期的保费收入。G_i 是表示实验组、控制组的虚拟变量（$G_i = 1$，实验组；$G_i = 0$，控制组），因而 β_2 表示实验组与控制组本身的差异。D_t 表示实验期的虚拟变量（$D_t = 1$，实验期；$D_t = 0$，非实验期），因而 β_3 表示实验前后两期本身的差异。$G_i D_i$ 是 G_i 与 D_i 的交互项，只有同时处于实验组和实验期该项才不为0，因而 β_1 度量实验组的净影响/政策效应。X_{it} 表示随时间变化的控制变量，本书考虑从经济发展水平、人口情况、城镇化水平、对外贸易情况等方面构造控制变量；β_4 是各控制变量的偏回归系数。ε_{it} 为误差项。

本书所预期的"一带一路"倡议对相关国家保险业发展的政策效果可表示为图7-9。

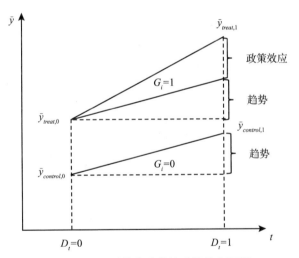

图7-9 双重差分法估计政策效应原理

如图7-9所示的双重差分法估计政策效应的基本原理，首先，在没有外生政策冲击下，两组的基本趋势一致，得到如式（7-4）所示的趋势回归方程：

$$y_{it} = \beta_0 + \beta_4 X_{it} + \varepsilon_{it} \qquad (7-4)$$

分为实验前和实验后两期,差分需满足式(7-5):

$$\Delta y_i = \frac{1}{n}\sum_{k=1}^{n}(y_{i1} - y_{i0}) \tag{7-5}$$

其次,由式(7-5)和式(7-6)可引进实验变量D_t,估计式(7-6):

$$y_{it} = \beta_0 + \beta_3 D_t + \beta_4 X_{it} + \varepsilon_{it} \tag{7-6}$$

再其次,考虑到实验组($G_i = 1$)和控制组($G_i = 0$)的分组,为计算分组的影响效果,作二次差分,具体如式(7-7)所示:

$$Effect = E(\Delta y_i \mid G_i = 1) - E(\Delta y_i \mid G_i = 0) \tag{7-7}$$

最后,结合式(7-7),引进分组变量G_i,便可得到估计分组之后的模型(7-8):

$$y_{it} = \beta_0 + \beta_1 G_i D_i + \beta_2 G_i + \beta_3 D_t + \beta_4 X_{it} + \varepsilon_{it} \tag{7-8}$$

基于以上思路,便可反过来验证式(7-3),对时间作差分得式(7-9):

$$\Delta y_i = \beta_1 G_i + \beta_3 + \Delta\varepsilon_i \tag{7-9}$$

结合式(7-8)与式(7-9),对分组作二次差分并取期望得式(7-10):

$$Effect = E(\Delta y_1 - \Delta y_0) = \beta_1 \tag{7-10}$$

基于以上过程可以证明,基于式(7-3)的设定方程,要估计的处理效应恰好就是交叉项的系数β_1。

根据上述模型设计,结合对保险业发展影响因素的认识,本书需要收集如表7-12所示的指标。

表7-12　　　　　　　　　模型相关指标情况

序号	变量名称	符号	预期作用方向	数据来源
1	保费收入	ln*insu*	被解释变量	sigma 杂志
2	人均 GDP	ln*pgdp*	正向	WDI 数据库
3	城市化水平	ln*urban*	正向	WDI 数据库
4	抚养比	ln*fost*	负向	WDI 数据库
5	对外贸易占 GDP 比重	ln*trad*	正向	WDI 数据库
6	法治化水平	ln*law*	正向	WGI 数据库
7	市场规制	ln*regu*	正向	WGI 数据库
8	政府效率	ln*eff*	正向	WGI 数据库

对于回归分析时往往会受到内生性问题的影响，尽管有关政策是外生的，但相关研究也提出在使用双重差分法时应注意内生性问题。叶芳、王燕（2013）提出运用双重差分法时数据要满足的三个基本原则：第一，外生性，即实验组的开展对控制组不产生任何影响；第二，实验期间，外界环境对实验组和控制组的影响相同；第三，实验组和控制组的某些特征分布不随时间变化，在实验期间保持稳定。结合本书的主题，"一带一路"倡议一经提出，之后不久便依据地理、经济、外交等依据提出了"一带一路"沿线经济体的范围，并且结合本书所收集的相关国家均为稳定的沿线及非沿线经济体，因而满足外生性假定；第四，"一带一路"倡议提出之后，实验组和控制组所面临的外界环境并无重大变迁，因而满足第二项假定；第五，根据数据收集的情况，本书所关注的"一带一路"沿线经济体和非沿线经济体在经济、人口等方面比较稳定，并未有重大波动。基于这些分析，本书所分析的基本问题和数据满足相关要求，能够运用双重差分法来评估"一带一路"倡议对保险业发展的影响。

（二）统计描述

根据模型设计及各相关数据来源情况，本书剔除了数据严重缺失的部分经济体，运用相邻五年的均值补充了个别经济体极少数的缺失数据，共收集了 1998～2017 年共 20 年时间 75 个经济体[①]的数据。根据研究目的，此处从整体样本、控制组与实验组的比较两方面来描述样本。

1. 整体样本描述。

为了处理异方差，本书对表征法治化水平（law）、市场规制能力（$regu$）和政府效率（eff）的指标取值均加上正数 2 进而转化为正数指数，对所涉及 8 个变量的具体数据作自然对数处理，各变量的统计指标具体如表 7-13 所示。

---

① 在这 75 个经济体中，"一带一路"沿线经济体有 34 个，分别是：阿联酋、阿曼、埃及、巴基斯坦、保加利亚、波兰、俄罗斯联邦、菲律宾、哥斯达黎加、捷克共和国、科威特、克罗地亚、黎巴嫩、罗马尼亚、马来西亚、孟加拉国、塞浦路斯、沙特阿拉伯、斯里兰卡、斯洛伐克共和国、斯洛文尼亚、泰国、土耳其、乌克兰、新加坡、匈牙利、伊朗、以色列、印度、印度尼西亚、约旦、越南、中国内地、中国香港。

非"一带一路"沿线经济体有 41 个，分别是：阿尔及利亚、阿根廷、爱尔兰、奥地利、澳大利亚、巴拿马、巴西、比利时、丹麦、德国、多米尼加、厄瓜多尔、法国、芬兰、哥伦比亚、荷兰、加拿大、肯尼亚、卢森堡、马耳他、美国、秘鲁、摩洛哥、墨西哥、南非、尼日利亚、挪威、葡萄牙、日本、瑞典、瑞士、特立尼达和多巴哥、突尼斯、乌拉圭、西班牙、希腊、新西兰、牙买加、意大利、英国、智利。

表 7 – 13　　　　　　面板数据统计描述结果（1998～2017 年）

变量	N	均值	标准差	最小值	最大值	1/4 分位数	中位数	3/4 分位数
ln*insu*	1500	8.63	2.06	2.26	14.14	6.93	8.49	10.09
ln*pgdp*	1500	9.17	1.32	5.85	11.69	8.22	9.29	10.33
ln*urban*	1500	4.18	0.35	2.9	4.61	4.03	4.29	4.42
ln*fost*	1500	4.19	0.07	3.94	4.45	4.16	4.2	4.23
ln*trad*	1500	4.33	0.59	2.8	6.09	3.95	4.28	4.65
ln*law*	1500	0.83	0.42	− 0.56	1.41	0.53	0.9	1.22
ln*regu*	1500	0.9	0.36	− 0.24	1.49	0.64	0.9	1.24
ln*eff*	1500	0.88	0.4	− 1.27	1.45	0.65	0.94	1.2

如表 7 – 7 所示的统计描述结果，从各统计指标来看，基本可以排除异常值、离群值和计算错误等情况，可以利用这些数据进行后续的分析。具体来说，为了直观判断各变量的关系，本书又进一步获得了这些指标的相关系数矩阵图，具体如图 7 – 10 所示。

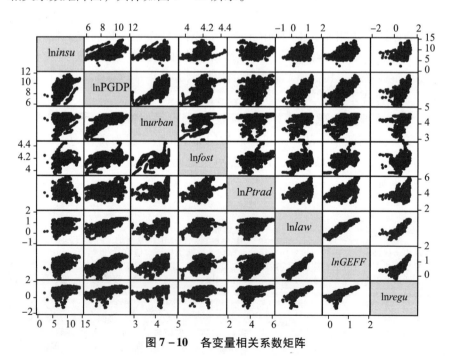

图 7 – 10　各变量相关系数矩阵

如图 7 - 10 所示，从各变量相关系数矩阵图可以发现，各国保费收入与人均 GDP、抚养比及对外贸易额之间呈较为明显的正向关系；各国保费收入业务衡量政府治理情况的法治化水平、政府效率与市场规制能力之间较为明显的正向关系。当然，这些直观判断还需要精确计量检验的支持。

2. 控制组与实验组样本描述。

根据研究需要，本书拟评估"一带一路"倡议对沿线经济体保费收入的政策效应，因而将 75 个样本经济体区分为实验组和控制组，并且以 2013 年"一带一路"倡议的提出为时间节点，则控制组与实验组在"一带一路"倡议前后的相关统计量如表 7 - 14 所示。

表 7 - 14　　　　　控制组与实验组保费收入（ln*insu*）的比较

比较内容	均值	标准差	最小值	最大值	25 分位数	中位数	75 分位数
控制组：之前	9.2	2.2	5	14.1	7	9.4	10.8
控制组：之后	9.7	2	6.6	14.1	8.1	10	11.2
实验组：之前	7.7	1.5	2.3	12.5	6.5	7.5	8.8
实验组：之后	8.5	1.5	6.6	13.2	7.2	8	9.6
总体	8.6	2.1	2.3	14.1	6.9	8.5	10.1

如表 7 - 14 所示的控制组与实验组保费收入情况的各统计量，可以看出，控制组在"一带一路"倡议提出前后保费收入的均值增加了 0.5，而实验组保费收入的均值在"一带一路"倡议提出前后增加了 0.8，因而该统计量反映出实验组相对于控制组在"一带一路"倡议前后保费收入的增幅更大，倾向于支持"一带一路"倡议有助于提高沿线经济体的保费收入。更为具体的，本书又绘制了控制组与处理组在"一带一路"倡议提出前后保费收入的变动情况图示，具体如图 7 - 11 所示。

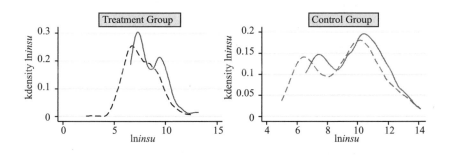

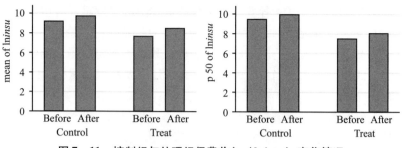

图 7 – 11　控制组与处理组保费收入（lninsu）变化情况

如图 7 – 11 所示，控制组与处理组保费收入的变化情况，可以发现：第一，从总体分布来看（图 7 – 11 上方两幅图形），尽管控制组与实验组在"一带一路"倡议提出之后保费收入均有所增加，但实验组的增幅更明显；第二，从控制组与处理组均值和中位数的分布来看（图 7 – 7 下方两幅图形），实验组在"一带一路"倡议提出之后保费收入的增幅更明显。因此，不同视角下对实验组与控制组保费收入的统计描述较为一致地反映出"一带一路"倡议使沿线经济体保费收入提高的幅度更大。

三、实 证 检 验

（一）保险业发展影响因素的检验

由于本书已经收集了能够衡量保险业发展水平的各国保费收入的数据，同样从人均收入水平、城镇化水平、社会抚养情况、政府治理等方面收集了可能影响一国保险业发展水平的因素，因而在检验"一带一路"倡议是否带动保险业发展的政策效应之前，本书首先运用面板数据估计方法来检验一国保险业发展水平的影响因素。具体检验思路为：第一，用 75 个经济体的数据，来检验各因素对一国保险业发展水平的影响；第二，检验"一带一路"倡议对相关经济体保险业发展水平的影响因素。具体检验结果如表 7 – 15 所示。

表 7 – 15　　　　　　　　　　保险业发展水平影响因素检验结果

解释变量	被解释变量：lninsu						
	模型（1）	模型（2）	模型（3）	模型（4）	模型（5）	模型（6）	模型（7）
ln$PGDP$	1.129 *** (−21.82)	1.147 *** (−21.56)	1.146 *** (−21.4)	1.130 *** (−20.33)			
ln$urban$	0.284 (−0.61)	−0.0216 (−0.05)	−0.0705 (−0.17)	−0.109 (−0.27)			
ln$fost$	4.115 *** (4.95)	4.101 *** (5.01)	4.184 *** (5.03)	4.083 *** (5.05)			
ln$Ptrad$	0.368 ** (3.36)	0.266 ** (2.63)	0.275 ** (2.70)	0.276 ** (2.74)			
lnlaw	−0.0945 (−0.57)	−0.165 (−0.97)	−0.166 (−0.96)	−0.147 (−0.85)	−3.326 * (−2.55)	0.218 (0.35)	0.208 (0.32)
lneff	0.24 (1.07)	0.221 (1.01)	0.204 (0.94)	0.176 (0.84)	1.678 * (2.45)	−2.078 (−1.64)	1.674 * (2.44)
ln$regu$	−0.0803 (−1.01)	−0.0984 (−1.24)	−0.108 (−1.33)	−0.0959 (−1.10)	−0.172 (−0.43)	−0.223 (−0.58)	−3.515 *** (−3.64)
G				−0.652 (−1.58)			
$G*D$				0.122 * (2.25)			
ln$ptrad*$lnlaw					0.855 *** (3.57)		
ln$ptrad*$ln$geff$						0.915 *** (3.75)	
ln$ptrad*$ln$regu$							0.832 *** (3.53)
$Constant$	−21.81 *** (−6.02)	−20.11 *** (−5.83)	−19.96 *** (−5.83)	−19.54 *** (−5.98)	6.882 *** (15.61)	6.881 *** (15.93)	6.803 *** (15.53)
$sigma\_u^2$	1.8325	1.2579	1.2673	1.2673	1.3293	1.3191	1.3231
$sigma\_v^2$	0.3658	0.3658	0.3658	0.3648	0.6582	0.6539	0.6581
γ	0.9617	0.9220	0.9231	0.9234	0.8031	0.8027	0.8017

注：***、**、* 分别表示1%、5%、10%的显著性水平；（*）为估计参数的标准差。

如表 7 - 15 所示的检验结果所示,模型(1)与模型(2)分别用面板数据常用的固定效应(FE)和随机效应(RE)检验了各因素对相关国家保险业发展水平的影响,再经 Hausman 检验,使用固定效应结果;模型(3)中加入了"一带一路"沿线经济体的虚拟变量,以检验是否为"一带一路"沿线经济体的影响;模型(4)中加入了"一带一路"沿线经济体和"一带一路"倡议提出年份的虚拟变量,以检验"一带一路"倡议对沿线经济体保险业发展水平的影响是否显著;由于模型(1)与模型(2)中的国家治理的相关变量对保险业发展水平均不显著,而本书解释保险业发展水平时重点关注对外贸易的影响,因而分别建立了对外贸易额与法治化水平、政府效率、市场规制水平的交互项,进而检验了各交互项对各国保险业发展水平的影响。

根据模型(1)~模型(7),可以得到以下结论:第一,以人均 GDP 所表征的经济体经济发展水平对保费收入具有显著正向作用;第二,一国 15 ~ 64 岁人口的数量对保费收入显著正向作用,主要原因可能与该年龄段人口的保险意识和保险购买行为有关;第三,模型(1)~模型(4)表明,对外贸易额变量对保费收入的正向影响均在5%的水平上显著;第四,模型(3)表明,"一带一路"倡议沿线经济体的虚拟变量对保费收入的影响并不显著,模型(4)表明,"一带一路"沿线经济体与"一带一路"倡议提出的交互项对保费收入的影响在 5% 的水平上显著,说明是否为"一带一路"沿线经济体对保费收入的影响不显著,而"一带一路"倡议提出后对沿线经济体的保费收入有正向影响;第五,模型(4)~模型(6)表明,反映政府治理水平的法治化水平、市场规制能力、政府效率指标对保费收入的影响并不显著,但再将这些指标与对外贸易额指标作交互项之后,交互项对保费收入的影响均显著,从而说明了政府治理水平与对外贸易相互作用进而影响保费收入水平的作用机制。总体来看,一国经济发展水平、对外贸易对其保险业发展水平具有显著正向影响,而国家治理情况与对外贸易的共同作用对保险业发展具有显著正向影响。

(二)"一带一路"政策效应的检验

按照研究的进展,此处要评估"一带一路"倡议对沿线经济体保险业发展的影响。结合之前一国保费收入水平影响因素的检验结果,本书拟按照以下思路开展实证检验:第一,直接检验"一带一路"倡议的提出及是否为沿线经济体对一保费收入的影响;第二,在检验"一带一路"倡议是否提出及是否为沿线经济体的基础上，将对经济体保费收入具有正向影响的人均 GDP、抚养比和对外贸易额占 GDP 比重等指标作为控制变量加入模型，检验"一带一路"倡议提出对沿线经济体保费收入的影响；第三，使用 bootstrap 方法重复抽样，分析检验结果是否稳健。本书使用 STA-TA15.0 软件进行双重差分（DID）分析，具体结果如表 7 – 16 所示。

表 7 – 16   "一带一路"倡议对沿线经济体保费收入影响的评估

变量	模型（8）	模型（9）	模型（10）
D	0. 552 ** （3. 30）	0. 236 （1. 81）	0. 236 （1. 9）
G	1. 505 *** （13. 54）	0. 361 *** （3. 48）	0. 361 *** （3. 63）
D * G	0. 273 （1. 10）	0. 00244 （0. 01）	0. 00244 （0. 01）
ln*pgdp*		0. 986 *** （24. 47）	0. 986 *** （25. 61）
ln*fost*		3. 170 *** （4. 24）	3. 170 *** （4. 48）
ln*ptrad*		1. 210 *** （16. 21）	1. 210 *** （16. 31）
_*cons*	– 9. 177 *** （– 122. 65）	– 8. 347 ** （– 2. 90）	– 8. 347 ** （– 3. 06）

注：***、**、* 分别表示 1%、5%、10% 的显著性水平；（*）为估计参数的标准差。

如表 7 – 16 所示，模型（8）表示为"一带一路"倡议的提出及是否为沿线经济体的检验结果；模型（9）是在"一带一路"倡议是否提出及是否为沿线经济体的基础上，将对经济体保费收入具有正向影响的人均 GDP、抚养比和对外贸易额占 GDP 比重等指标作为控制变量加入模型之后的检验结果；模型（10）是使用 bootstrap 方法重复抽样，分析检验结果是否稳健的检验结果。

根据表 7 – 16 所示的检验结果，可以得到以下结论：第一，模型（8）表明，"一带一路"倡议的提出，"一带一路"沿线经济体均对保费收入有显著正向影响，但本书所关注的两者的交互项对一国保费收入的影响并不显著；第二，模型（9）表明，一国人均 GDP、15～64 岁人口的数量、对外贸易额占 GDP 的比重对保费收入的正向影响均在 1% 的水平上显著，是否为"一带一路"沿线经济体对保费收入的正向反应也在 1% 的水平上显著，但本书所关注的交互项仍然不显著；第三，模型（10）的检验结果与模型（9）基本相同，因而说明了模型（9）检验结果的稳健性。

对于表 7 - 16 所示的"一带一路"倡议与沿线经济体交互项不显著的结果，本书又对研究数据进行了梳理，发现 75 个样本经济体中，"一带一路"沿线经济体的保费收入总体上要比非沿线经济体低，因而在将 75 个沿线经济体 1998～2017 年保费收入由低到高进行排序之后，删除平均保费收入最高的 15 个国家，对剩余 60 个经济体（其中沿线 32 个，非沿线 28 个）保费收入指标进行了双重差分检验，具体结果如表 7 - 17 所示。

表 7 - 17　　　　"一带一路"倡议对保费收入影响的 DID 检验

变量统计量	基期			跟踪期			
	控制组	实验组	基期差分	控制组	实验组	跟踪期差分	DID
lninsu	8.039	7.499	- 0.539	8.703	8.312	- 0.392	0.148
标准差	0.069	0.065	0.095	0.139	0.13	0.19	0.213
t	115.82	- 0.27	- 5.68	12.83	9.3	0.24	0.700
P > |t|	0	0	0.000 ***	0	0	0.040 **	0.487

如表 7 - 17 所示，本书对 60 个样本经济体 1998～2017 年保费收入指标的 DID 检验结果表明，"一带一路"倡议与沿线经济体的双重差分结果依然不显著。结合表 7 - 16 所示的对 75 个样本经济体的检验结果，本书不得不得出"一带一路"倡议对沿线经济体保费收入的影响并没有得到经验支持的结论。

四、结论与政策建议

综上，本节在概述商业性保险支持"一带一路"建设情况的基础上，实证检验了一国保险发展水平的影响因素，并结合双重差分方法（DID）检验了"一带一路"倡议对经济体保险发展的经济效应。根据这些分析，可得到以下结论与政策建议。

第一，"一带一路"沿线经济体的保险密度与保险深度均与全球平均水平还有一定差距。从对"一带一路"沿线经济体与非沿线经济体保险密度、保险深度指标的对比来看，"一带一路"沿线经济体的这两个指标均低于全球平均水平，因而在"一带一路"建设中保险的重要作用还有较大的开发空间；从全口径保险密度与保险深度来看，"一带一路"倡议提出前后，"一带一路"沿线经济体的这两个指标整体上有一定幅度的提升，但提升幅度有限，并且各国之间提升的情况也并不一致。

第二，本节实证检验了保险收入的影响因素，结果发现：人均GDP、抚养比、对外贸易额占GDP比重、国家治理与对外贸易额占GDP比重的交互项，对保险收入具有显著正向影响。对于该结论，一是说明了随着以人均GDP代表的经济发展水平提高，对保险市场的发展也具有重要带动作用；二是说明了进出口贸易对保险业发展的重要带动作用；三是说明了法治化水平、市场规制和政府效率通过作用于进出口，进而带动保险市场成长的作用机制。因此，还应从提升经济发展水平、保险业对进出口的保驾护航、政府治理水平的提升等方面入手，来推动保险业的发展。

第三，本书的双重差分结果表明，"一带一路"倡议对沿线经济体保险业发展的影响并不显著。在本书DID分析中，相关统计指标反映出"一带一路"倡议对保险业发展可能具有一定的正向政策效果，但实证检验却并不支持该结论；在结合统计描述结果，剔除了部分保费收入较高的15个经济体之后，本书对60个经济体的DID分析，依然不支持"一带一路"倡议对沿线经济体具有显著政策效应。对于该结论，可能原因是"一带一路"提出的时间还较短、政策效应的显现具有一定的"时滞"，而本书仅关注了"一带一路"倡议提出之后的四年面板数据，而"一带一路"对保险市场的推动效果尚未完全显现。对于此结论，关键的政策含义还在于进一步发挥保险的风险管理功能，在企业"走出去"中重视保险的作用来推动保险市场的成长。

第八章

"一带一路"倡议下金融生态
环境的优化研究

"一带一路"倡议是一项系统性工程，所涉及的业务领域广泛，对金融需求也多元，加之沿线经济体众多、文化环境复杂、各国的金融体系又具有一定差异，这就要求相应的金融支持体系中不仅要有各金融机构的参与，还需要优化"一带一路"沿线的金融生态环境以提高金融生态效率、增强金融生态功能。有鉴于此，本章将从人民币国际化、金融风险管理和金融协同支持机制的构建三方面，来探讨"一带一路"建设中金融生态环境的优化路径。

第一节 "一带一路"倡议下人民币国际化研究

在"一带一路"倡议提出之后，我国与沿线经济体在政策沟通、设施联通、贸易畅通、资金融通和民心相通等方面取得积极进展，这为人民币国际化提供了良好的国际环境。不难发现，"一带一路"倡议能够促进人民币更快更好地"走出去"，而人民币国际化也是更好实现与沿线经济体各层面交流的前提条件，因而人民币国际化与"一带一路"倡议具有明显的相辅相成关系。因此，应把握住"一带一路"的历史机遇，选择合适的国际化路径，提升人民币的国际影响力，让人民币走上国际化的"快车道"，并在国际舞台上发挥越来越重要的作用。

一、货币国际化的衡量及意义

与人民币国际化概念相关，还有国际货币、国际货币地位、人民币国际化等概念，因而此处在辨析这些概念的基础上，明确一国货币成为国际货币的关键标准，并进一步分析人民币国际化的意义。

(一) 国际货币

直观地理解，国际货币是货币跨越国界流通，在国际上被普遍认可和接受的计价单位、结算单位和储藏单位的货币。在对国际货币的界定方面，哈特曼（Hartman，1996）从货币职能视角对国际货币进行了原则性的说明，具体情况如表8-1所示。

表8-1　　　　　　　　　　　　国际货币职能

职能	官方部门	私人部门
交易媒介	外汇干预（平衡国际收支）	贸易与货币中使用的支付、结算货币（载体货币）
计价单位	驻锚货币	国际贸易和金融交易的定价货币（计价货币）
价值储藏	国际储备	国外私人资产储备（投资货币）

1. 计价单位职能。

世界上货币的种类众多，各国的汇率也随时会发生变化，这将会给国家之间的对外贸易带来不同程度的困难。因此，在商品贸易过程中，需要选择一种或少数几种货币作为衡量单位，对各国的贸易品进行定价，而作为计价单位货币的实质是利用自己本身的价值去度量其他货币和商品的价格，这也就是国际货币的计价单位职能。从某种意义上讲，国际货币计价单位职能体现的是货币价值尺度的职能。

2. 交易媒介职能。

由于在贸易往来中交易方要进行货币的兑换，因此需要有一种或少数几种货币充当中间的等价物，而这些充当中间等价物的货币就是交易媒介。就交易媒介所发挥的作用而言，如果将交易媒介之外的货币当作商品，那么所谓的货币兑换过程是指用作交易媒介的货币去购买其他货币。由此也可以认为，国际货币的交易媒介职能体现的是作为流通手段职能。

3. 价值储藏职能。

一国主权货币在国际上充当储藏货币，则说明世界各国政府部门和私人部门对该货币价值的认同。作为储藏职能的货币不仅必须是实际的货币，而且还需要能在一定时期内保持稳定的价值。

（二）国际货币地位

"国际货币地位"概念是由"国际地位"一词衍生而来的。所谓国际货币地位，是指一种货币在国际货币体系中所处的位置以及与其他货币之间的关系。如果一国货币的货币地位越高，那么它就越向国际货币体系中心靠拢，越在货币体系中占据主导地位。国际货币地位主要以国际货币的三大职能为基准来衡量，因此，一国货币在国际货币体系中所处的地位可以反映货币的国际化程度。一般来说，按照由低到高的顺序，可以将国际货币地位分成五个层级：初级国际货币、一般国际货币、工具货币、关键货币、世界货币，具体如表8-2所示。

表8-2　　　　　　　　　　国际货币层级与主要指标

国际货币层级	贸易计价结算	资产计价结算	官方储备	其他指标
初级国际货币	在本国跨境贸易中使用，所占份额不足3%	所占份额不足2%	所占份额不足2%	未进入SDR
一般国际货币	在少数不愿意使用主要货币的场合使用，所占份额不足5%	所占份额不足5%	所占份额不足5%	未进入SDR
工具货币	占国际贸易结算份额的10%以下，在本国的对外结算中较多地使用，在不涉及本国的贸易中也有使用	所占份额为10%以下	所占份额10%以下	进入SDR，但所占比重较少
关键货币	在欧盟内部及欧盟与外国贸易中广泛使用，在不涉及欧盟贸易中较多使用，份额为10%~20%	占30%的银行资产，占金融市场的份额较低，主要由欧盟国家持有	占世界总储备的27%，主要由欧盟内部持有	在SDR中占较大权重
世界货币	在大部分国际贸易中使用，份额为50%~60%，在国际大宗商品贸易，非法和低下交易中使用	占40%的银行资产，在大部分债券、外汇和衍生品交易中使用	占世界总储备的60%，各国普遍持有	在SDR占最大比重

资料来源：据姚大庆（2016）整理所得。

初级国际货币是指刚刚进入国际化阶段的、在周边国家或部分领域发挥计价和结算职能的货币。一般国际货币指一国货币在涉及本国经济活动中较多地发挥计价和结算职能，而在不涉及本国经济活动中则较少发挥职能且不作为国际储备的货币。工具货币是指一国货币在涉及与不涉及本国的经济活动中都有使用；同时，在工具货币阶段，货币也会被一些国家作为外汇储备。关键货币是工具货币的进一步发展，是在国际上作为经常使用的货币，也被世界各国（地区）作为国际储备货币。世界货币是货币国际化的最高形态，它在世界范围内发挥广大的职能，也作为大宗商品计价货币和主要的储备货币。

综上，货币国际化的最终目标是不断地提高本身货币的国际地位，成为世界主导货币的过程，而人民币国际化进程可以视为人民币国际地位不断提高的过程。

（三）人民币国际化

在分析人民币国际化之前，首先需要界定货币国际化的概念。一般认为，货币国际化指的是一国货币突破国别的限制，在国际贸易和资本流动中具有交易媒介、价值尺度、贮藏手段等职能。因此，人民币国际化可定义为，人民币突破了国别的限制，在境外流通并具有国际货币的职能，成为国际上普遍认可的支付、定价、结算和储备货币的过程。一般来说，人民币国际化尤其是"一带一路"建设中推进人民币国际化的重要意义主要体现在以下几方面。

第一，有利于动员资金。必须有效动员当地资金和全球资源，才能更好满足"一带一路"建设中的巨额资金需求。中国作为"一带一路"倡议的提出国，使用人民币开展对外投融资，能够节省换汇成本、减少对美元等主要货币的依赖、降低因汇率波动所引发的风险，最终有助于调动项目所在国的储蓄资源，进而以合理的回报率形成示范效应并撬动更多当地储蓄与国际资金。

第二，有利于维护金融稳定。在一国货币未成为国际货币或者货币国际化程度较低时，需要持有大量的国际储备货币进行贸易结算，不过在持有国际储备时需要承担汇率风险以及机会成本所带来的储备损失。在成为国际货币之后，在贸易过程中就可以利用本国的货币进行贸易结算，减少对外汇储备的依赖，减少持有国际储备带来的损失。

第三，有利于增强金融影响力。人民币国际化的过程会正向激励中国金融体系的完善，在人民币国际化实现之后，人民币作为国际货币将会被世界各国广泛储备，而我国的货币政策也将会影响整个世界经济，也可以影响和制定世界经济金融规则、获得制度变迁所带来的长期好处。

二、人民币国际化的现状

基于上述对人民币国际化相关概念的辨析，可从贸易计价结算、国际金融交易结算、官方储备等方面来判断人民币国际化的现状。

（一）贸易计价结算

在人民币的贸易结算方面，2013～2018 年，跨境贸易人民币结算业务规模情况如图 8 – 1 所示。

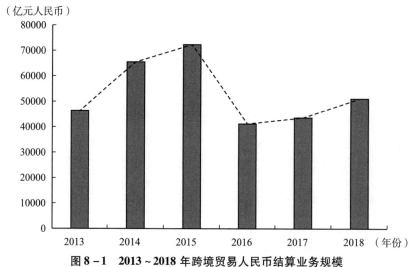

（亿元人民币）

图 8 – 1　2013～2018 年跨境贸易人民币结算业务规模

资料来源：中国人民银行官网．http：//www. pbc. gov. cn/diaochatongjisi/116219/index. html.

如图 8 – 1 所示，2013～2015 年，跨境贸易中人民币的结算规模不断上升；不过 2016 年人民币的贸易结算出现大幅度下滑，直到 2018 年人民币贸易结算规模才逐步回升到 2013 年左右的水平。可以看出，2013～2018 年，跨境贸易中人民币结算业务规模波动较大。另外，根据人民银行发布的《2018 年金融统计数据报告》，2018 年人民币跨境贸易结算业务为 5. 11 万亿人民币，约合 0. 771 万亿美元（当年平均汇率为 6. 6141），当年的世界贸易总额约为 19.48 万亿美元,从而人民币贸易结算约占世界贸易总额的比例仅为 3.95%。由此可以看出,在贸易结算规模方面,人民币所占的比例较低并处于一般国际货币的水平。

(二)国际金融交易结算

根据国际清算银行每 3 年进行 1 次的全国中央银行外汇和衍生品调查数据,可以得到全球主要货币每日的外汇交易总额。结合该数据,也可以计算相关货币在每日外汇交易中所占的比重,进而可以对国际货币的交易媒介职能进行衡量。2010 年、2013 年和 2016 年全球货币每日平均外汇交易情况如表 8-3 所示。

表 8-3　　　　　　全球货币每日平均外汇交易总额　　　　单位:十亿美元

币种	2010 年	2013 年	2016 年
美元	3371	4662	4438
欧元	1551	1790	1591
日元	754	1235	1069
英镑	512	633	649
澳元	301	463	348
加拿大元	210	244	260
瑞士法郎	250	276	243
人民币	34	120	202
瑞典克朗	87	94	112
其他货币	874	1196	1195
每日平均外汇交易额	3973	5357	5067

资料来源:国际清算银行官网. https://stats. bis. org/statx/srs/table/d11. 1? p = 2016&c = .

由表 8-3 可知,2016 年全球平均每天的外汇交易额大约为 5.07 万亿美元,不过由于每笔交易均涉及两种货币,因而以单一货币计算的每天交易额约为 10.14 万亿美元。具体来说,美元与其他货币的每日交易量平均约为 4.44 万亿美元,欧元约为 1.59 万亿美元,美元与人民币的每日交易量为 0.20 万亿美元,约占美元日交易量的 4.5%,占欧元的 12.6%,人民币的日交易量与美元、日元等主要国际货币存在较大差距。2016 年,人民币在全球外汇交易量的占比约为 1.9%，虽与 2010 年的 0.4% 相比有着巨大进步，但与其他主要货币相比还存在着巨大差距。总体来看，在国际金融交易结算方面，人民币还处于初级国际货币水平。

（三）官方储备

在人民币作为外汇储备方面，2016 年 10 月 1 日新的特别提款权（special drawing right，SDR）货币篮子正式生效，人民币正式加入 SDR，这将提高贸易结算中人民币的使用比例，改善外汇市场供求，增强市场对人民币的信心。此外，依据 IMF 发布的“官方外汇储备构成”报告，截至 2018 年第四季度，主要货币官方外汇储备份额情况如图 8 - 2 所示。

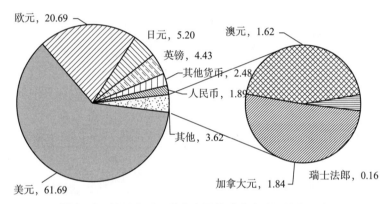

图 8 - 2 2018 年 Q4 季度主要货币官方外汇储备份额
资料来源：国际货币基金组织。

如图 8 - 2 所示，截至 2018 年第四季度，人民币在整体已分配外汇储备中所占的比例仅为 1.89%，因而与美元、欧元、日元、英镑等相比还有较大的差距。

（四）人民币国际化指数

人民币国际化指数是衡量人民币国际化发展的综合指标，主要是从贸易结算、金融交易、官方储备三个方面的数据进行综合后得到。2014 ~ 2017 年，人民币、英镑、日元、美元和欧元的国际化趋势如图 8 - 3 所示。

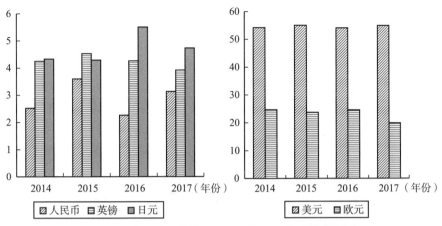

图 8 - 3　人民币、英镑、日元、美元、欧元国际化指数

资料来源：人民币国际化指数 2016 年、2017 年、2018 年（中国人民大学的国际货币研究所编制）。

如图 8 - 3 所示，由于美元、欧元的国际化指数要明显高于人民币、英镑和日元的国际化指数，因此分别用两幅图进行表示。从人民币国际化指数来看，人民币的国际化程度与美元和欧元差距较大，仅为美元国际化指数的 1/17 左右，仅为欧元国际化指数的 1/6 左右。另外，尽管人民币国际化指数与日元、英镑相比差距较小，但人民币国际化指数的波动幅度较大，还不稳定。总之，与美元、欧元等世界货币相比，人民币的国际化指数还比较低，并且表现出一定的不稳定性。

（五）小结

结合当前人民币国际化现状和国际货币地位衡量的指标，依据前述货币地位的衡量标准，可以得到如下结论：第一，贸易结算方面，人民币贸易结算约占世界贸易总额的 3.65%，达到了一般国际货币的水平。第二，在金融交易结算方面，在全球外汇交易量中占比约为 1.9%，处在初级国际货币的地位。第三，在国际储备方面，人民币作为官方储备货币其份额只占到了 1.89%，处于初级国际化的水准；不过，由于人民币在 SDR 中拥有其份额，所以在作为储备货币方面人民币达到了工具货币的水平。

总体来看，人民币的货币地位或者说是国际化水平基本处于一般国际货币的水准，人民币的国际化道路还很漫长，所以当前人民币国际化的主要目标是将人民币的地位从一般国际货币提升到工具货币的水平，进而寻求更大突破。

三、"一带一路"倡议下人民币国际化的机遇与挑战

"一带一路"将促使中国与沿线经济体之间的联系更加紧密、互动更加密切，这将为人民币国际化带来更多的机遇与挑战。

（一）"一带一路"倡议下人民币国际化的机遇

1. 贸易投资双轮驱动。

前文提及，国际货币有交易媒介和计价单位的职能，而作为这两个职能的首要表现就在于在国际贸易中的货币结算。如果一国的贸易能力弱，则与之进行贸易的国家将较少，而该国的货币自然也就较少在贸易中得到使用。当然，这也并不是说一国的贸易强大，其货币就会直接成为国际货币；不过，历史经验表明，如果一国贸易体量较小，则该国的货币就绝对不可能成为国际货币，因此，贸易体量上达到一定的程度，是货币国际化的前提。在"一带一路"倡议对贸易的促进方面，2013～2017年，中国与"一带一路"沿线经济体进口额、出口额及增速如图8-4所示，中国与"一带一路"国家贸易额占中国对外贸易额比重情况如图8-5所示。

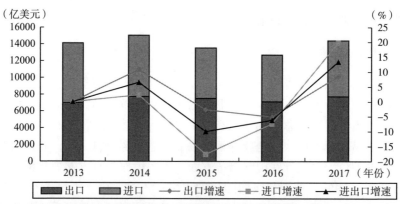

图8-4　2013～2017年中国与"一带一路"沿线经济体进口额、出口额及增速

资料来源：国家信息中心. http://www.sic.gov.cn/News/553/9207.htm.

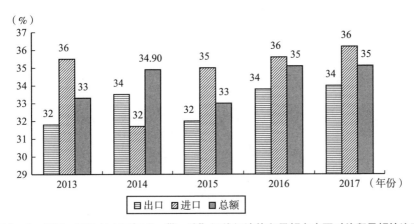

图 8 - 5 2013～2017 年中国与"一带一路"沿线经济体贸易额占中国对外贸易额的比重

资料来源：商务部官网. http：//fec. mofcom. gov. cn/article/fwydyl/.

如图 8 - 4、图 8 - 5 所示，2013～2017 年，中国与"一带一路"沿线经济体的贸易占中国全球贸易的比重逐渐增大。在出口、进口和进出口总额上，沿线经济体对中国的贸易贡献达到了三成以上。在进出口总额方面，2014～2016 年，在经历了两年的增速和总量的下滑之后，2017 年实现了扭转达到 14403. 2 亿美元，总体进出口的贸易增速在 2017 年达到 15% 的增长。

投资是促进人民币国际化的另外一个重要的手段，通过私人部门对外直接投资，可以增加人民币的储备和流动，扩大人民币的辐射范围，增强人民币在私人部门的影响力和使用，进一步增强人民币在区域内的影响力。2015～2018 年，中国在"一带一路"沿线经济体直接投资与并购情况如图 8 - 6 所示。

如图 8 - 6 所示，截至 2018 年，中国企业在"一带一路"沿线的 56 个经济体有新增投资，合计 143. 6 亿美元，占同期总额的 13%，比 2017 年同期增加 8. 9%。截至 2017 年，中国境内企业对"一带一路"沿线经济体实施并购 76 起，总金额为 162. 8 亿美元，同比增长约 145%，增长迅猛。

2. 亚投行与丝路基金助力人民币国际化。

完善且强大的金融制度是一国货币国际化的主要条件，而具有强有力的金融平台将会促进这一条件的形成。中国倡导设立的亚投行和设立的丝路基金，为人民币国际化搭建了可靠的金融平台。

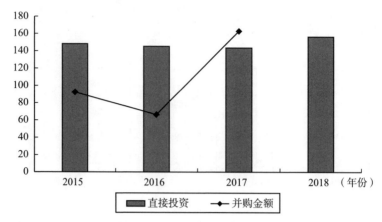

图 8 - 6　2015 ~ 2018 年中国在"一带一路"沿线经济体直接投资与并购情况

资料来源：中国商务部官网．http：//fec. mofcom. gov. cn/article/fwydyl/．

第一，亚投行。亚投行的设立不仅可以支持沿线经济体的基础设施建设，同时可以为中国带来稳定收益，缓解外汇储备给中国带来的压力，减少人民币的通胀压力；另外，随着亚投行融资渠道的多样化，成员国也将会逐渐接受人民币作为其储备和计价的硬通货的一部分，提高人民币的国际地位，推动国际化发展。

第二，丝路基金。丝路基金在"一带一路"建设中寻找投资机会，并提供投融资服务的协同股权投资平台，该平台主要进行人民币和美元的双币种投资，将促进人民币在沿线经济体的使用和储备。与股本为美元的亚投行不同，丝路基金可以人民币为投资币种，这就意味着人民币可以更快地在"一带一路"沿线经济体流动，提高人民币在沿线经济体贸易和投资中的使用。另外，与亚投行相比，丝路基金提供以股权投资为主，债券、贷款、融资租赁为辅的多元化的综合融资服务，能够提升投融资效率，提升沿线经济体对人民币使用的积极性。更为重要的是，丝路基金完全由中国设立，因而在投融资政策上拥有更大的选择权。

总之，在"一带一路"建设中，中国可利用丝路基金和亚投行这两个平台为人民币的流通提供保障，扩大人民币的使用范围，逐步提高人民币的地位，提高人民币在"一带一路"沿线和国际金融市场的流动性。

3. 金融合作逐步加深。

截至 2017 年，中国人民银行与 29 个国家（地区）的中央银行（货币当局）所签署的货币互换协议有效，协议总规模达到了 30240 亿元人民币；2018 年中国又与 9 个国家签订了共计 1.237 万亿元人民币的本币互换协议；2012～2017 年，中国人民银行与其他货币当局的货币互换余额情况如图 8-7 所示。

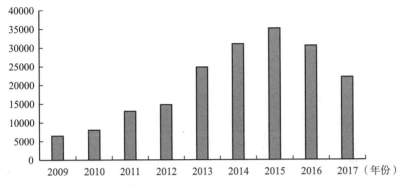

图 8-7 中国人民银行与其他货币当局的货币互换余额

资料来源：中国人民大学国际货币研究所. 人民币国际化报告 2018 [R]. 中国人民大学出版社，2018.

如图 8-7 所示，在双方货币互换方面，截至 2018 年 3 月，中国人民银行已经与 36 个国家和地区的中央银行或货币当局签署双边本币互换协议，总金额超过 3.3 万亿元。另外，我国与东盟国家基本上都可以实现货币的双边互换，成为事实上的区域货币，货币互换为人民币国际化提供了基本条件，为扩大人民币在"一带一路"沿线的使用率和影响力奠定了基础。另外，截至 2018 年 12 月①，中资银行共在区域内的 24 个国家设立 102 个机构，银联卡发卡超过 2500 万张，覆盖 540 万家商户；人民币跨境结算系统覆盖 40 个"一带一路"经济体的银行。总体来看，无论双边货币互换、人民币结算还是人民币清算，都有利于为人民币在"一带一路"沿线的使用提供便利，扩大人民币在区域内的影响力。

（二）"一带一路"倡议下人民币国际化的挑战

1. 经济结构转型。

一般来说，货币在贸易中的使用情况在一定程度上代表货币的国际地

---

① 中国一带一路网. https：//www.yidaiyilu.gov.cn/info/iList.jsp? tm_id=96.

位。如果一国处于低端价值链中,那么由于其商品的可替代性强,则商品在贸易中的定价能力和需求就会减弱,进而影响本国货币在贸易结算中的使用程度。从现实情况来看,根据 2018 年 5 月国家信息中心发布的《"一带一路"贸易合作大数据报告》中的相关数据,2017 年我国对区域内国家的出口产品以机电类为主,占中国对"一带一路"国家出口贸易额的48.7%,因而贸易产品整体上处于价值链的中低端。在传统出口导向型贸易中,我国都是出口价值链低端的产品、进口价值链高端的产品。在此现实情境下,我国经济结构转型的目的不仅是为了调节内部,更重要的是提高我国在国际分工体系中的位置,由以往的"出口低端产品、进口高端产品"的模式变为"出口高端产品、进口低端产品"的模式。如果在"一带一路"倡议之下继续沿着老路走下去,那么只会从"出口低端产品,进口高端产品"转变为"向发达国家进口高端产品,向沿线经济体出口低端产品"(贾根良,2018)。鉴于此,经济结构进而改变国际分工地位、推动贸易产品由量向质的转变,是推动人民币国际化的重中之重。

2. 货币惯性。

一般情况下,货币国际地位的提升滞后于经济实力,但经济实力依然是实现货币国际化、提升货币国际地位的基础。不过,由于路径依赖和货币使用惯性,原先的世界货币在很长的一段时间内也将继续保持其地位。1913 年,美国的 GDP 就已经是英国的 2.3 倍,但当时全球主要国家的外汇中美元份额依然不到 5%,直到第二次世界大战后,世界经济政治格局发生了变化,美元才独领风骚成为世界货币。同样,目前中国虽然是全球第二大经济体,但由于国际货币地位与经济实力的滞后性,人民币的国际地位还处于一般国际货币的水平。

3. 计价货币。

国际贸易中一种货币被作为初级产品的计价货币,是货币作为计价单位职能的重要表现,也是国际货币地位提升的重要表现。具体来说,石油是最为重要的初级产品,因此,一种货币能成为石油等初级产品的计价货币也是其国际货币地位的重要表现。不过由于美元在全球石油贸易中占据着主导地位,所有石油交易基本上以美元作为唯一的结算货币,这就使得有国家要想购买原油就必须将其货币兑换为美元之后才能进行交易,而这也间接使得美元在世界范围内的流通和主导地位,也使美元成为主要的计价货币。从人民币的实际情况来看,目前仍缺乏像美元一样的能源计价体系,因此在国际货币的竞争之中也必然处于弱势地位。

4. 离岸金融市场发展较慢。

一个发达且强大的离岸金融市场能够推动人民币的境外循环，增加外国投资者对我国货币的需求，增强人民币整体的流动性，最终有助于提高人民币的国际化水平。当前，人民币的离岸金融市场发展较慢，主要体现在以下几个方面：第一，离岸金融产品少。目前，境外投资者可选择的人民币投资渠道主要有离岸市场上的人民币存款、人民币债券、以人民币计价的 IPO 和通过机构投资者投资内地银行间债券市场的债券，整体的投资渠道还比较少。人民币离岸市场有关人民币计价的金融产品过少，导致持有人民币的非居民投资渠道受到限制，最终影响人民币的流动性和使用频率。第二，人民币回流机制不健全。由于资本项目不开放，导致离岸人民币回流到在岸时需要较为复杂的审批或者核准程序，而不畅的回流渠道可能导致"出境"人民币成为投机和非法套利的载体，而大量离岸人民币"回境"内时也会影响境内金融市场和宏观经济政策的稳定性。第三，利率双轨制影响离岸市场的发展。人民币离岸市场相较于在岸市场的管制更加宽松，自由开放的离岸市场和受到管制的在岸市场将会因汇率、利率的差异产生利差，进而可能导致短期资本流动的投机性冲击，对离岸市场的稳定也产生了一定的威胁。

总体来看，"一带一路"建设为人民币国际化提供了贸易投资双轮驱动，搭建了重要平台，加深了区域金融合作等重要机遇，但依然面临经济结构转型、货币惯性、计价货币、离岸金融市场发展较慢等约束，因而在这些机遇与挑战中寻求突破是人民币国际化的现实选择。

四、"一带一路"建设中人民币国际化的路径

(一) 货币国际化的模式

从 2016 年 10 月 1 日开始，美元、欧元、人民币、日元、英镑这五种国币构成了 SDR 货币篮子，而在瑞士法郎也对货币国际化提供了有益启示，因而，此处将重点分析美元、欧元、人民币、日元、英镑和瑞士法郎国际化的进程和实质，以期为人民币国际化寻求借鉴与启示。

1. 美元模式。

20 世纪 30 年代，美国成为全球第一大经济体，"二战"之后美元成为中心货币，加之布雷顿森林体系这种强制度的推动使美元成为了国际货

币。总体来看，美元模式的实质是经济实力决定货币的中心地位，然后通过国际协议的确定和强化成为关键货币，进而演化成为世界货币。

2. 欧元模式。

欧元的诞生主要是欧盟区各国政府商讨的结果，最后凭借整个欧洲的强大实力，使得欧元成为国际货币。总体来看，欧元模式的实质是在核心国的主导下，联合相关国家，通过政策协调，从经济一体化到货币一体化，形成单一货币，之后凭借其整个货币区的强大经济实力逐步成为国际货币。

3. 日元模式。

1968 年，日本已经成为第二大经济体，国际收支持续顺差，外汇储备大幅度上升，同时布雷顿森林体系开始趋向解体。因此，日本希望日元在国际货币体系中成为新的一极，于是日本通过日元信贷等形式来加强与周边东南亚国家的经济和政治关系，从而形成了所谓的"日元经济圈"，并以此来促成日元国际化。因此，日元国际化的实质是基于强大的经济实力，通过信贷等资本输出方式，来提高合作国家使用货币的积极性，从而实现货币国际化。

4. 英镑模式。

1820 年英国成为当时世界上最大的贸易国，外贸商发现，与英国做贸易必须使用英镑作为计价货币，同时 1816 年《金本位制度法案》和 1844年的《英格兰银行条例》标志着英国制定了英镑币值稳定的体系，同时建立了一系列信用制度安排，而稳定的币值和完善的制度使得英镑在当时成为了真正的硬通货，英镑也随之成为当时的世界货币。因此，英镑国际化的实质是，在自身经济实力足以影响全球的基础上，通过制度的设定影响其他国家，进而使得其他国家从属于该制度体系。

5. 瑞士法郎模式。

在布雷顿森林体系解体之后，瑞士法郎依旧坚持金本位制度，成为当时唯一把货币与实物联系起来的国家。在 20 世纪 80 年代，随着美元的贬值，国际金融市场形成抢购瑞士法郎的风潮，瑞士法郎不断升值，成为坚挺的国际货币，一度超越伦敦成为第二大金融中心。到 1990 年，瑞士加入 IMF，这时瑞士才结束了金本位制。但是，由于政府一直严格控制通货膨胀，稳定汇率作为首要目标，因此，瑞士法郎在目前依旧是坚挺货币。因此，瑞士法郎国际化的实质是，尽管自身经济实力未达到世界强国的水平，但是通过自身制度的强制约束，使得货币在国际上成为可靠的"坚挺货币",以此来实现货币国际化。

总体来看,美元模式、欧元模式和日元模式体现着明显的"强经济 – 强制度"特征,都是相关国家在具备强大的经济实力之后,再利用建立国际货币规则和国家之间的合作制度来推进货币的国际化;英镑与瑞士法郎的国际化则具有明显的"弱经济 – 强制度"特征,是在经济较为薄弱的情况下实行强制度,更加强调自身内部的制度改进来达到货币国际化,并不涉及对改进或建立国际货币秩序。

(二) 人民币国际化的路径

就目前中国的实际情况而言,在经济方面,作为世界第二大经济体,中国可以满足强经济的条件。在制度方面则与以上模式的国家不同,目前中国自身金融体系并不完善,同时由于现在的国际货币体系还是由西方国家占据主导地位,中国的话语权还十分有限,因此中国需要对内制度和对外制度同时跟进。在此现实情形下,应从对外和对内两方面入手来提高人民币的国际化水平。

1. 对外路径。

依据货币地位的衡量标准可以看到,要想提高一国货币的国际地位,实现货币国际化,必须要从贸易计价、资产计价、价值储备三个方面进行提升,而这正好反映国际货币的价值尺度、交易媒介、储藏货币的职能。鉴于此,应通过"贸易结算本币化→离岸中心化→国际化"的路径来提升人民币的国际化水平。

第一,贸易结算本币化。货币的交易媒介职能是作为国际货币的基础,交易媒介职能最明显的体现就在于国际贸易,如果没有实现贸易结算的本币化,那么一国的贸易体量越大就越是促进所使用结算本位币货币地位的提升,即一国贸易水平的提升是为所使用的贸易结算本位币的国际化水平做"嫁衣"。因此,要实现人民币国际化,必须要让人民币发挥计价单位和贸易结算职能,在贸易结算本币化之后,相互贸易的国家也就必将储备结算货币,从而也就实现了人民币的储备货币职能。具体来说,要从以下几方面入手来提高贸易结算的本币化:一是加强"一带一路"沿线的货币合作,在双边、多边贸易谈判中推广优先使用人民币,以人民币计价结算的条件;二是根据沿线经济体能源贸易的基本情况,可以选择以天然气为基础的计价体系,推广使用人民币作为天然气的结算和计价单位,建立人民币能源货币体系;三是利用亚投行和丝路基金平台,提高人民币在沿线经济体的使用频率和结算程度。

第二，离岸中心化。由于离岸市场具有开发程度高、金融产品创新性强等特点，因而离岸中心被认为是实现货币国际化的重要条件。应通过以下措施来促进人民币离岸中心的发展：一是通过发展"一带一路"区域债券市场、发展 QFII 和债券通等、开发新型金融产品等措施，来扩大人民币业务资产池，丰富金融产品种类；二是加快人民币离岸市场的布局建设，可以选择"一带一路"沿线经济体较为发达的城市作为布局中心；三是促进资本项目逐步开放，健全人民币回流机制，推动形成由内而外的资金循环体系，使人民币"出得去、留得住、回得来"。

2. 对内路径。

如前所述，经济结构的转型升级能够使得中国在贸易格局占据高价值链的部分，提升中国的贸易竞争力，通过与贸易结算本币化的结合来推动人民币国际化进程。同时，经济结构转型升级也是促进经济增长、促进整体经济实力提升的手段，而经济实力本身是决定货币国际地位的前提。因此，应通过以下措施推动国内经济结构转型：第一，在国内应该继续促进国内的经济结构转型，深化供给侧改革，淘汰落后产能；第二，降低民营企业的融资成本，促进民营企业的发展，为企业注入血液；第三，取消针对出口初级产品的出口退税政策，以此来激励国内企业进行改革。第四，制定企业境外投资优惠政策，推动我国落后产能向沿线经济体进行转移。通过以上措施，推动我国对外贸易从"进口高端产品并出口低端产品"的低级对外发展方式转变为"进口低端产品并出口高端产品"对外经济方式。

3. 助力完善国际货币秩序。

目前的国际货币秩序建立在 IMF 的基础上，但由于 IMF 本身是以美国为首的发达国家控制金融事务的工具（阎学通，2016）。在这种秩序之下，导致 IMF 有以下制度上的缺陷：一是份额分配与各国的经济实力脱节；二是选区划分不合理，发展中国家的发言权被削弱；三是加权投票制度放大了发达国家，特别是美国对国际货币基金组织事务的控制能力。在此背景下，可通过以下措施来推动人民币国际化进程：第一，范围的选定上，在"一带一路"倡议下，进一步强化与沿线经济体的合作，先从区域化构建和推动货币新秩序的阻力将比较小。第二，制度的设立上，建立以人民币为中心货币、中国占据主导地位的区域货币新秩序。第三，机构建设上，亚投行作为我国倡导设立的多边性金融机构，其注册资本需要实现从单独的美元到多元储备且以人民币为主的转变；当然，仅仅有亚投行是不够的，更需要与沿线经济体的合作来协调与监督国际金融事务。

总体来看，人民币国际化的水平还比较有限，但"一带一路"倡议为人民币国际化带来重要机遇，因而借鉴主要国际货币的经验，通过"贸易结算本币化→离岸中心化→国际化"的对外路径来促进国内经济结构转型升级的对内路径和助力完善国际货币规则的思路来提升人民币的国际化水平。

第二节 "一带一路"建设中的风险管理

金融支持是"一带一路"建设顺利推进的保障，而风险管理则是金融支持体系有效运行和金融生态完善的关键，因此，本节需进一步分析"一带一路"建设中的风险及其管理措施。需要说明的是，由于之前在有关金融机构支持"一带一路"建设的分析中已述及对金融风险的管理，加之"一带一路"建设中的金融风险在一定程度上是"一带一路"建设中相关风险的重要组成部分，甚至"一带一路"建设中的风险必然会影响到具体金融支持系统。鉴于此，本节将侧重从"一带一路"建设中所面临主要风险的视角，说明这些风险对金融支持系统的影响。具体来说，本节的基本思路是在分析"一带一路"建设中所面临具体风险类型的基础上，简要说明这些风险可能产生的影响与危害，最后提出相关的治理措施。

一、"一带一路"建设中的主要风险类型

风险是金融机构的"生命线"，更是决定投资项目成败的关键。中国社会科学院世界经济与政治研究所等机构连续多年发布我国海外投资中的国别投资风险评级情况，而所评价的相关国家包括"一带一路"沿线的部分主要经济体，从而为"一带一路"建设和我国企业海外投资风险规避提供了重要参考依据。鉴于此，此处将在之前侧重经济方面分析的基础上，将研究视角从之前的局部均衡分析拓展至一般均衡分析，着手从经济、社会、文化、法律等多方面展开分析，进而从总体上梳理"一带一路"建设和金融支持"一带一路"建设中所面临的主要风险。

（一）经济风险

所谓经济风险主要指东道国经济形势变化或经济政策调整进而导致的对外投资收益变化。具体来说，"一带一路"建设中我国对外投资中不得不面临的经济风险主要体现在以下几方面。

第一，宏观经济风险。投资东道国的宏观经济状况直接影响了投资收益以及对国际资本的吸引，如中国和美国分别是东盟的最大贸易伙伴和第四大贸易伙伴，但2018年以来的"中美贸易争端"对马来西亚和泰国等严重外贸导向型国家的出口、私人消费以及对国际资本的吸引力造成了较为严重的影响；另外，中亚、南亚、西亚和北非较高的通货膨胀率也对投资收益造成了较大影响。

第二，债务风险。部分"一带一路"沿线经济体由于选举和政党轮换等因素的影响，相关政府急于兑现承诺和出政绩，提出了一些数量过多、标准过高的基础设施和民生工程等建设项目；客观地讲，这其中的一些项目存在明显的论证不足、脱离本国实际和过于超前，从而也引起一定程度的债务可持续风险。另外，正如英国《金融时报》所报道的①，近年来亚洲基础设施投资支出中，中国投资支出的占比接近一半，长此以往可能拖累中国的经济增长。

第三，汇率风险。国际货币基金组织（IMF）的相关资料显示，"一带一路"沿线的大多数国家主要采用固定汇率制度，一些国家也存在一定程度的汇率管制，那么中国企业在这些国家进行投资则难以利用当地外汇和金融市场来对冲汇率风险（陈继勇、李知睿，2018）。

第四，投资结构风险。我国商务部发布的《中国"一带一路"贸易投资报告》② 显示，"一带一路"倡议提出以来的五年中，中国对沿线经济体投资中位列前五位的领域分别为制造业、租赁和商务服务业、建筑业、批发和零售业、农林牧渔业，并且在这五个领域的投资额占总投资额比重超过70%。显而易见，投资领域如此集中所引起的问题是，一旦东道国认定所投资的这些领域会危及其经济安全，那么对整个领域的叫停将对中资企业的投资收益产生严重影响。

---

① 迈克尔·皮尔. 亚开行：亚洲基础设施严重短缺 [EB/OL]. FT 中文网. http：//www. ftchinese. com/story/001071578？archive－01.

② "中国'一带一路'贸易投资报告"在京发布 [EB/OL]. http：//static. nfapp. southcn. com/content/201809/21/c1515584. html？from＝groupmessage&isappinstalled＝0.

(二) 法律风险

法律风险指可能给当事人造成损失的潜在法律因素，而这种因素可能是法律事实，也可能是法律制度状态（刘胜题，2019）。具体来说，"一带一路"建设和中国企业对外投资中所面临的法律风险主要有以下几方面。

第一，沿线经济体法律体系的差异。"一带一路"沿线的大多数国家为发展中国家和新兴经济体，这些国家历史上大多数被殖民或被其他国家统治过，而被殖民国家则主要沿袭了殖民国家的法律体系，其法律体系也因殖民国不同而不尽相同。具体来看，"一带一路"沿线经济体存在着大陆法系、普通法系、混合法系等不同法律体系，而如何应对不同法律体系的矛盾与冲突也成为中资企业投资中所必须面对的基本法律问题。

第二，投资规则的差异。在"一带一路"沿线主要有亚太经合组织、欧盟和东南亚国家联盟等主要经济组织，但不同经济组织中所适用的投资规则也不尽相同。具体来看，亚太地区所适用的投资规则主要有《资本流动自由化法典》《经常项目无形交易自由化法典》《非约束性投资原则》，欧盟地区所适用的投资规则主要有《罗马条约》《马斯特里赫特条约》，东南亚地区所适用的投资规则主要有《中国—东盟全面经济合作框架协议》《中国—东盟投资协议》。不同的投资规则可能导致不同的裁定标准，从而对我国企业尤其是同一企业对不同国家的投资造成一定影响。

第三，法律风险的结果。正是由于"一带一路"沿线经济体法律体系和投资规则的差异，导致我国企业在相关投资中不得不面临不同类型的法律风险，主要会在直接投资、市场准入、知识产权保护、国际金融交易、劳工问题、环境问题、商业腐败、税收法律、项目规划设计、合同管理等方面产生法律风险（李玉璧、王兰，2017）。从最终结果来看，根据中国全球化智库（Center for China And Globalization，CCG）的统计，我国对外投资事件中，有30%是因对东道国劳动法规缺乏了解所致，有15%因不熟悉相关知识产权保护法律所致[①]。

(三) 社会文化风险

随着"一带一路"建设的不断推进，共建"一带一路"的"朋友圈"

---

① 全球化智库（CCG）发布《中国企业全球化报告（2018）》[EB/OL]. http：//www.ccg. org. cn/Event/View. aspx？Id = 10314.

越来越大，所涉及的经济体越来越多，这也在一定程度上使得"一带一路"建设中需面对的社会文化环境也越来越多元。总体来看，"一带一路"建设中的社会文化风险主要有以下几方面。

第一，宗教信仰不一。"一带一路"沿线经济体的信仰复杂，并且许多国家的宗教氛围浓厚，进而导致了沿线经济体在价值观念、思维方式等方面存在一定的差异。在此现实情境下，便可能因信仰和习俗禁忌差异而引发矛盾，这进一步可能对投资项目带来负面冲击，从而整体上不利于"一带一路"建设中投资活动安全、稳定和可持续开展。

第二，语言文化差异。据不完全统计，"一带一路"沿线所涉及的语言达到1000多种，其中官方语言也超过60种。跨国沟通、交流、合作本身就存在困难和挑战，语言及语言背后所蕴含的文化差异也容易因理解偏差和理解错误而引起矛盾和分歧。

第三，域外势力渗透。中国一直秉持"共商、共建、共享"的原则、倡导多边主义来推进"一带一路"建设，不利的对华舆论通过影响普通民众进而对具体投资项目的推进可能产生不利影响。

（四）项目风险

在"一带一路"建设和我国在"一带一路"沿线经济体投资时，不仅要面对以上三类宏观层面的风险，还可能面临具体项目在微观层面风险，主要体现在以下几方面。

第一，资金可持续供给风险。基础设施建设是"一带一路"倡议和我国在"一带一路"沿线经济体投资的重点，但基础设施类项目对资本的要求较高，不仅具有资金需求量大、生命周期长的特征，还具有初始成本高和资本集中度高的特征；另外，从整个投资过程来看，在投资的前期一般难以产生正向现金流，项目实施的后期阶段才可能产生比较稳定的现金流。从这些基本特征来看，必须为基础设施建设项目提供稳定与可持续的资金供给，而不稳定的资金供给将给整个项目带来难以预估的风险。

第二，资金来源单一风险。本书的相关分析表明，我国金融支持"一带一路"建设以及在沿线经济体的投资中，尽管已搭建起了政策性金融、多边性金融、商业银行、社会资本协同支持"一带一路"建设的格局，但从基本构成来看，政策性金融等具有财政背景的金融机构依然占据主要地位，尚未有效撬动社会资金的进入和参与，总体上呈现资金来源单一的特征。需要引起注意的是，比较单一的资金来源不利于分散风险，也会过度消耗国家宝贵的信贷资源,进而可能引起各层面就稀缺信贷资源"对内""对外"配置的争议。

第三,技术和财务等风险。首先,在金融支持"一带一路"建设以及我国在沿线经济体的投资中,往往会因技术标准不被认可,或者因项目设计存在一定的缺陷而导致项目遇阻甚至失败的技术风险。其次,还可能存在因对成本核算不准确,或者对基本投融资环境缺乏准确估计和判断,进而导致难以保障项目现金流和项目市场价值的财务风险。最后,就我国目前所开展的海外投资而言,往往具有投资时间较短、识别和防范风险能力有限、化解风险的手段有待提升等不足,进而产生因难以从整体上管控项目风险导致项目失败,难以取得预期投资收益的结果。

总体来看,"一带一路"建设、金融支持"一带一路"建设以及我国企业在"一带一路"沿线经济体的贸易与投资活动中,将不得不面对上述来自经济、法律、社会文化和项目本身的风险,必须有效预警和管控这些风险,进而为"一带一路"倡议的推进保驾护航。

二、"一带一路"建设中相关风险的影响

对于"一带一路"建设以及我国在沿线经济体投资中所面临的上述诸多风险,倘若无法有效管控这些风险,将会对我国、沿线经济体和全球等层面产生严重的危害及影响。

(一)对中国的影响

国际货币基金组织发布的资料显示,2017 年,中国人均 GDP 为 8643 美元,而该指标的全球平均水平为 10728 美元,中国在全球近 200 多个国家(地区)的排名为第 72 位。可以看出,尽管我国 GDP 总量稳居全球第二位,但中国人均 GDP 仍低于全球平均水平,因而中国经济水平的提升空间还较大。在此现实背景下,尽管支持和推动"一带一路"建设对我国企业"走出去"、产能的消化、开放水平的提升、国际地位和影响力的提升等多层面具有重要意义,但在"一带一路"推进中,国际国内也一直有"一带一路"建设对中国本身发展可能产生负面影响的声音。从现实来看,尽管该观点有失偏颇,若因上述经济、法律、社会文化和项目本身等风险的影响导致有关投资项目的失败,必然会因国际市场的失败对国内市场产生影响。总之,国际市场与国内市场之间的紧密联系,要求必须有效管理

好"一带一路"建设中所面临的各种风险,也要求"一带一路"建设必须统筹好国际和国内两个市场。

(二)对沿线经济体的影响

显而易见,"一带一路"倡议的进展为沿线经济体带来了实实在在的利益,如在 2019 年 4 月召开的第二届"一带一路"国际合作高峰论坛前夕所发布的《共建"一带一路"倡议:进展、贡献与展望》中,系统总结了五年多来各方共建"一带一路"的进展。该报告指出,"一带一路"建设不仅在宏观层面的政策沟通、"六大经济走廊"建设等方面取得了重要成果,在涉及国计民生的铁路、公路、管网、文化交流、教育培训、旅游合作、卫生与健康、救灾与扶贫等领域也使当地居民收获了实实在在的便利,从而为"一带一路"倡议的推进夯实了合作共赢的民意基础。当然,正如本书之前已述及的,无论是出于东道国的要求还是建设需要,"一带一路"框架下有关投资项目往往是中国、东道国还有国际组织共同提供金融支持,倘若因相关风险的影响而导致项目失败或终止,那么东道国政府及其居民往往更具直观感知与了解,从而将对沿线经济体的基础设施建设和产业发展等多领域带来重要影响。再者,在沿线经济体主要为发展中经济体或新兴经济体,产业基础单一、发展不平衡的现实情况下,因相关风险所导致的投资项目失败的影响可能更大。

(三)对全球的影响

从现实案例来看,2008 年发端于美国的金融危机对全球经济造成了重创,全球经济至今还深受此次金融危机的影响。就"一带一路"建设而言,世界银行的研究表明,"一带一路"倡议及其进展使沿线经济体和地区的实际收入增长 1.2% ~ 3.4%,使全球实际收入增长 0.7% ~ 2.9%。正反两方面的经济事件一致表明,各国经济已然相互依赖、相互影响、相互交融,经济一体化程度也是今非昔比,任何经济体均难以独善其身。在此情况下,因上述各种类型的风险可能波及项目东道国,进而由东道国波及到"一带一路"框架下的相关国家,最终可能对全球经济产生影响。总之,在经济全球化和已然十分明显和各国之间的依赖程度依然较高的背景下,相关风险的"传染性"也更强,影响也更大,各国均难以独善其身,必须有效管控"一带一路"建设中的相关风险。

综上,目前经济全球化深入发展,"一带一路"建设中和我国在沿线经济体投资中的相关风险因素，不仅可能影响到具体项目、具体企业，还可能对中国、"一带一路"沿线经济体和全球经济，从而有限管控风险、塑造良好的经济金融生态是"一带一路"行稳致远的关键。

三、"一带一路"建设中相关风险的治理

总体来看，上述我国在"一带一路"沿线经济体投资中可能面临的风险，具有多样性、复杂性、传染性和严重破坏性，鉴于此，应主要从政策层面、企业层面和投融资体系层面入手来有效管控这些风险。

（一）政府层面

政策沟通是"一带一路"建设的重要领域与工作机制，而政策沟通也在投资风险管控中具有重要作用。具体而言，政府层面应从以下几方面入手来管理相关风险。

第一，加强外交，增进互信。从"一带一路"倡议推进的情况来看，我国已与沿线经济体搭建了多个政策沟通平台与合作机制。在"一带一路"建设的有关风险治理中，要有效利用这些平台来加强与沿线经济体相关部门与机构之间的信息互换、监管互认和执法互助，以具体业务和实际工作来消除不同国家和部门之间的误会与分歧，进而扎实推进双边贸易与投资协定的签署，有效消除投资和贸易壁垒，促进双边投资与贸易的便利化，进而营造整体上有利于投资与贸易的营商环境。

第二，加强协调，完善工作机制。在国内的协调与工作机制建立方面，要推动形成中央政府、地方政府、驻外使领馆、企业和个人等多主体的联动工作网络，构建维护我国海外利益的安全网络。就国际的协调与工作机制建立方面，要牵头与沿线经济体之间建立服务、应急、预警、协调和磋商机制，并在具体业务开展中不断强化这些机制与功能，以有效保护中国海外公民的人身财产安全和企业的投资贸易安全。

第三，搜集信息，加强智库建设。有效的信息对风险防范与管理具有重要意义。本书之前的相关内容已述及，中国政府、相关国家政府、国际组织、金融机构、企业、研究机构均在不同程度上搜集信息，也公开发布了不同类型的信息为"一带一路"建设提供智库支持。从具体结果来看，这些信息对帮助我国企业了解沿线经济体的市场信息、发现风险点和风险源、编制风险防控网、有效控制风险的影响面、最大程度减少损失具有重

要意义。鉴于此，不仅要加强信息搜集和智库建设，还要运用目前的信息技术较好地将这些成果展现出来，进而在提高信息透明度的同时推动相关领域研究的深入。

第四，做好宣传，讲好中国故事。从我国政府层面的实际行动来看，利用"一带一路"国际合作高峰论坛等主场外交机制、开发"中国一带一路网"等平台，较好宣传了"一带一路"对构建人类命运共同体的重要作用，"一带一路"建设所秉持的"共商、共建、共享"原则，最终对推动形成睦邻友好、团结共赢、发展互利的合作伙伴关系起到了积极作用。不过，随着"一带一路"建设的不断深入和相关建设项目的不断推进，应进一步搭建平台、做好媒体公关，积极传播中国和中国企业的正面形象。当然，要利用相关媒体与平台对"一带一路"建设中所出现的突发事件及时作出说明，也要及时澄清负面和不实报道，进而为我国企业在东道国的生存和长期开展业务营造良好的环境。

（二）企业层面

"一带一路"建设具有明显的"政府搭台、企业唱戏"的特征，而风险管理更是与企业密切相关。具体来看，在"一带一路"建设中，企业应主要从以下几方面入手来有效管理风险。

第一，合规经营，维护良好形象。良好的企业形象对企业的生存、业务开发和成长具有重要影响。我国"走出去"企业在与国外相关主体互动的过程中，一则要入乡随俗、尊重东道国的宗教信仰和文化习俗，不做违法当地法律法规和社会公德的事情；二则要积极履行社会责任，要特别关注业务开展中在安全、环境、劳工、税务和社会治理等方面存在的问题，积极维护企业的声誉和品牌；三则要强化责任意识，对因自身不当行为选择所产生的不良后果负责，对因东道国汇兑限制、国有化征收、违约等所造成的损失积极维权一定程度上也是维护企业形象的必要方式。

第二，转型升级，获取优势地位。"一带一路"倡议提出的五年多来，理论界和政策界关于"中国发起'一带一路'倡议的主要目的是输出钢铁等过剩产能"的观点不绝于耳（顾鸿雁，2018），尽管该观点有明显的偏颇，但同时也对我国"走出去"的企业，尤其是那些在"一带一路"沿线开展贸易、投资与建设等业务的企业提出了转型升级的要求。具体来说，要在"一带一路"沿线经济体及更广泛的国际竞争中具有竞争力、获得优势地位，我国企业必须加强技术研发，推动企业从劳动密集型产业向技术密集型产业的转化，实现转型升级。

第三，互学互鉴，提高管理水平。在"一带一路"倡议下我国企业"走出去"过程中，一方面，要具有风险预警能力、提高战略规划水平，避免在危机显现时才着手寻找解决方案的被动型风险管理方式；另一方面，要加强人才团队建设，要有专业的人才团队来对东道国政治、经济、社会文化及项目本身开展全方位解析，进而有效规避风险。当然，"走出去"企业与当地企业基于投融资和股权结构等方式所形成的战略体，对双方甚至多方开展互学互鉴和优势互补提供了良好平台，也是我国企业防范贸易、投资与建设中相关风险的重要方式。

（三）投融资体系层面

金融支持对"一带一路"倡议的重要性决定了投融资体系在"一带一路"建设中的重要作用，同时也决定了投融资体系"一带一路"建设风险防范中的重要作用。具体来说，"一带一路"建设中的投融资支持体系应重点从以下几方面着手防范可能面临的风险。

第一，推动合作，建立协调机制。整体来看，"一带一路"沿线经济体的整体风险水平较高，从而加强对风险的预警和监测是防范风险的必然要求。现代金融体系中，金融监管机构在风险防范中具有重要作用，应进一步加强中国与沿线经济体金融监管机构之间的沟通与协调，在重大问题的政策协调和监管上争取保持一致，建立征信档案并推动开展双边、多边征信管理合作，力争形成金融风险与金融危机处理的合作处理机制。

第二，互补功能，合力管控风险。从理论层面来看，保险机构在风险管理中理应能够发挥重要作用，但本研究之前的实证检验表明，"一带一路"推进中尚未带动沿线经济体保险业的发展。鉴于此，在政策性金融、多边性金融、商业性金融和相关社会资本进入为"一带一路"建设提供金融支持的现实情形下，下一步应着力构建包括信用保险、财产保险、再保险等不同类型保险机构在内的保险支撑体系，进一步推动沿线经济体保险机构联合为相关企业与项目提供政策性和商业性风险保障，进而形成不同职能金融机构之间的整合，合力管控投资项目的风险。

第三，完善制度，提高信息透明度。正如本书开展过程中的直观感受，从相关媒体报道了我们能够掌握到"一带一路"建设取得了明显进展，但在进一步检索相关信息时却发现在政策项目进展等方面的信息依然比较有限。建议进一步参考世界银行、亚洲开发银行等多边性金融机构的操作方式,拟定"一带一路"建设中相关投资项目信息披露的框架和标准,这不仅能够为社会各界提供有益参考,也有利于管控风险。

第四,深入论证,建立救助机制。总体来看,"一带一路"沿线大多数国家的经济发展和商业基础仍然薄弱,因而投融资债务违约和救助机制的建设则显得十分必要(肖钢,2019)。具体来看,债务违约救助机制建设的可能路径有两条:一是探讨加入"巴黎俱乐部",二是"一带一路"沿线经济体协商构建债务救助的新模式。对于加入"巴黎俱乐部",一方面,有助于交流经验、增进西方国家对"一带一路"倡议的理解;另一方面,可能需承担更多的国际义务。按照权责匹配的基本原则,具有一定话语权不能不是中国与沿线经济体加入"巴黎俱乐部"的基本条件。对于协商构建债务救助的新模式,则需要在统筹兼顾沿线经济体合理诉求的基础上,共同协商、共同制定、共同遵守并具有一定强制力的债务救助新准则与新模式。

综上,"一带一路"建设、金融支持"一带一路"建设和我国在"一带一路"沿线经济体投资中所面临的风险多元,加之中国是共建"一带一路"倡议的发起国,因而相关风险对中国、沿线经济体甚至全球经济产生严重的影响与危害,应从政府、企业和投融资体系等多方面构建完善的风险管理体系。

第三节 "一带一路"建设金融协同支持体系的构建

本书已分析了不同机构与金融主体对"一带一路"建设的支持情况,但构建各国、各主体的金融协同支持体系是实现"一带一路"倡议宏伟目标的现实选择。鉴于此,本节将在分析构建该金融协同支持体系必要性和现实基础之后,提出构建该金融协同支持体系的路径。

一、金融协同支持体系建设的必要性

从"一带一路"倡议实践来看,加强中国与沿线经济体之间的金融合作、构建"一带一路"建设的金融协同支持体系,是缓解资金瓶颈、便利贸易与投资、缓解沿线经济体金融规则中矛盾与冲突等方面的现实需求。

（一）是缓解基础设施建设资金瓶颈的需求

正如本书及相关研究所述及的，根据亚洲开发银行的测算，2010～2020年，亚洲国家基础设施投资的资金需求达到近8万亿美元；据瑞士再保险Sigma杂志的估算，2015～2030年"一带一路"沿线经济体基础设施建设资金的缺口预计达到20万亿美元；因而如何满足"一带一路"建设中巨额的资金需求，不能不是"一带一路"倡议推进中首先要解决的关键问题。从主要资金供给渠道来看，尽管我国已倡导设立了丝路基金和"亚投行"，但亚投行的法定股本总额仅为1000亿美元，而丝路基金400亿美元外加1000亿元人民币的资金规模也显得十分有限；亚开行和世行认缴股本的总和也不超过2000亿美元，因而这些机构单独支持"一带一路"沿线经济体基础设施建设的资金实力均十分有限。因此，正如周小川（2017）所指出的，"一带一路"沿线经济体基础设施建设所需要的资金量巨大，单靠政府难以提供足够资金，因而必须动员市场的力量；靠单个国家也难以提供足够资金，必须动员沿线经济体的力量；应按照"共商共建共享"的理念，来调动各方资源、有效利用全球资金共同来满足"一带一路"建设的资金需求。另外，从"一带一路"建设所需要资金的特征来看，基础设施建设的周期较长，这就要求投融资必须可持续，不能出现中断，否则不仅会影响项目的进展，甚至会产生更深远的不利影响。正是由于"一带一路"建设中基础设施互联互通初始成本高、流动性差、资产生命周期长等特征，这就要求沿线经济体必须齐心协力、加强对接、有效合作，进而以有效的金融合作体系来满足基础设施建设的资金需要。

（二）是便利贸易与投资的需求

随着"一带一路"倡议的推进，沿线经济体之间的贸易往来不断深入，甚至部分沿线经济体之间已互相成为彼此最重要的贸易伙伴，因而在贸易结算货币、贸易结算方式、债权债务清算机制等方面提出了新的要求。从投资方面来看，"一带一路"沿线的大多数国家属于新兴经济体或发展中经济体，不过由于这些经济体的金融体系发展程度比较有限，从"社会责任"和"构建人类命运共同体"的角度来看，应有效将这些经济体有限的储蓄资源导入到其自身的实体经济建设之中。从已开展的贸易与投资项目来看，正如本书在对亚投行和丝路基金部分投资项目的梳理，大多数项目非单一机构支持，而是集合了多边性金融机构、外资银行、本土银行以及财政资金、社会资本等多种渠道的资金来源，不同的资金来源渠道一方面有助于分散风险，另一方面有助于集合各渠道的优势，进而提高项目的投资收益、降低项目的风险，但这些目标的实现均以国家之间通畅、有效的金融合作机制为基础。鉴于此，应加强"一带一路"沿线经济体之间的金融合作，从而为贸易与投资提供便利。

（三）是缓解沿线经济体金融规则中矛盾与冲突的需求

在多边金融合作中，合作规则与合作制度是保障金融合作顺畅运行的基本前提。从"一带一路"沿线经济体之间金融合作的现实情况来看，沿线经济体之间在金融规则方面至少存在以下几方面的矛盾与冲突：第一，"一带一路"倡议所涉及的沿线经济体众多，各国的经济社会发展水平参差不齐、文化习俗也多元，这就决定了沿线经济体的金融制度也存在一定差异，这也就影响了沿线经济体之间金融合作规则的覆盖范围与适应性；第二，在"一带一路"倡议提出之前，沿线相关国家之间就开展了不同层次、不同类型的金融合作，在"一带一路"倡议推动多边金融合作不断深入的现实情形下，之前的合作就表现出一定程度的不系统、不全面和碎片化特征，因而造就与导致了新旧规则不匹配的情形；第三，"一带一路"倡议提出五年多来取得了积极进展，中国与沿线经济体之间在设施联通、贸易与投资便利化等方面已取得了一系列成果，但在金融合作领域却依然缺乏制度化、体系化的组织保证；第四，目前大多数金融合作规则主要是在西方发达国家主导下所建立的，因而主要反映了西方发达国家的利益，但"一带一路"倡议下区域金融的合作需要维护沿线经济体的利益，因而具有全球规则与区域性规则不匹配的情形。这些矛盾与冲突的存在，对各国之间设施的互联互通、贸易的畅通、投资的便利性等方面造成了一定影响，进而影响了"一带一路"倡议的推进。鉴于此，必须进一步加强金融合作制度方面的协调，构建有利于为"一带一路"建设提供有效支撑的金融合作规则与合作制度体系。

基于上述基本考虑，深化各机构、各主体之间的沟通，构建在资金融通、跨国投资、金融风险防范、金融市场监管、储备货币与汇率制度、货币政策协调等领域构建相互协调与相互配合的协同支持体系，是推进"一带一路"建设以及提升沿线经济体人民福祉的现实需求，具有十分重要的意义。

二、金融协同支持体系建设的现实基础

构建"一带一路"建设的金融协同支持体系不仅有着重大现实需要，"一带一路"建设实践中也在高层沟通平台、金融机构合作、项目支持等方面积累了有益经验，从而为该协同支持体系的建设奠定了坚实基础。

（一）区域金融合作平台基础

由于"一带一路"倡议所涉及的经济体众多，从而在该倡议提出伊始就明确了政策沟通先行和"共商、共建、共享"的基本建设原则，从建设实践来看，我国与沿线经济体之间所搭建的区域金融合作平台成为构建"一带一路"建设金融协同支持体系的重要平台基础。具体来看，在"一带一路"建设中所建立的合作机制与合作平台主要有："一带一路"国际合作高峰论坛、上海合作组织、"中国—东盟"10 + 1 机制、亚太经济合作组织、亚欧会议、亚洲合作对话、亚信会议、中阿博览会、中国 – 海合会战略对话、大湄公河次区域经济合作、中亚区域经济合作、中国 – 中东欧国家合作、中非合作论坛等。在这些合作平台中，金融合作一直是重点内容，而部分合作机制与合作平台下所建立的区域金融合作平台情况如表 8 – 4 所示。

表 8 – 4　　　　　　　　　　　区域金融合作平台

合作区域	驱动因素	合作框架		合作措施
		政府层面	市场层面	
中国与东盟 10 国	危机驱动	◇中国—东盟领导人会议 ◇东盟与中日韩财长和中央银行行长会议 ◇清迈协议	中国—东盟博览会	◇清迈多边倡议机制 ◇中国—东盟自由贸易区 ◇东盟与中日韩宏观经济研究办公室 ◇货币互换协议 ◇双方银行互设分支机构 ◇新加坡人民币离岸清算中心
中国与东北亚国家	政府主导	◇亚太经合组织 ◇东盟与中日韩领导人会议 ◇中日韩领导人会议	中国—东北亚博览会	◇中日韩金融合作 ◇中韩自由贸易区 ◇互市贸易区 ◇亚洲债券基金 ◇亚洲基础设施投资银行

续表

合作区域	驱动因素	合作框架		合作措施
		政府层面	市场层面	
中国与拉美国家	优势互补	◇亚太经合组织 ◇美洲开发银行	中国拉美企业家高峰论坛	◇中拉合作基金 ◇货币互换协议 ◇贸易结算协议 ◇金融机构并购 ◇基础设施融资协议安排
中国与阿拉伯国家	优势互补	◇中阿首脑会议 ◇阿部长级会议	中阿博览会	◇货币互换协议 ◇亚洲基础设施投资银行 ◇贸易结算协议 ◇中阿合作基金
中国与中亚国家	资源互补	◇上海合作组织	中国亚欧博览会	◇上海合作组织银联体 ◇亚洲基础设施投资银行 ◇货币互换协议 ◇本外币结算协议 ◇中国—中亚自由贸易区
中国与非洲国家	市场驱动	◇中非合作峰会 ◇中非合作论坛部长级会议	中非合作论坛	◇政策性金融合作 ◇金融机构合作 ◇货币互换协议 ◇中非基金

资料来源：根据张彬、胡晓珊（2018）及"一带一路"官网相关资料整理所得。

如表 8-4 所示，"一带一路"倡议提出之后，我国与沿线经济体在政治、经济等多个领域的交流频繁，上述政府层面与市场层面的合作框架及具体合作措施，为构建在金融机构、金融产品、金融市场、金融制度等不同层面的"一带一路"建设金融协同支持体系搭建了平台、奠定了基础。

（二）金融合作实践基础

"一带一路"建设中的基础设施建设等领域有着巨额的资金需求，但从全球范围来看，支持"一带一路"建设的资金来源渠道也多元，并且这些多元来源渠道在一些项目上已经开展了不同形式、不同程度的合作，从而构建"一带一路"建设的金融协同支持体系有着重要合作实践基础。具体来看，"一带一路"建设中可能涉及的资金来源渠道情况如表 8 – 5 所示。

表 8 – 5　　　　　　"一带一路"建设的资金来源渠道

序号	资金供给主体类型	资金供给主体名称	资金规模及优势
1	多边性金融机构	世界银行	资金、技术、跨国协调
		亚洲开发银行	
		亚洲基础设施投资银行	
		金砖新开发银行	
2	全球经济振兴计划	欧盟的容克计划	3150 亿欧元
		马来西亚的经济转型计划	预计在 2010 ~ 2020 年吸引投资约 3190 亿美元
		阿根廷：经济振兴计划	40 亿美元
3	各国发展规划中的支持政策	俄罗斯："欧亚经济联盟"构想	与"一带一路"倡议对接合作
		哈萨克斯坦："光明之路"发展规划	致力于推进基础设施建设
		巴基斯坦："愿景 2025"发展规划	与"一带一路"倡议深入对接
		印度尼西亚："海洋强国"战略	与"海上丝绸之路"对接
4	基金投资	中投公司	2000 亿美元
		丝路基金	400 亿美元 + 1000 亿元人民币
		中非发展基金	100 亿美元
		中非产能合作基金	100 亿美元
		中拉合作基金	100 亿美元
		中拉产能合作投资基金	100 亿美元
		中国 – 阿联酋共同投资基金	100 亿美元
		中国—东盟投资合作基金	100 亿美元
		中国 – 中东欧基金	20 亿美元
		中国 – 欧亚经济合作基金	50 亿美元

序号	资金供给主体类型	资金供给主体名称	资金规模及优势
5	银行信贷	政策性银行（国开行、进出口银行、农发行）	债权投资
		四大行（中国银行、中国工商银行、中国建设银行、中国农业银行）	
		股份制银行（交通银行、招商银行、浦发银行、中信银行等）	
6	信用保险	中国出口信用保险公司	避险增信
		其他保险机构	

资料来源：根据"一带一路"官网相关资料整理所得。

如表 8-5 所示，与"一带一路"建设相关的资金供给渠道多元，从相关资金使用目的来看，既有国际多边性金融机构的资金，又有致力于推动具体国家或全球经济发展的资金；从资金使用方式来看，涉及了股权投资、债权投资和保险资金，从而资金使用方式多元。从之前对多边性金融机构、我国政策性金融机构、商业性金融机构、社会资金等描述可以看出，这些资金来源均与"一带一路"倡议进行了对接，甚至已然在一些具体项目中开展了合作，因而不同渠道的资金来源与"一带一路"建设之间体现着相互支撑而非相互冲突的关系，总体上具有优势互补的现实基础。再者，从现实需求来看，这些不同来源渠道的资金往往各具优势、各有所长，但单一来源渠道的资金具有不同程度的资金实力有限、经验不足、信息不完全等约束，因而各主体、资金各来源渠道之间开展合作是形成规模效应、实现互利共赢的现实选择。

综上，在"一带一路"倡议推进中，我国与相关国家的区域金融合作平台成为构建"一带一路"建设金融协同支持体系中最重要的平台基础，而各主体、各渠道现有的合作为该金融协同支持体系的建设奠定了现实基础。

三、金融协同支持体系建设的路径

基于构建"一带一路"建设金融协同支持体系的必要性与现实基础，本书认为从以下三方面入手来完善各主体、各机构协同支持"一带一路"

建设的路径。

（一）规则体系的完善

无规矩不成方圆，在"一带一路"倡议从理念转化为实践的过程中，需要一套能够凝聚共识、化解矛盾、解决分歧、约束行为、推进行动的规则体系，来协调各方的行为、完善金融协同支持体系，进而更好地推进"一带一路"建设。具体来说，"一带一路"建设中金融合作规则体系的构建中应注意以下问题。

第一，由于"一带一路"沿线经济体金融合作的规则体系是各经济体、各主体的行为规范，因而该规则体系应建立在维护大多数成员国利益、遵守大多数成员国认可的伦理规范、遵守国际社会金融活动秩序与规范。

第二，就规范体系的形成而言，应主要结合沿线经济体的历史、传统和惯例，结合、引入和应用现代国际性、普遍性国际金融合作规则，梳理和修订沿线各经济体之间已签署的相关金融合作条约、契约、协议与备忘录，凝练和吸收沿线经济体企业、非政府机构甚至个人之间的非官方、非正规的规则，进而形成沿线经济体金融合作的规则体系。

第三，就该规则体系的特征而言，应是相关国家共同商议的结果，应由各国共同遵守与完善，主旨在于维护沿线经济体共同利益，"一带一路"倡议的开放性决定了该规则体系也具有开放性，该规则体系应具有明显的问题导向性，即目的在于解决沿线经济体金融合作中的问题。当然，该规则体系并非一成不变，而是随着"一带一路"倡议和全球化的进展呈现动态演化的特征。

总之，构建"一带一路"建设金融协同支持体系，深化"一带一路"沿线经济体之间的金融合作，需要规则先行、凝聚沿线经济体的共识、形成合力，推动形成各国认可并愿意遵守的规则落地，更好地为"一带一路"建设提供金融支持。

（二）金融服务体系的完善

在建立与完善规则体系的基础上，还需从以下几方面入手来优化"一带一路"倡议金融协同支持体系的服务供给。

第一，互设金融机构。金融机构是金融服务供给的基本载体，而金融机构的互设不仅有利于为本国企业的海外经营提供良好金融服务，还有利于为对方国家引入新的金融产品与金融服务,进而更好满足投资与贸易中的金融需求。就我国相关金融机构而言,要利用政策性金融联结政府与市场的优势,进一步整合资源以引领商业性金融和社会资金的参与;亚投行要以更加开放的姿态与其他多边性、国际性金融机构加强合作;商业性金融要充分发挥"操作性"功能,以优质的实务性操作推动金融合作的深化;当然,还需要构建我国政策性金融、多边性金融、商业性金融相互补充、共同发力的合作机制。就跨国金融机构的设立而言,由于"一带一路"建设中的金融需求多元,从而应互设包括银行、证券、保险、信托、信用评级等不同类型,具有不同功能的金融机构,进而完善沿线经济体的金融机构体系。

第二,对接金融服务。客观地讲,互设金融机构需要一定的筹备期,但面对"一带一路"倡议推进中广泛的金融需求,也可以与沿线经济体的银行之间建立和扩大代理行关系,开展银团贷款、项目贷款、账户管理、资金结算和清算、风险管理等业务,以互惠的方式开展跨境转账、资金管理、支票结算、贷款和转贷款等服务,进而更好满足相关金融服务需求。

第三,开发资本市场。就"一带一路"沿线经济体的金融体系而言,"一带一路"建设的资金需求主要依赖于间接融资,但直接融资体系仍有待进一步开发。在此情形下,应进一步开发提供股票、债券及其他金融衍生品发行和交易的平台,以减少对银行贷款的依赖,也有利于推动沿线经济体形成产品丰富、功能互补的现代金融体系。

第四,优化支付体系。为了打造"一带一路"沿线经济体高度融合的金融合作通道,建立和拥有"一带一路"沿线经济体的货币支付体系显然是应有之意。从"一带一路"建设实践来看,无论是人民币国际化还是试点与推广"人民币 + X"(X 是适合国际化的相关国家的货币),都是深化"一带一路"金融合作的具体表现,也是实现沿线经济体货币支付体系对外独立性、对内合作性的具体体现。鉴于此,应在我国与沿线经济体已建立一定规模多边货币互换体系的基础上,进一步加强在本币互换、货币直接交易、人民币跨境支付、人民币清算银行等方面的先行先试,不断优化沿线经济体贸易与投资中的支付体系。

(三) 保障措施

为实现上述"一带一路"倡议金融协同支持体系构建中金融机构、金融服务、资本市场开发和支付体系优化的目的,还需从完善基础设施、畅通信息渠道、加强监管合作与中国引领带动等方面来提供有效保障。

第一，完善基础设施。金融基础设施是不同类型金融机构业务开展的前提和基础，但由于信用体系及监管水平的差异，"一带一路"沿线经济体金融基础设施的发展水平也并不一致。鉴于此，应在补齐部分经济体传统金融基础设施"短板"的基础上，结合由互联网、大数据、区块链、云计算、人工智能等新兴前沿技术带动的金融科技，来推动沿线经济体金融基础设施的不断完善来为"一带一路"建设提供优质的金融服务，也可推动沿线经济体发展理念、治理规则和监管标准等方面的协调一致和规则相通，最终在加强"硬联通"的同时也进一步促进"软联通"。

第二，畅通信息渠道。从"一带一路"倡议的推进情况来看，不同主体均为同一项目提供支持已成为各主体合作的重要方式，因而构建更加开放和透明的项目沟通机制与平台便显得十分重要。项目信息沟通平台的建设有利于潜在投资者和利益相关主体及时获得信息，有利于相关利益主体更好参与到项目投融资工作中，有利于推动优势互补和资源共享。因此，要充分利用各种平台来加强"一带一路"主题下投融资机构之间的交流，推动行业信息共享；在相关部门引领下建设"一带一路"案例分享机制，进而为市场参与者营造有效的交互环境。

第三，加强监管合作。"一带一路"沿线经济体金融监管机构之间的交流与合作，对于建设公平、透明和可预期的经营环境具有重要意义。因此，沿线经济体的金融监管机构应就宏观经济走势、金融市场发展、金融监管制度完善、投资机会与风险分享、大型金融机构在当地的经营情况等基本信息开展常态化交流，还可就消除不合理壁垒、市场准入限制等开展沟通，为各层次的金融合作提供开放、公平、有序、廉洁的金融环境支持。

第四，中国引领带动。中国是"一带一路"倡议的提出国，也是"一带一路"建设的重要推动者，同样是沿线各国金融合作的引领者，这就决定了中国必须在"一带一路"倡议的推进和"一带一路"金融协同支持体系的建立与完善中扮演关键角色。鉴于此，我国必须与沿线经济体一起推进金融合作规则体系的构建，促进沿线经济体投资与贸易的便利化和经济增长，引领国际金融新秩序、国际政治经济新秩序的建设与完善，最终推动中国与"一带一路"沿线经济体之间规则共同体、责任共同体、利益共同体和命运共同体的形成与发展。

综上，"一带一路"倡议为人民币国际化提供了良好的国际环境，而人民币国际化也是更好实现与沿线经济体各层面交流的前提条件，因而应把握住"一带一路"的历史机遇，选择合适的国际化路径，让人民币走上国际化的"快车道"。另外，金融支持"一带一路"建设中面临经济风险、法律风险、社会文化风险和项目风险等多重风险，而这些风险通过影响对外投资项目进而对中国、沿线经济体甚至全球经济产生危害，应从政府层面、企业层面和投融资体系多角度完善风险治理体系。最后，从现实需要和顶层设计来看，建立"一带一路"建设的金融协同支持体系有着重要的现实必要性，并且目前已在高层沟通平台建立、金融机构合作深入、联合开展业务等方面为"一带一路"金融协同支持体系的构建积累了有益经验，应从构建规则体系、完善服务体系和优化保障措施等方面入手建设金融协同支持体系来推动共建"一带一路"倡议行稳致远。

参 考 文 献

［1］ Baldwin R. , Forslid R. , Martin P. Economic geography and public policy ［M］. Princeton University Press, 2011.

［2］ Cecilia Joy Perez, Derek Scissors. A Close Look at OBOR Reveals Overstated Gains ［DB/OL］. http：//www. aei. org/publication/aclose-look-at-obor-reveals-overstated-gains/.

［3］ Christine R. Guluzian. Making Inroads：China's New Silk Road Initiative ［DB/OL］. https：//www. questia. com/read/1G1 - 483930570/making-inroads-china-s-new-silk-road-initiative.

［4］ Hammami M, Ruhashyankiko J F, Yehoue E B. Determinants of Public-Private Partnerships in Infrastructure ［J］. Social ScienceElectronic Publishing, 2006, 06 (99).

［5］ Jonathan E. Hillman. China's "Belt and Road" Initiative Must Become a Strategy ［DB/OL］. https：//www. csis. org/analysis/chinas-beltroad-initiative-must-become-strategy.

［6］ Kadira Pethiyagoda, What's driving China's New Silk Road, and how should the West respond ［DB/OL］. https：//www. brookings. edu/blog/order-from-chaos/2017/05/17/whats-driving-chinas-new-silk-road-and-how-should-the-west-respond/.

［7］ Shi-JinChen, Hao Liu. Determinants of Public-Private Partnerships in Infrastructure：Based on an Empirical Analysis of the Developing Countries ［J］. Statistics & Information Forum (2016).

［8］ Shivshankar Menon. The Unprecedented Promises-and Threats-of the Belt and Road Initiative ［DB/OL］. https：//www. brookings. edu/opinions/the-unprecedented-promises-and-threats-of-the-belt-and-road-initiative/.

［9］［法］魁奈. 中华帝国的专制制度 ［M］. 谈敏译. 北京：商务印书馆, 2018.

［10］［美］藤田昌久，保罗·克鲁格曼．空间经济学［M］．中国人民大学出版社，2011.

［11］［美］约翰·G. 格利爱德华·S. 肖．金融理论中的货币［M］．贝多广译．上海：上海人民出版社，2006.

［12］［英］李约瑟．中国科学技术史．第1卷，导论［M］．北京：科学出版社，2018.

［13］［德］马克思．资本论［M］．北京：人民出版社，2004.

［14］何炼成，姚慧琴，李忠民．《资本论》教学与研究［M］．西北大学出版社，1997.

［15］陈强．高级计量经济学及STATA应用（第二版）［M］．北京：高等教育出版社，2014：339－343.

［16］仇娟东．中国区域经济增长效率集聚与地区差距研究［M］．北京：经济科学出版社，2018.

［17］阎学通，何颖．国际关系分析（第三版）［M］．北京：北京大学出版社，2017.

［18］姚大庆．国际货币——地位分析和体系改革［M］．上海：上海社会科学院出版社，2016.

［19］白钦先，宋陆军．一种新金融观：体制金融观［J］．西南金融，2013（04）：3－7.

［20］白永秀，宁启，赵而荣．"一带一路"经济学的研究任务［J］．西北大学学报（哲学社会科学版），2017，47（04）：9－14.

［21］白永秀，宁启．"一带一路"境外企业安全保障：体系构建与对策研究［J］．西北大学学报（哲学社会科学版），2018，48（02）：5－13.

［22］白永秀，宁启．创立"一带一路"经济学的可行性研究［J］．兰州大学学报（社会科学版），2017，45（03）：1－7.

［23］白永秀，王泽润．"一带一路"经济学的学科定位与研究体系［J］．改革，2017（02）：17－25.

［24］保建云．"一带一路"国家间金融合作的规则供给与规则体系构建［J］．中国高校社会科学，2019，（01）：101－108.

［25］陈继勇，李知睿．中国对"一带一路"沿线国家直接投资的风险及其防范［J］．经济地理，2018，38（12）：10－15.

［26］陈胜蓝，刘晓玲．公司投资如何响应"一带一路"倡议？——基于准自然实验的经验研究［J］．财经研究，2018，44（04）：20－33.

［27］陈硕颖，简练. 浅析"一带一路"的金融支持条件［J］. 福建论坛（人文社会科学版），2017（10）：37－41.

［28］陈伟光，缪丽霞."一带一路"建设的金融支持：供需分析、风险识别与应对策略［J］. 金融教育研究，2017，30（03）：3－15.

［29］陈伟光，黄亮雄，程永林，韩永辉."一带一路"经济学创立及其诸多向度［J］. 改革，2017（02）：5－16.

［30］陈小鼎，马茹. 上合组织在丝绸之路经济带中的作用与路径选择［J］. 当代亚太，2015（06）：63－81.

［31］陈元. 开发性金融与中国经济社会发展［J］. 经济科学，2009（04）：5－14.

［32］陈元. 推进"一带一路"建设关键在于金融支持［N］. 人民政协报，2017－05－16（A02）.

［33］程贵，王舒婷，马润平. 丝绸之路经济带建设与人民币区域化的前景——以中亚地区为例的研究［J］. 财贸经济，2018，39（06）：101－114.

［34］程启智. 论马克思生产力理论的两个维度：要素生产力和协作生产力［J］. 当代经济研究，2013（12）：8－15.

［35］仇华飞. 美国学者视角下的中国"一带一路"构想［J］. 国外社会科学，2015（06）：49－57.

［36］储殷，高远. 中国"一带一路"战略定位的三个问题［J］. 国际经济评论，2015（02）：90－99.

［37］崔书锋，杨扬. 我国互联网企业参与"一带一路"建设的战略思考［J］. 中国科学院院刊，2017，32（04）：377－381.

［38］戴臻，刘颖. 金砖国家金融合作及风险防范研究［J］. 亚太经济，2017（06）：99－106.

［39］丁金光，张超."一带一路"建设与国际气候治理［J］. 现代国际关系，2018（09）：53－59.

［40］董哲."一带一路"背景下金融合作的非政府组织路径研究——以亚洲金融合作协会为例［J］. 经济问题探索，2018（09）：98－104.

［41］冯维江. 丝绸之路经济带战略的国际政治经济学分析［J］. 当代亚太，2014（06）：73－98.

［42］傅京燕，程芳芳. 推动"一带一路"沿线国家建立绿色供应链研究［J］. 中国特色社会主义研究，2018（05）：80－85.

［43］高小升. 欧盟高端智库对"一带一路"倡议的认知评析［J］.

国外理论动态, 2017 (12): 110 – 120.

[44] 顾春光, 翟崑. "一带一路"贸易投资指数: 进展、挑战与展望 [J]. 当代亚太, 2017 (06): 4 – 23.

[45] 顾鸿雁. 日本智库对"一带一路"倡议的认知及其影响研究. 国外社会科学, 2018 (04): 32 – 41.

[46] 郭可为. "一带一路"战略下中国与中亚的经贸金融合作 [J]. 国际经济合作, 2015 (11): 59 – 66.

[47] 韩金红, 潘莹. "一带一路"沿线城市投资环境评价 [J]. 统计与决策, 2018, 34 (20): 122 – 125.

[48] 何昊, 王颂吉. "一带一路"经济学的思想渊源 [J]. 西北大学学报 (哲学社会科学版), 2017, 47 (04): 26 – 31.

[49] 何文彬. "中国—中亚—西亚经济走廊"金融互联的推进策略——基于空间经济学视角 [J]. 亚太经济, 2018 (01): 43 – 52.

[50] 何文彬. 中国—中亚金融合作的动力基础与路径设计——基于"一带一路"的框架视角 [J]. 技术经济与管理研究, 2017 (08): 66 – 73.

[51] 贺五一, 聂小蓬. 互联网发展对"一带一路"战略的作用 [J]. 中北大学学报 (社会科学版), 2018, 34 (05): 87 – 92.

[52] 贺之瑶. "一带一路"建设中的金融风险及防范机制 [J]. 山西财税, 2017 (03): 53 – 55.

[53] 胡鞍钢, 张新, 张巍. 开发"一带一路一道 (北极航道)"建设的战略内涵与构想 [J]. 清华大学学报 (哲学社会科学版), 2017, 32 (03): 15 – 22.

[54] 胡海峰, 武鹏. 亚投行金融助力"一带一路": 战略关系、挑战与策略选择 [J]. 人文杂志, 2016 (01): 20 – 27.

[55] 胡怀邦. 发挥开发性金融作用服务"一带一路"战略 [J]. 全球化, 2015 (05): 20 – 30.

[56] 胡怀邦. 开发性金融与"一带一路"建设 [J]. 中国金融, 2017 (09): 25 – 27.

[57] 胡晓炼. 发挥政策性金融力量支持"一带一路"建设 [J]. 清华金融评论, 2015 (09): 20 – 23.

[58] 胡晓炼. 为"一带一路"建设提供有力政策性金融支持 [J]. 紫光阁, 2017 (09): 56 – 57.

[59] 胡晓炼. 政策性金融服务"一带一路"的优势 [J]. 中国金融,

2017 (09): 28 - 30.

[60] 胡再勇, 付韶军, 张璐超. "一带一路" 沿线国家基础设施的国际贸易效应研究 [J]. 数量经济技术经济研究, 2019, 36 (02): 24 - 44.

[61] 黄亮雄, 钱馨蓓, 隋广军. 中国对外直接投资改善了 "一带一路" 沿线国家的基础设施水平吗? [J]. 管理评论, 2018, 30 (03): 226 - 239.

[62] 黄梅波, 刘斯润. 以金融发展、金融创新助力 "一带一路" 战略的实施 [J]. 福建论坛 (人文社会科学版), 2016 (02): 37 - 42.

[63] 吉洁, 国世平. 亚投行、亚行和世界银行的比较研究 [J]. 武汉金融, 2016 (12): 17 - 21.

[64] 贾根良. "一带一路" 和 "亚投行" 的 "阿喀琉斯之踵" 及其破解——基于新李斯特理论视角 [J]. 当代经济研究, 2016 (02): 40 - 48.

[65] 贾瑛瑛. 探索政策性银行改革与转型之路—— "政策性银行改革与转型国际研讨会" 综述 [J]. 中国金融, 2006 (10): 8 - 11.

[66] 蒋冠宏. 中国企业对 "一带一路" 沿线国家市场的进入策略 [J]. 中国工业经济, 2017 (09): 119 - 136.

[67] 蒋志刚. "一带一路" 建设中的金融支持主导作用 [J]. 国际经济合作, 2014 (09): 59 - 62.

[68] 焦一强. 由认知分歧到合作共识: 中俄 "一带一盟" 对接合作研究——基于不对称性相互依赖的视角 [J]. 当代亚太, 2018 (04): 51 - 85.

[69] 金玲. "一带一路": 中国的马歇尔计划? [J]. 国际问题研究, 2015 (01): 88 - 99.

[70] 金琦. "一带一路" 倡议与中国金融开放新格局下丝路基金的机遇与使命 [J]. 清华金融评论, 2018 (12): 31 - 32.

[71] 金琦. 丝路基金定位于股权投资 [J]. 中国金融家, 2017 (05): 29.

[72] 邝梅, 谢超. 比较视角下的亚投行治理结构 [J]. 河北学刊, 2017, 37 (05): 127 - 131.

[73] 兰日旭, 曲迪. "一带一路" 倡议中的金融合作 [J]. 中国井冈山干部学院学报, 2017, 10 (05): 36 - 41.

[74] 李兵, 颜晓晨. 中国与 "一带一路" 沿线国家双边贸易的新比较优势——公共安全的视角 [J]. 经济研究, 2018, 53 (01): 183 - 197.

[75] 李程, 姜弘. 空间经济学视角下的 "一带一路" 战略和金融支

持研究 [J]. 武汉金融, 2017 (03): 21 – 25.

[76] 李锋. "一带一路"推进过程中的投资规则构建 [J]. 经济体制改革, 2017 (01): 144 – 148.

[77] 李鸿阶. "一带一路"倡议与金砖国家自由贸易区建设研究 [J]. 福建论坛 (人文社会科学版), 2017 (10): 149 – 156.

[78] 李建军, 孙慧, 田原. 丝绸之路经济带全球价值链地位测评及政策建议 [J]. 国际贸易问题, 2018 (08): 80 – 93.

[79] 李林玥, 孙志贤, 龙翔. "一带一路"沿线国家与中国的贸易发展状况研究——夜间灯光数据在引力模型中的实证分析 [J]. 数量经济技术经济研究, 2018, 35 (03): 39 – 58.

[80] 李梦竹, 王志章. "一带一路"背景下中国与中亚五国合作开展反贫困的路径研究 [J]. 人文杂志, 2018 (09): 26 – 34.

[81] 李青, 韩永辉. "一带一路"区域贸易治理的文化功用: 孔子学院证据 [J]. 改革, 2016 (12): 95 – 105.

[82] 李善燊. 丝绸之路经济带金融合作机制研究 [J]. 金融发展评论, 2017 (02): 77 – 83.

[83] 李向阳. 构建"一带一路"需要优先处理的关系 [J]. 国际经济评论, 2015 (01): 54 – 63.

[84] 李向阳. 亚洲区域经济一体化的"缺位"与"一带一路"的发展导向 [J]. 中国社会科学, 2018 (08): 33 – 43.

[85] 李杨, 程斌琪. "一带一路"倡议下的金融科技合作体系构建与金融外交升级 [J]. 清华大学学报 (哲学社会科学版), 2018, 33 (05): 113 – 125.

[86] 李玉璧, 王兰. "一带一路"建设中的法律风险识别及应对策略 [J]. 国家行政学院学报, 2017 (02): 77 – 81.

[87] 李忠民, 刘妍. 金融支持"新丝绸之路经济带"构想的战略路径研究 [J]. 人文杂志, 2015 (02): 24 – 30.

[88] 廉德瑰. 战略考量与日本对"一带一路"态度的转变 [J]. 日本问题研究, 2018, 32 (05): 1 – 6.

[89] 林民旺. 印度对"一带一路"的认知及中国的政策选择 [J]. 世界经济与政治, 2015 (05): 42 – 57.

[90] 林毅夫. 一带一路与自贸区: 中国新的对外开放倡议与举措 [J]. 北京大学学报 (哲学社会科学版), 2017, 54 (01): 11 – 13.

[91] 刘浩, 陈世金, 陈超凡. "一带一路" 沿线国家基础设施 PPP 项目成效分析 [J]. 国家行政学院学报, 2018 (05): 57 – 63.

[92] 刘凯. "一带一路" 与人民币国际化: 风险、步骤及其货币战略 [J]. 郑州大学学报 (哲学社会科学版), 2017, 50 (06): 79 – 83.

[93] 刘萍, 陈捷, 陈兆康. 金融业如何支持企业走好 "一带一路" [J]. 浙江金融, 2017 (10): 3 – 10.

[94] 刘胜题. "一带一路" 沿线我国 FDI 的特点与三大风险 [J]. 东北亚经济研究, 2019, 3 (01): 25 – 42.

[95] 刘一贺. "一带一路" 倡议与人民币国际化的新思路 [J]. 财贸经济, 2018, 39 (05): 103 – 114.

[96] 柳思思. "一带一路": 跨境次区域合作理论研究的新进路 [J]. 南亚研究, 2014 (02): 1 – 9.

[97] 马广奇, 黄伟丽. "互联网 +" 背景下深化丝绸之路经济带金融合作的路径研究 [J]. 经济纵横, 2018 (01): 98 – 105.

[98] 马广奇, 姚燕. "一带一路" 背景下人民币由 "丝路货币" 走向 "世界货币" 的推进策略 [J]. 经济学家, 2018 (08): 60 – 65.

[99] 马红, 侯贵生. 金融集聚能促进企业的实业投资吗？——基于金融生态环境和要素拥挤理论的双重视角 [J]. 现代财经 (天津财经大学学报), 2018, 38 (08): 3 – 15.

[100] 马骥, 马相东. "一带一路" 建设与中国产业结构升级——基于出口贸易的视角 [J]. 亚太经济, 2017 (05): 31 – 37.

[101] 马永伟, 黄茂兴. 中国对外开放战略演进与新时代实践创新. 亚太经济, 2018 (04): 74 – 83.

[102] 聂勇, 彭文文. 中国—东盟金融合作研究: 一个文献综述 [J]. 武汉金融, 2014 (04): 58 – 61.

[103] 朴光姬, 郭霞, 李芳. 政治互疑条件下的东北亚区域能源合作路径——兼论 "一带一路" 倡议与东北亚区域能源合作 [J]. 当代亚太, 2018 (02): 68 – 91.

[104] 朴光姬. "一带一路" 与东亚 "西扩" ——从亚洲区域经济增长机制构建的视角分析 [J]. 当代亚太, 2015 (06): 37 – 62.

[105] 秦放鸣, 张飘洋, 孙庆刚. 基于经济周期同步性的中国与中亚国家金融合作可行性研究 [J]. 新疆师范大学学报 (哲学社会科学版), 2015, 36 (02): 41 – 49.

[106] 申景奇.基于"一带一路"的金融创新及发展建议 [J].全球化,2015 (11):77-87.

[107] 宋爽,王永中.中国对"一带一路"建设金融支持的特征、挑战与对策 [J].国际经济评论,2018 (01):108-123.

[108] 宋夏子,王言.交通基础设施 PPP 项目中政府治理对社会资本参与的影响研究——基于世界银行 PPI 数据库的实证分析 [J].河南科学,2018,36 (08):1281-1287.

[109] 隋广军,黄亮雄,黄兴.中国对外直接投资、基础设施建设与"一带一路"沿线经济体经济增长 [J].广东财经大学学报,2017,32 (01):32-43.

[110] 孙韶华.中国已签 16 个自贸协定明年自贸区或迎成果"丰收年" [N].经济参考报,2017-12-27 (A03).

[111] 汤柳."一带一路"金融合作需要提升的四个方面 [J].银行家,2016 (03):71-73.

[112] 田烨."一带一路"战略对我国民族关系的影响 [J].青海社会科学,2015 (06):20-25.

[113] 佟家栋."一带一路"倡议的理论超越 [J].经济研究,2017,52 (12):22-25.

[114] 涂波,金泰完,张元.论印度在中国"一带一路"区域合作倡议下的战略困境——以"边缘人"为理论基础 [J].当代亚太,2017 (06):48-66.

[115] 涂远博,王满仓,卢山冰.中国离岸金融建设与"一带一路"的协同关系及战略对接 [J].经济学家,2018 (07):63-70.

[116] 万阿东,吕艳红.辩证发展视角下"一带一路"的金融支持研究 [J].金融与经济,2018 (8):81-84.

[117] 万泰雷."一带一路"建设的市场化融资机制研究——以中国债券市场开放为视角 [J].新金融评论,2015 (03):12-28.

[118] 王保忠,何炼成,李忠民."新丝绸之路经济带"一体化战略路径与实施对策 [J].经济纵横,2013 (11):60-65.

[119] 王春超,尹蓉娟.创业文化环境与创业行为——以"一带一路"沿线主要国家为例 [J].经济科学,2018 (05):118-128.

[120] 王达.亚投行的中国考量与世界意义 [J].东北亚论坛,2015,24 (03):48-64.

[121] 王剑. 兵马未动, 粮草先行——论 "一带一路" 战略的开发性金融支持 [J]. 银行家, 2015 (03): 56-59.

[122] 王娟, 沈悦, Panos. M. Pardolas. 丝路基金与 "一带一路" 协同创新机制研究 [J]. 兰州学刊, 2016 (09): 181-187.

[123] 王石锟. 发挥中国金融软实力构建 "一带一路" 立体金融服务体系 [J]. 国际金融, 2015 (08): 13-17.

[124] 王颂吉, 何昊. "一带一路" 经济学的理论渊源与研究框架 [J]. 兰州大学学报 (社会科学版), 2017, 45 (03): 8-15.

[125] 王晓芳, 于江波. 丝绸之路经济带人民币区域国际化的渐进式路径研究 [J]. 经济学家, 2015 (06): 68-77.

[126] 王运良, 李富有. OFDI、金融生态运行效率与产业结构升级 [J]. 经济问题探索, 2018 (06): 135-143.

[127] 王泽润, 吴丰华. "一带一路" 经济学研究对象的理论探讨 [J]. 西北大学学报 (哲学社会科学版), 2017, 47 (04): 20-25.

[128] 魏磊. 丝路基金助推 "一带一路" 互联互通 [J]. 国际商务财会, 2015 (04): 7-11.

[129] 翁东玲. "一带一路" 建设的金融支持与合作风险探讨 [J]. 东北亚论坛, 2016, 25 (06): 46-57.

[130] 吴丰华, 白永秀. 以丝绸之路经济带促动西部发展: 现实基础、重大意义、战略举措 [J]. 人文杂志, 2015 (12): 35-42.

[131] 吴望春, 李春华. "一带一路" 倡议对沿线省份保费收入增长的影响效果评估——基于双重差分的实证分析 [J]. 中央财经大学学报, 2018 (10): 24-32.

[132] 吴振磊, 吴丰华. "一带一路" 经济学的学科特点与研究范畴 [J]. 兰州大学学报 (社会科学版), 2017, 45 (03): 16-22.

[133] 吴振磊, 于重阳. "一带一路" 经济学的研究主线 [J]. 西北大学学报 (哲学社会科学版), 2017, 47 (04): 15-19.

[134] 贤成毅, 龚珊珊. 中国—东盟股票市场一体化的实证研究 [J]. 广西大学学报 (哲学社会科学版), 2018, 40 (03): 86-92.

[135] 肖钢. 加强软联通、共建软环境建立 "一带一路" 投融资新体系 [J]. 新金融评论, 2019 (01): 95-121.

[136] 谢治春, 赵兴庐, 刘媛. 金融科技发展与商业银行的数字化战略转型 [J]. 中国软科学, 2018 (08): 184-192.

［137］熊彬，王梦娇．基于空间视角的中国对"一带一路"沿线国家直接投资的影响因素研究［J］．国际贸易问题，2018（02）：102 - 112.

［138］胥爱欢．"一带一路"建设中主权信用风险的防控——来自欧债危机救助的经验与教训［J］．西南金融，2018（08）：11 - 16.

［139］徐超，于品显．金砖国家机制与"一带一路"倡议合作研究［J］．亚太经济，2017（06）：94 - 98.

［140］徐超．金砖国家的金融合作：动因、影响及前景［J］．国外理论动态，2015（12）：14 - 21.

［141］徐诺金．论我国的金融生态问题［J］．金融研究，2005（02）：35 - 45.

［142］徐诺金．论我国金融生态环境问题［J］．金融研究，2005（11）：31 - 38.

［143］徐坡岭，刘来会．"一带一路"愿景下资金融通的突破点［J］．新疆师范大学学报（哲学社会科学版），2016，37（03）：55 - 66.

［144］徐奇渊，杨盼盼，肖立晟．"一带一路"投融资机制建设：中国如何更有效地参与［J］．国际经济评论，2017（05）：134 - 148.

［145］严佳佳，辛文婷．"一带一路"倡议对人民币国际化的影响研究［J］．经济学家，2017（12）：83 - 90.

［146］杨捷汉．丝路基金对推进"一带一路"建设的作用［J］．区域金融研究，2017（07）：8 - 11.

［147］杨立卓，刘雪娇，余稳策．"一带一路"背景下我国与中亚国家贸易互补性研究［J］．上海经济研究，2015（11）：94 - 103.

［148］杨丽花，董志勇．中蒙俄自贸区构建的经济制约因素与推进路径［J］．中共中央党校学报，2018，22（04）：122 - 128.

［149］杨丽花，王喆．私人资本参与PPP项目的影响因素分析——基于亚投行背景下的经验分析［J］．亚太经济，2018（01）：53 - 61.

［150］杨丽花，周丽萍，翁东玲．丝路基金、PPP与"一带一路"建设——基于博弈论的视角［J］．亚太经济，2016（02）：24 - 30.

［151］杨肃昌，于淑利．中国与中亚五国区域金融合作研究——基于"丝绸之路经济带"视角［J］．金融发展评论，2016（04）：80 - 87.

［152］姚鸿韦．世界货币理论：马克思经济学与西方经济学的比较［J］．经济问题探索，2017（06）：162 - 169.

［153］姚战琪，夏杰长．中国对外直接投资对"一带一路"沿线国

家攀升全球价值链的影响 [J]. 南京大学学报 (哲学·人文科学·社会科学), 2018, 55 (04)：35 - 46.

[154] 叶芳, 王燕. 双重差分模型介绍及其应用 [J]. 中国卫生统计, 2013, 30 (01)：131 - 134.

[155] 叶芳. 多边开发银行参与基础设施项目投资空间分布的影响因素 [J]. 财政研究, 2017 (10)：65 - 75.

[156] 袁成, 郭杰. "一带一路" 沿线国家保险市场发展差异研究 [J]. 中南财经政法大学学报, 2018 (02)：106 - 113.

[157] 袁乐平, 陈森, 袁振华. 开发性金融：新的内涵、理论定位及改革方向 [J]. 江西社会科学, 2012 (1)：95 - 99.

[158] 翟东升, 王淼. 夯实 "一带一路" 倡议的政治经济学理论基础. 中央社会主义学院学报, 2017 (05)：25 - 31.

[159] 张彬, 胡晓珊. 改革开放以来中国对外区域金融合作的回顾与展望 [J]. 亚太经济, 2018 (05)：115 - 122.

[160] 张海波, 李伏安, 钟伟. 商业银行在 "一带一路" 沿线国家机构布局策略 [J]. 亚太经济, 2018 (06)：22 - 29.

[161] 张恒龙, 赵一帆. 亚行贷款分配决定因素的考察及其对亚投行的启示 [J]. 世界经济研究, 2017 (04)：22 - 32.

[162] 张红力. 金融引领与 "一带一路" [J]. 清华金融评论, 2015 (09)：31 - 36.

[163] 张舒媛. "一带一路" 沿线主要国家投资风险识别与对策研究 [J/OL]. 东北亚论坛：1 - 22 [2019 - 04 - 30]. https：//doi. org/10. 13654/ j. cnki. naf. 2019. 03. 006.

[164] 张晓涛, 修媛媛, 李洁馨. 金砖国家金融合作利益研究 [J]. 宏观经济研究, 2014 (05)：135 - 143.

[165] 张艳艳, 于津平, 李德兴. 交通基础设施与经济增长：基于 "一带一路" 沿线国家铁路交通基础设施的研究 [J]. 世界经济研究, 2018 (03)：56 - 68.

[166] 张宇, 蔡万焕. 马克思主义金融资本理论及其在当代的发展 [J]. 马克思主义与现实, 2010 (06)：101 - 106.

[167] 赵金龙, 王斌. 我国 "一带一路" FTA 战略的路径选择研究 [J]. 世界经济研究, 2016 (12)：106 - 117.

[168] 钟飞腾. 超越地缘政治的迷思：中国的新亚洲战略 [J]. 外交

评论（外交学院学报），2014，31（06）：16 - 39.

[169] 周文，方茜."一带一路"战略的政治经济学思考 [J]. 马克思主义研究，2015（10）：62 - 72.

[170] 周小川. 共商共建"一带一路"投融资合作体系 [J]. 中国金融，2017（09）：10 - 12.

[171] 朱苏荣."一带一路"战略国际金融合作体系的路径分析 [J]. 金融发展评论，2015（03）：83 - 91.

后　记

　　2013 年 9 月，习近平总书记提出了"一带一路"倡议，我国沿线各省份积极响应，宁夏党委和政府也提出了"打造'一带一路'战略支点"的基本定位。2014 年，笔者应宁夏经济学会的邀请，就"一带一路"沿线经济体的基本情况以及宁夏打造"一带一路"战略支点的问题作相关研究。2015 年初，笔者以"'一带一路'沿线金融生态的优化"为主题申请并获批了宁夏金融学会 2015 年度的研究课题，并在分析沿线经济体基本经济金融环境的基础上，从宏观层面梳理了"一带一路"建设中金融生态优化的思路。基于这两项工作，笔者深感"一带一路"倡议目标之宏伟以及金融支持体系建设的重要性，因而又在 2016 年度宁夏高等学校科学研究项目申请中，提交了主题为"金融支持'一带一路'建设的路径"研究项目申请书，幸运的是，2016 年 8 月该研究项目获批。

　　在研究项目获批之后，研究团队从基本文献资料做起，立即开展了研究。研究团队认真收集材料，及时关注共建"一带一路"倡议的进展情况，并积极从"一带一路"建设及金融支持"一带一路"建设的理论与现实等方面收集素材、整理资料，经过两年多的关注与深入研究，终于完成了这本 25 万字左右的专著。正如本书序言中已提到的，共建"一带一路"倡议是一项宏伟的世纪工程、金融支持体系本身也具有复杂性，从而"共建'一带一路'倡议的金融支持体系建设"也有着广泛外延。有鉴于此，期望本书一则能够为厘清金融支持"一带一路"建设实践的推进情况做基础性铺垫，二则能够为金融支持"一带一路"建设的理论与实践提供一些前瞻性启示。

　　在本书完成之际，愿向为本书开展提供支持与帮助的个人与单位表达深深的谢意。本书的开展和专著出版得到了宁夏高等学校科学技术研究项目（项目编号：NGY2016070）、宁夏高等学校一流学科建设（理论经济学学科）资助项目（项目编号：NXYLXK2017B04）、开放战略与区域经济人文社科重点研究基地（宁夏回族自治区级）的支持，在此表示深深的感谢！本书稿的部分内容和统稿工作是笔者在美国堪萨斯州立大学经济系做访问学者时完成的，感谢美国堪萨斯州立大学经济学系的 William F. Blankenau 教授在笔者做访问学者期间提供的热心和无私帮助！感谢宁夏大学经济管理学院张桓书记、杨国涛院长和各位领导、同事，正是有了他们的支持、帮助与分担，笔者才能再度拥有类似学生时代的整块学习时间来集中精力完成该研究！感谢宁夏高等学校一流学科建设项目（理论经济学学科）和宁夏大学的资助，使我才能有机会出国进修并完成本研究！感谢笔者的学生张俊鹏、杨立文在本书第八章相关资料收集中所提供的帮助！经济科学出版社的王娟女士以严谨的工作态度、细致的工作作风为本书的出版提供了大量审阅和编辑工作，在此表示感谢！

　　再次回到本书的主题，"一带一路"的一端是活跃的东亚经济圈，另一端是发达的欧洲经济圈，深感"一带一路"倡议对沿线经济体居民福祉的影响，深感"一带一路"倡议对世界政治经济格局的深远影响；深感"一带一路"建设为我国所带来的机遇与挑战。祝愿"一带一路"的"朋友圈"越来越广泛，各国的务实合作越来越深入，共建"一带一路"倡议的成效越来越显著！

仇娟东

堪萨斯州曼哈顿寓所

2019 年 4 月 28 日